Bernd Wieland • Die Zecke • Jagdverhalten eines Finanzbeamten

Zum Buch:

„Die Zecke" ist ein satirischer Roman über das Leben des kleinen Finanzbeamten Hartmut Schminke, der in seinem Büro hinter der Besuchertoilette hockt und auf seine „Opfer" wartet. Selbst kleinere Störungen können Hartmuts Tagesform dabei erheblich beeinflussen. Sein Leben gerät vollends aus den Fugen, als seine Frau beschließt, sich aus diesem langweiligen Dasein zu befreien: Raus aus dem häuslichen Betonbunker, eine schicke Eigentumswohnung muss her! Dieser ganz normale Spießerwunsch ist für Hartmut der bislang verwegenste Schritt seines Lebens.

Strategisch plant er einen unfehlbaren 10-Jahresplan mit einer bombensicheren Finanzierung. Doch die nicht einkalkulierte Geburt von Zwillingen lässt die Schminkes rasch in die Schuldenfalle abgleiten und als auch noch Hartmuts Beförderung scheitert, droht die Bank mit der Versteigerung der Eigentumswohnung.

Der Rettungsanker für ihr desolates Konto ist ein Imbiss, den Hartmut unter dem Namen seiner Frau eröffnet und der Dank skrupelloser Buchführung Bombengewinne abwirft.

Ein Kollege wittert jedoch Ungereimtheiten und ordnet eine Betriebsprüfung an, in der von beiden Seiten nach dem Motto verfahren wird: Bei Betriebsprüfungen und in der Liebe sind alle Mittel erlaubt...

Zum Autor:

Bernd Wieland, Jahrgang 1966, ist seit 1996 als Betriebsprüfer tätig. Er ist zudem Verfasser von humoristischen Kurzgeschichten und Sketchen. Nebenberuflich verdingt er sich als Kabarettist mit eigenem Programm und Darsteller beim Fernsehen.

www.nwb.de

Die Zecke
Jagdverhalten eines Finanzbeamten

Ein satirischer Roman

Von
Bernd Wieland

ISBN 978-3-482-**59821**-0 - 4., unveränderter Nachdruck 2018

© Verlag Neue Wirtschafts-Briefe GmbH & Co. KG, Herne 2009
www.nwb.de

Alle Rechte vorbehalten.

Dieses Buch und alle in ihm enthaltenen Beiträge und Abbildungen sind urheberrechtlich geschützt. Mit Ausnahme der gesetzlich zugelassenen Fälle ist eine Verwertung ohne Einwilligung des Verlages unzulässig.

Druck: Elanders GmbH, Waiblingen

1. Morgens nach dem Einchecken

Piep! Das Zeiterfassungsgerät des Finanzamts hatte unwiderruflich die Uhrzeit erfasst. 6:01 Uhr – das war richtig gut! Das schaffen nicht alle Kollegen. Das mussten die anderen mir, Hartmut Schminke, erst einmal nachmachen. Keine Uhr tickte mehr wie eine Zeitbombe gegen mich. Die Uhr, die jetzt lief, lief auf meiner Seite, denn sie lief auf meinen wohlverdienten Feierabend zu.

Die Tasse Kaffee, die ich zu Hause noch auf die Schnelle viel zu heiß getrunken hatte, gehörte zu dem anderen Leben, zu einer anderen Daseinsform. Sie war nichts anderes, als ein missratener Starthilfeversuch. Jetzt trank ich den Bürokaffee, den ich Schluck für Schluck wirklich genoss.

Wer das Verhalten eines Beamten begreifen will, zum Beispiel, weil er mit ihm verheiratet ist oder eine Betriebsprüfung im Hause hat, muss sich immer über eines im Klaren sein: Nicht nur Gottes Mühlen mahlen langsam. Viele Dinge kann man mit dem Verstand nicht erfassen, man muss sie so annehmen wie sie sind. Erst dann findet man wieder Ruhe für seine Seele.

Dieser geregelte Ablauf hatte allerdings auch einen Nachteil: Ich hatte mich in 16 Beamtenjahren so sehr daran gewöhnt, dass kleinere Störungen meine Tagesform erheblich beeinflussten. Neulich zum Beispiel wurde die BILD-Zeitung eine halbe Stunde später als gewohnt in mein Büro gereicht. Ich war so irritiert, dass ich gar nicht wusste, was ich so früh überhaupt machen sollte. In meiner Verwirrung hatte ich bis 7:00 Uhr bereits drei Steuererklärungen bearbeitet! Normalerweise holte Frau Stöhr die Zeitung um 5:55 Uhr vom Kiosk. Sie brachte die Zeitung dann zu Herrn Goller. Er las sie 23 Minuten. Auf dem Papier konnte ich immer sehen, wo er gerade seine Kaffeetasse abgestellt oder sein Leberwurstfettfinger die Seiten gestreift hatte. Anschließend wurde die Zeitung in mein Büro an meinen Kollegen Horst weitergereicht.

Anfangs, als ich neu in Horsts Büro war, hatte ich die Zeitung nicht gelesen. Irgendwann begann ich jedoch, sie morgens, halb aus Neugier und halb aus Langeweile, heimlich nach dem Wetterbericht und den Titten zu durchforsten, um sie dann wieder wie unberührt zurückzulegen. Erst seitdem mich Horst beim Lesen ertappt hatte, gehörte ich mit zu dem Kreislauf.

Die Frau auf der Titelseite konnte man heute abhaken – Fiberglasgestänge waren nicht mein Ding. Aber auf Seite 4 war ein Beitrag, der sofort meine Aufmerksamkeit erregte: In einem Wohnsilo etwa fünf Blöcke entfernt von unserem Hochhaus, war eine verweste Leiche aufgefunden worden. Die Nachbarn hatten monatelang nichts bemerkt. Selbst als es schon durch alle Ritzen stank, wurde niemand stutzig. Alle dachten, es läge an der Grünen Tonne. Und die Maden, die unter der Tür durch ins Treppenhaus liefen, kämen auch aus der Grünen Tonne. Irgendwann war einem Mieter die Sache aber doch suspekt vorgekommen und er verständigte das Ordnungsamt. Als sie die Leiche fanden, war das natürlich besonders für die gelangweilten Arbeitslosen und Asylbewerber in Warteschleife ein richtiges Happening. Zu aller Überraschung handelte es sich bei dem Toten nicht um Tüten-Gandhi, der tagsüber immer vor dem Aldi-Laden abhing und seit einiger Zeit nicht mehr gesehen wurde. Nein, es war ein Betriebsprüfer oder vielmehr das, was von ihm übrig geblieben war! Da der Prüfer im Betrieb aus Platzmangel nicht hatte prüfen können, hatte der Betriebsinhaber ihm eine von seinen leer stehenden Mietwohnungen für die Betriebsprüfung zur Verfügung gestellt. Der Prüfer war einfach über einem Karton voll Belegen eingeschlafen – was an und für sich noch nicht ungewöhnlich ist, würde mir sicherlich auch ab und zu passieren. Wirklich tragisch war nur, dass er nicht wieder aufgewacht ist. Dabei war er erst 44 Jahre alt! Der Betriebsinhaber hatte nichts bemerkt. Er war nur froh gewesen, dass keine unangenehmen Rückfragen kamen. Mit seiner Frau lebte der Prüfer in Scheidung und sein Chef hatte ihm gerade eine schlechte Beurteilung übergebraten und wollte ihn ein bisschen in Ruhe lassen, damit er sich wieder berappeln konnte. Mit der Ruhe hatte er zumindest recht behalten. Ich markierte den Artikel mit Textmarker, damit ihn Horst gleich fand.

Um 8:05 Uhr kam Horst. Horst kam immer um 8:05 Uhr. Wenn er um 8:05 Uhr nicht im Amt war, konnte ich ihn krank melden – hatten wir so geregelt, sparte Telefonkosten.

Horst holte seine Tupperdose mit dem Pausenbrot aus seiner Aktentasche und las dann bis zur Öffnung der Kantine Zeitung. Horst war eigentlich ein richtiger Philosoph. Er las eine Weile, bis er sich an einem Thema festgebissen hatte. Dann blickte er gedankenvoll auf und es folgte der Morgenkommentar. Heute: Nicht der verweste Betriebsprüfer sondern die Araber! Das wäre so ein blutrünstiges, hinterhältiges Volk! Vorne immer schön lächeln und von morgens bis abends sich die Knie wund beten, aber wenn du dich umdrehst, hast du schon ein Messer im Rücken. Und dann hörte ich noch so einiges über ihre bestialischen Foltermethoden, über ihre Frauen und ihre Tricks im Bett und auf dem Sozialamt.

Während Horst seinen Morgenkommentar sprach, bearbeitete ich nebenbei eine Steuererklärung. Es handelte sich um die Steuererklärung eines gewissen Dr. Wagner. Namen sind für mich Schall und Rauch. Wenn der Wagner mich heute Nachmittag anrufen würde um zu fragen, ob ich seine Steuererklärung schon bearbeitet hätte, könnte ich ihm darauf keine Antwort geben. Und wenn man mich schlagen würde, den Namen hätte ich nie gehört. Selbst wenn bei mir die Steuererklärung eines Nachbarn auf dem Schreibtisch gelegen hätte, wäre es mir nicht einmal aufgefallen.

Anfangs hatte es mich schon gereizt nachzuschauen, was die Nachbarn so verdienen und wie viele uneheliche Kinder sie haben (konnte man hin und wieder wirkungsvoll als Joker ausspielen). Über jede Gehaltserhöhung war ich im Bilde. Aber das interessierte mich nicht mehr im Geringsten – sie verdienten meistens sowieso mehr als ich und dann war ich erst recht unzufrieden. Wenn nur Britta nicht so neugierig wäre! Sie gab mir immer einen Zettel mit Hausaufgaben mit, bei wem ich nachgucken sollte.

Ich gab die Anschrift von Dr. Wagner in den PC ein. Plötzlich stutzte ich: Bramwaldstraße 1b – hatten Britta und ich das Haus nicht vor gut einem Jahr im Rohbau gesehen? Richtig! Das war doch das schicke Einfamilienhaus ganz in unserer Nähe!

Eigentlich wollte ich mit der Steuererklärung noch vor der Öffnung der Kantine fertig sein, aber jetzt begann die Sache doch spannend zu werden. Warum erscheint denn bei den Werbungskosten aus Vermietung und Verpachtung eine neue Heizungsanlage? Und was ist das hier? Eine Rechnung über sieben neue Fenster! Irgendetwas stimmte da doch nicht.

Ich rief diesen Wagner an. Es meldete sich niemand. Aber das bekam ich schon heraus: Ich würde mir heute Abend den Hund von Frankes aus unserem Block ausleihen und eine Runde durch die Bramwaldstraße laufen. Frankes besaßen einen Pitbull, mit Stammbaum! Ich konnte das Vieh nicht ausstehen. Ich fürchtete ihn genauso, wie andere Leute die Steuerfahndung fürchten. Ich traute mich erst in seine Nähe, wenn er drei Pansen verspeist hatte und sein Bauch über den Bürgersteig schleifte wie eine Kehrmaschine. Aber wie jedes Übel in der Welt hatte Harry eben auch seine guten Seiten. Wenn ich mit ihm irgendwo langging, hatte ich garantiert die Straße für mich und Kinder und Gebrechliche wurden schnell ins Haus geholt. Wie ein ordinärer Straßenköter pinkelte er an jeden Rasenkantenstein und es bereitete ihm ein unbändiges Vergnügen, seine Schnauze in jeden stinkigen Haufen hineinzustecken – darin war er uns Finanzbeamten sehr ähnlich – und in der Bramwaldstraße 1b würde er ganz plötzlich im Garten verschwunden sein...

2. Nur raus aus der Gosse

Aus dem Ausflug mit Harry, dem Pitbull von Frankes, wurde leider nichts. Ich hatte den Pansen vergessen und ohne Pansen wagte ich mich nicht in seine Nähe. Am Ende verwechselte Harry mich noch damit! Die Sache war mir zu unsicher gewesen. Und gab es in meinem Leben etwas Wichtigeres als Sicherheit und vor allen Dingen Ruhe? Spannend durfte es schon ab und zu werden. Dann aber bitte schön wohl dosiert am Freitagabend um 20:15 Uhr zur Krimizeit auf dem zweiten Programm. Wenn mir überhaupt etwas heilig war, dann der Freitagskrimi im Zweiten. Aus Britta und mir wäre nichts geworden, wenn sie mir nicht freitags die Sendezeit zwischen 20:15 Uhr und 21:15 Uhr abgetreten hätte. Im Gegenzug musste ich ihr für das verbleibende Wochenende die Fernbedienung überlassen.

Manchmal kamen mir allerdings doch Zweifel, ob ich mich bei dem Deal nicht verspekuliert hatte. Wenn Britta am Wochenende nicht im Fitnessstudio jobbte, saß sie vor dem Fernseher, glotzte den letzten amerikanischen Quatsch und zappte alle zwei Minuten die 40 Programme gnadenlos rauf und wieder runter. Dann fragte ich mich, ob der Preis nicht zu hoch gewesen war. Vielleicht sollten wir uns doch lieber wieder trennen – oder wenigstens getrennt fernsehen. Aber was blieben dann noch für Gemeinsamkeiten?

Obwohl der Krimi diesmal wirklich spannend war und ich den Fernseher laut eingestellt hatte, ließ sich das Geschrei und Gewimmer über uns in der Wohnung nicht übertönen. Wir wohnten in einer gigantischen Wohnanlage mit 20 Stockwerken, Einkaufspassage, zwielichtigen Appartements und Lüftungsschächten, in denen die Kakerlaken zehnspurig ihre Runden drehten. Und es ging das Gerücht um, dass an Ramadan die türkischen Großfamilien ihre Lämmer in der Badewanne schlachteten.

Jetzt schrie eine Frauenstimme über uns gellend auf. Das war eigentlich nichts Besonderes, gehörte vielmehr zur gewohnten Geräuschkulisse in diesem Haus, genau wie die Klospülung und das Geschnarche unseres Nachbarn. Es war nur die Polin, die sich Herr Schmolkowski letzten Sommer aus dem Internet runtergeladen hatte. Hoffentlich brachte er sie um. Dann kämen sie und holten ihn endlich ab und es wäre wieder Ruhe im Karton. Britta, die neben mir saß, griff wütend zum Telefonhörer und schrie: „Jetzt rufe ich wirklich die Polizei an!" – Das sagte sie immer. Und wie immer riss ich ihr den Hörer aus der Hand und entgegnete ruhig: „Du weißt doch, wie das abläuft: Er wird behaupten, es hätte ihr Spaß gemacht und dass sie das immer so machen. Und weil sie über 18 Jahre alt ist und eine Aufenthaltsgenehmigung hat, wär's das gewesen." Britta störte mal wieder – und natürlich zu meiner Sendezeit! Sie konnte sich so schlecht aufs Fernsehen konzentrieren. Wenn sie konzentrierter fern sähe, könnte es bei uns abends oft viel netter zugehen.

Mit Schmolkowski konnte ich leben. Schlimmer waren die fünf Jungs von der fetten Fiedler, die ich bisher nur im Bademantel zu Gesicht bekommen hatte. Es gab kaum einen Tag, an dem nicht die Feuerwehr mit Blaulicht anrückte, weil einer von der Fiedlerbrut auf die originelle Idee gekommen war, auf das Knöpfchen für den Feuermelder zu drücken. Aber auch mit den Jungs von der Fiedler musste ich nachsichtig sein. Sie hatten ihr letztes Quäntlein Hirn beim Kiffen in Rauch aufgehen lassen. Als wirklich lästig empfand ich es jedoch, dass ständig jemand aus dem 20. Stock sprang. Ich hätte dafür Verständnis gehabt, wenn es Mieter gewesen wären, die vor den Kakerlaken Reißaus genommen hätten. Aber zu allem Ärger waren es meistens Passanten, die schlichtweg zu bequem gewesen waren, die fünf Minuten bis zur nächsten Autobahnbrücke zu laufen. Das hatte mir ein Kandidat selbst einmal erzählt, nachdem ich ihn in letzter Sekunde davon abgehalten hatte, sich in die Tiefe zu stürzen. Neulich habe ich ganz unverhofft im Finanzamt mit ihm telefoniert. Zufällig hatte ich seine Steuererklärung bearbeitet. Er war zum zweiten Mal geschieden und sein Renault Twingo kam nicht mehr durch den TÜV. Selbst seine Freunde hatten zu ihm gesagt, er hätte vielleicht doch besser springen sollen.

Britta war heute besonders unruhig. „Ich ziehe hier aus, Hartmut, das verspreche ich dir!", keifte sie. Frauen gaben ja ständig solch leere Versprechungen ab. Ich nahm ihre Androhung heute durchaus ernst, denn bei Britta hatte ich schon so manch unangenehme Überraschung erlebt.

Letzten Sonntag zum Beispiel, da hatten wir uns fürchterlich wegen einer Kleinigkeit gestritten. Als der Streit seinen Höhepunkt erreicht hatte, verkündete sie zornesrot, sie werde den leckeren Schweinebraten, den sie gerade für uns zubereitet hatte, in den Müllschlucker werfen. So aufgebracht hatte ich Britta selten erlebt. Ich wusste, in diesem Zustand war sie zu allem fähig. Und weil ich viel kleiner und schwächer war als Britta, schloss ich mich erst einmal auf dem Klo ein. Meistens beruhigte sich Britta ziemlich schnell wieder. So war es auch dieses Mal. Als ich sie nach einer Weile am Telefon mit ihrer Freundin Gundula herumgackern hörte, wagte ich mich wieder hervor und wir verbrachten den restlichen Vormittag, als wäre nie etwas Düsteres zwischen uns gewesen. Zum Mittagessen hatte ich dann einen lieblichen Rotwein geköpft und saß mit Lätzchen um den Hals und in seliger Vorfreude am Tisch. Dann kam Britta herein und servierte jedem von uns einen Teller mit Melonenscheiben!

Zunächst begriff ich überhaupt nicht, was vor sich ging. In der Aufregung stellte ich nur fest, dass ihre Portion größer war als meine. Aber bis ich begriffen hatte, dass das alles sein sollte, verging eine ganze Weile. „Wo ist der Braten?", fragte ich bangend und steif.

„Na, im Müllschlucker", entgegnete Britta mit einer Abgebrühtheit, die mich innerlich gefrieren ließ. Ich war fertig. Den nächsten Tag ließ ich mich krank schreiben. Bei der nächsten sich bietenden Gelegenheit schlich ich mich heimlich zum Griechen und bestellte die üppige Mykonos-Platte. Dazu drei Gläser Samos und vier Ouzos. Tags darauf musste Britta mich krank melden, weil ich dazu selber nicht mehr in der Lage war.

Britta verfügte also über die penetrante Eigenschaft, ihr Wort zu halten. Deshalb wurde ich auch äußerst unruhig, als sie noch einmal betonte: „Hartmut, das eine will ich dir sagen: Noch in diesem Jahr ziehen wir hier aus!"

Schnell sagte ich zu ihrer Beruhigung: „Ich werde heute mal bei der Wohnungsgenossenschaft nachfragen, ob was Passendes für uns frei wird." Mit einem Ruck setzte sich Britta kerzengerade hin. Auch im Sitzen war sie noch mindestens einen Kopf größer als ich. Ihre Augen glühten. Hatte ich etwas Falsches gesagt? Man konnte noch so einfühlsam sein, immer sagte man das Falsche.

„Ich will keine Wohnung von Genossen, sondern Eigentum!", zischte Britta böse.

„Eigentum!", wiederholte ich entgeistert. Jetzt drehte sie wirklich durch. Schade, eigentlich war Britta immer ganz patent gewesen. Aber nun war nichts mehr mit ihr anzufangen. Ich sollte sie so schnell wie möglich ins Internet einstellen und mit Schmolkowski virtuell Kontakt aufnehmen. Der würde sicher bald Nachschub brauchen.

In Wirklichkeit würde Britta allerdings eher mich verschachern als umgekehrt. Deshalb schluckte ich meine Gegenargumente zähneknirschend herunter. Britta betonte noch einmal ihre Forderung: „Ich will ein Haus oder mindestens eine Eigentumswohnung – und Menschen als Nachbarn, keine Genossen!"

Ein paar Tage später traten wir unseren Urlaub an. Wie jedes Jahr, seit wir verheiratet waren, fuhren wir mit dem Fahrrad und ausgerüstet mit einem Igluzelt irgendwohin. Britta liebte diese Art von „Urlaub" und ich wagte nicht, ihr zu widersprechen. Diesmal trieb es Britta in die Eifel. Britta radelte trotz schweren Gepäcks immer vorneweg. Ich blieb weit abgeschlagen zurück. Es nützte auch wenig, dass ich zwischendurch heimlich an meinem „Red Bull" nippte. Brittas Laune wuchs zusehends und das war ja auch die Hauptsache. Die letzten Tage freute ich mich nur noch auf mein kleines, kuscheliges Büro im Finanzamt. Und als wir zu Hause angekommen waren, war die Idee mit der Eigentumswohnung schon wieder vergessen.

Erst Ingo weckte wieder die Erinnerung daran. Ingo, der genau wie ich jeden Samstagmorgen sein Auto in der Selbstwaschanlage wusch, der musste es nämlich wissen. Ingo verkaufte so dieses und jenes, vor allen Dingen Konservendosen. Nicht die kleinen Dosen, die bei Aldi neben dem Klopapier aufgestapelt sind. Nein, Ingo machte die ganz großen Geschäfte. Das erzählte er mir so nebenbei, während er seinen dunkelblauen Mercedes hingebungsvoll mit einer edlen Milch massierte. Das Mittelchen war teurer als die Lotion, die ich Britta zum letzten Hochzeitstag geschenkt hatte. Im Gegensatz zu mir wusch Ingo sein Auto nicht deshalb bei der Selbstwaschanlage, weil er die paar Euro für die Automatikwaschanlage sparen wollte. Nein, er wusch selbst, weil er so drei volle Stunden Gelegenheit hatte, seinen Liebling zu streicheln.

Welche Art Geschäfte er genau machte, hat er mir nie genau erzählt. Aber ich glaube, er wusste Bescheid. Er flog zweimal im Jahr in die Karibik. Nicht nur Last-Minute-Flüge! „Schweineteuer, diese Inselaffen!", stöhnte er jedes Mal, wenn er braungebrannt zurückkehrte. Darüber hinaus hatte Ingo alles, was man hat, wenn man es hat. Natürlich auch eine Eigentumswohnung. Was heißt *eine* Eigentumswohnung! Er hatte drei: eine zum Wohnen und wegen der steuerlichen Abschreibung, die zweite für die Momente, in denen er einfach mal raus und abhängen musste und die dritte für den Familien-Winterurlaub zwischen den Jahren in St. Moritz. „Des Wichtigschde im Leben is: schaffe und genieße!", sagte er immer und outete sich damit als bekennender Schwabe. Wenn ich ihn dann staunend und mit bewundernden Blicken ansah, war das Balsam für seine von der Steuer geschröpfte Seele.

Während ich Ingo von der aktuellen Mieterhöhung vorjammerte und mich bitter darüber beklagte, dass die Genossenschaft nicht bereit war, den zerbrochenen Klodeckel zu bezahlen, klopfte er mir väterlich auf die Schulter und sagte: „Mensch, Hartmut, rechne doch mal!" Und dann rechneten wir.

Ich weiß ja, so etwas macht man nicht, aber ich zeigte Ingo trotzdem meine Lohnsteuerkarte. Er war sichtlich betroffen. Bilder einer indischen Hungersnot hätten ihn wahrscheinlich nicht stärker gerührt. Kalter Schweiß stand auf seiner Stirn und er stammelte, nachdem er sich wieder ein wenig gefangen hatte: „Was! Das ist alles? Meine Güte, das kannst du doch keinem erzählen, dass man davon leben kann!" Als Finanzbeamter im mittleren Dienst orientierte sich mein Gehalt nun mal am Existenzminimum. Das war eine Tatsache, die Ingo neu zu sein schien. Sicher, ab und zu war mir schon der Gedanke gekommen, mich zum Beispiel als Buchhalter bei einem Steuerberater zu bewerben. Aber mein Chef, der Herr Axthammer, sagte in den Mitarbeiter-Vorgesetzten-Gesprächen mit einem fürsorglichen Augenzwinkern immer zu mir, dass ich da draußen nicht mehr zurecht käme. „Da draußen", das war die freie Wirtschaft. Wenn Herr Axthammer von „da draußen" sprach, dann spürte ich einen eisigen Luftzug und es war so, als würde mir eine unsichtbare Hand die Kehle langsam zudrücken. So hatte ich mich bemüht, immer schön unauffällig zu bleiben und war bereits seit 16 Jahren zusammen mit meinem Kollegen Horst gefesselt an mein kleines Büro im Finanzamt neben der Besuchertoilette.

In einem Anfall von Mitleid lud mich Ingo spontan zu „seinem" schicken Italiener ein. Das Lokal war so exklusiv, dass auf der Speisekarte weder Pizza noch Makkaroni zu finden waren. So etwas Ordinäres wurde hier nur ausnahmsweise Kindern unter 14 Jahren an uneinsehbaren Tischen serviert.

Die Teller wurden gerade abgeräumt. Ingo saß regungslos da und starrte auf seinen Cognac. Seine Gehirnwindungen glühten wie ein Toaster in der Röststufe 6. Gedankenverloren murmelte er: „Da muss sich doch irgendetwas bei dir machen lassen!"

„Britta arbeitet übrigens neben ihrem Studium im Fitness-Studio. Das bringt im Monat bestimmt 400 Euro netto", ergänzte ich um Entspannung der Lage bemüht. Seine Miene hellte sich ein wenig auf. „Na, also", grunzte er schon etwas zufriedener. Dann verdunkelten sich seine Gesichtszüge wieder beunruhigend und meine aufkeimende Hoffnung war wieder zunichte.

Mit einer Wendung des Schicksals zum Guten hatte ich gar nicht mehr gerechnet, da begannen plötzlich seine Augen zu leuchten. Ingo erhob triumphierend sein Glas und sagte euphorisch: „Junge, wir kaufen! Wir müssen einfach kaufen!"

„Was kaufen?", fragte ich begriffsstutzig zurück.

„Na, eine Eigentumswohnung!", raunte Ingo mir ungeduldig zu.

„Mit den paar Kröten, die ihr verdient, kann man vielleicht existieren, aber nicht leben. Deine Miete wird dir über kurz oder lang den Garaus machen. Deshalb müssen wir jetzt kaufen. Bei den niedrigen Zinsen müssen wir jetzt einfach kaufen! Und glaub mir, solche Hasen wie deine Britta sind es nicht gewohnt, ewig in der Gosse zu leben. Wenn du sie halten willst, musst du einmal in deinem Leben wirklich aktiv werden."

Da hatte ich endlich begriffen.

3. Der Zehnjahresplan

„Nur Eigentum macht frei!" Beglückt und überzeugt von dieser Erkenntnis schlief ich an diesem Abend voller Tatendrang ein.

In der Nacht hatte ich kühne Träume: Ich lebte als Landgraf in einem mittelalterlichen Schloss. Bei meinem letzten Ausritt schwängerte ich 15 Mägde und setzte so manches Dorf in Brand. Was durfte man nicht alles tun, wenn man frei war! Ich wachte gerade noch rechtzeitig auf, ehe es dem Pöbel gelang, mein adeliges Haupt aufzuspießen.

Es war Samstagmorgen. Ingo hatte mir die Augen geöffnet, ich hatte wirklich begriffen: Der Weg aus der Gosse führte nur über Eigentum. Teileigentum war das Zauberwort! Und um an Teileigentum zu gelangen brauchte ich einen Plan. Und um diesen Plan zu erstellen, zunächst einmal Ruhe zum Nachdenken. Eigentlich war heute ein ungünstiger Tag, um Pläne zu schmieden. Denn wirklich Zeit und Ruhe zum Nachdenken hatte ich nur in meinem Büro im Finanzamt. Aber bis Montag konnte und wollte ich nicht warten. Keinen Tag mehr würde ich zögern, uns aus der stinkenden Kloake mittelständischen Beamtentums zu befreien!

Also musste ich Britta heute Morgen irgendwie abschieben. Sie kam mir allerdings zuvor. Während sie an ihrem klumpigen Körnermüsli herumpickte, sagte sie, sie müsse unbedingt noch ein paar Dinge in der Stadt erledigen. Und außerdem würde sie heute Mittag im Fitness-Studio noch einen Aerobic-Kurs geben. Als Britta endlich Anstalten machte, sich zu verdünnisieren, maulte ich hinter ihr her: „Kauf bloß keine Schuhe!"

Britta würde Schuhe kaufen, sie kaufte immer Schuhe. Manchmal versäumte sie es jedoch, die Spuren ihrer Streifzüge zu verwischen. Und wenn ich richtig Glück hatte, fand ich in einer Plastiktüte noch den Bon. Zweimal war es mir bereits gelungen, Schuhe ohne Brittas Wissen wieder umzutauschen. Das Unglaublichste daran: Sie hatte es nicht einmal bemerkt.

Wenigstens hatte ich jetzt meine Ruhe. Feierlich legte ich „Die vier Jahreszeiten" von Vivaldi auf und nahm einen neuen Schreibblock zur Hand. Der Titel meines Werkes lautete: „Der Zehnjahresplan des Hartmut Schminke". Darunter schrieb ich mit Textmarker: „Was ich will, das schaffe ich auch!" Diesen Satz hatte ich einmal in einem von Brittas Positiv-Büchern gelesen. Britta war nach diesen Büchern süchtig, sie lagen bei uns in jeder Ecke herum, nur ihre Fitnessbibeln hatten sie noch nicht verdrängt.

Jetzt ging es aber ans Eingemachte. Die wichtigste Frage lautete: Wie viel Schotter ließ sich für den Kauf einer Wohnung locker machen? Ersparnisse hatten wir natürlich keine – wovon auch? Die Fünf-Euro-Scheine, die ich hin und wieder in Sofaritzen und hinter Teppichleisten versteckte, um sie vor Brittas Streifzügen durch die Boutiquen zu retten, konnte man als Ersparnis kaum bezeichnen. Unser Konto war eigentlich nur dann nicht überzogen, wenn ich neues Geld bekam. Dann zog ich immer ganz schnell einen Auszug, um wenigstens einmal im Monat in der Illusion zu leben, noch nicht in der Gosse gestrandet zu sein. Es konnte also nur darum gehen, der Bank so viel Kohle wie möglich für eine Finanzierung aus den Rippen zu leiern.

Ich begann damit, auf der einen Seite des Blattes unsere Einnahmen aufzuschreiben. Ob sich die Bank von den großzügigen Schmerzensgeldzahlungen meines Arbeitgebers blenden ließ? Lähmende Zweifel stiegen in mir hoch, aber im Geiste hörte ich Britta meckern: „Ich will aber eine Eigentumswohnung!" Und was Britta wollte, bekam sie auch. Unter würdigen Umständen konnte man von diesem Gehalt nicht einmal einen Kaninchenwurf durchbringen, geschweige denn eine deutsche Beamtenfamilie – und dabei standen wir noch am Anfang unserer Familienplanung.

Auf der anderen Seite des Blattes listete ich tapfer unsere Ausgaben auf. Die Aufstellung wollte gar nicht mehr enden. Immer wieder fiel mir etwas ein, was ich bislang noch nicht berücksichtigt hatte: Frisör, ADAC-Mitgliedsbeitrag, Staubsaugerbeutel, Kondome. Hinter „Kondome" vermerkte ich als Randnotiz: Kondome nur bis zum sechsten Jahr. Im siebten Jahr sollte Stufe II der Familienplanung in Kraft treten. Spätestens dann würde – nein, *musste* – der kleine Schminke kommen. Wieder hörte ich Britta im Geiste meckern: „In sieben Jahren soll die Familienplanung aber schon abgeschlossen sein." Mir war bewusst, dass sie hierbei nicht nur an einen Schminke-Junior dachte, sondern an mindestens drei.

Die Summe auf der Ausgabenseite war noch erschreckender als ich erwartet hatte: Meinem Auge bot sich das Bild eines typischen Staatshaushaltes, bei dessen Betrachtung die Frage berechtigt ist, wovon in der Vergangenheit alle Kosten bestritten wurden.

Es half nichts. Wenn wir bei der Bank nicht hochkant hinausfliegen wollten, musste drastisch gekürzt werden. Eines war klar: Britta, das Weib, verschuldete mich! Als erstes warf ich den Otto- und den Quelle-Katalog in den Müllschlucker. Beinahe hätte ich den Sonderkatalog mit der Spätübergangsmode von Hess übersehen. In diesem Katalog fand ich eine ausgefüllte Sammelbestellung von sage und schreibe 467,50 Euro!

Im Grunde ging es nicht um die Frage, ob ich mir eine Eigentumswohnung leisten konnte: Es ging darum, ob ich mir diese Frau weiterhin leisten konnte! Britta musste diese Verschwendungssucht von ihrer Mutter geerbt haben. Schwiegermutter Margot hatte schon in den 60er Jahren, also in einer Zeit, in der andere Familien samt Schwiegermutter und Erbtante einmal in der Woche am Samstag durch die Wanne geschleust wurden, zweimal am Tag geduscht! Verschwendung pur! Seit Margot plötzlich mit 56 an Krebs gestorben war, fand Schwiegervater Gerhard Gefallen am gnadenlosen Geldhorten. Bei Britta hatte sich durch den Tod ihrer Mutter und das Verhalten ihres Vaters ihre Verschwendungssucht sogar noch verstärkt.

Warum hatte ich mich nicht in eine einfache, biedere, graue Maus verguckt mit einer Lkw-Ladung Aussteuer und einem kleinen Depot in der Schweiz? Aber graue Mäuse sind auch nicht mehr das, was sie mal waren. Herr Hupe, unser Treppenterrier, der im Finanzamt die Post in die einzelnen Zimmer verteilt, erzählte mir neulich von seiner Elisabeth. Elisabeth war eine reinrassige graue Maus und im seligen Alter von 47 Jahren, als er sie heiratete. Nach fünf Jahren Ehe sah sie ihn nach dem Abendbrot plötzlich komisch an und sagte, sie wolle jetzt reiten lernen. Und zwar ein richtiges Pferd mit Sattel und allem drum und dran. Als er begriffen hatte, dass sie es wirklich ernst damit meinte, flehte er sie an, schrie sie an, aber es nützte nichts. Sie blieb stur. Wozu will eine graue Maus reiten lernen? Es gibt eben Frauen, die sich als graue Mäuse verkleidet haben...

Nachdem ich von Brittas Budget noch ein paar Kosmetikartikel gestrichen und den teuren Kurzhaarschnitt gegen eine wild wachsende Langhaarmatte ausgetauscht hatte, sah die Ausgabenseite schon viel freundlicher aus. Ihren monatlichen Gang zu Coiffeur Monique musste ich ihr natürlich auch noch abgewöhnen. Wenn aus unserer Finanzierung etwas werden sollte, musste Britta sich in Zukunft von Elwine die Haare schneiden lassen. Anspruchsvollere Gemüter hätten sich von Elwine nicht einmal ihre Ligusterhecke schneiden lassen, aber dafür war Elwine mit ihren Dumpingpreisen für Familien mit einer knappen Finanzierung immer eine gute Empfehlung.

Selbstverständlich war auch ich bereit, bemerkenswerte Opfer zu bringen. Obwohl es mich wirklich Überwindung kostete, strich ich bei der Position „Autopflege" die Softhäutchen für die Lackoberflächenmassage und das zweite Ei morgens in der Kantine.

Mit der Besoldungstabelle berechnete ich nun meine Einkommensentwicklung für die nächsten zehn Jahre. Bislang konnte man sich immer darauf verlassen, dass sich in einem Beamtenleben in einem Zeitraum von zehn Jahren keine gravierenden Änderungen ergaben. Meiner Erinnerung nach bestanden die bemerkenswertesten Veränderungen der letzten Jahre in der Einführung einer dritten Wurstsorte in der Kantine – das musste vor ungefähr vier Jahren gewesen sein – und der Abschaffung des Vordruck EST 12 WB. Vordruck EST 12 WB wurde endgültig aus dem Verkehr gezogen, weil selbst die mit „gut" beurteilten Kollegen ihn nicht verstanden hatten. Aber wenn man die Pressemitteilungen über geplante Einsparungen in jüngster Zeit verfolgte, konnte einem schon schwindelig werden und selbst dem unbekümmertesten Idioten war klar, dass sich da ein verheerendes Unwetter zusammenbraute und meine kleine Oase stark bedroht wurde.

Ein gesunder Optimismus setzte sich dann aber doch bei mir durch und ich plante für das sechste Jahr eine Beförderung ein. Zum Glück ging es bei den Beförderungen nicht um die erbrachte Leistung. Befördert wurde, wer lange genug abgehangen war. Sicher, in den letzten Jahren hatte die Leistungsbeurteilung immer mehr Gewicht bekommen. Aber ich war mittlerweile nicht nur abgehangen, ich hatte bereits schon Moos angesetzt. Mein Optimismus war somit durchaus begründet.

Weniger berechenbar war Brittas Einkommensentwicklung. Wer sagte mir, dass sich Britta nicht beim Sport so unglücklich verletzte, dass sie keine Fitnesskurse mehr geben konnte? Oder noch schlimmer: Britta wurde unverhofft schwanger! Kalter Schweiß lief mir den Rücken hinunter. Vielleicht sollte ich vorsorglich beginnen, ihr die Pille ins Müsli zu mixen! Selbstverständlich mochte ich Kinder. Aber Stufe II ein paar Jahre vorzuziehen wäre Wahnsinn!

Im neunten Jahr konnte es noch einmal richtig eng werden. Zur Not könnten wir unser Auto verkaufen. Und wenn ich öfter die Fahrgemeinschaft für die Fahrten ins Büro wechselte, brauchte ich nicht mal Spritgeld zu zahlen. Da gab es sicherlich noch Einsparpotenzial. Im zehnten Jahr plante ich endlich den Abschluss von Brittas Studium ein und ihren Einstieg ins Arbeitsleben. Britta studierte Sozialwissenschaften mit den Nebenfächern Sport und Freizeitpädagogik. Irgendwann war vielleicht doch damit zu rechnen, dass sie richtiges Geld nach Hause brachte – wobei ich bei dieser Fächerkombination durchaus meine Zweifel hegte.

Am Ende war ich von meinem Plan hellauf begeistert. Nächstes Wochenende konnte also die Suche nach einer Eigentumswohnung beginnen.

Aus dem Bücherschrank nahm ich Brittas Lieblingsbuch zur Hand: Leitfaden für positive Transformationsformeln. Verschwörerisch murmelte ich die Transformationsformel für eine abgeschlossene Ziel-Imagination: „Das habe *ich* gemacht. Das habe ich *gut* gemacht. Das habe ich *sehr* gut gemacht. Ich bin eins mit meinem Plan und was ich will, das schaffe ich auch!"

4. Die Frauenbeauftragte

Kurz vor 14:00 Uhr klingelte Frau Hoppe-Reitemüllers Telefon. Es war Frau Doggenfuß, die Vorzimmerdame des Finanzamt-Vorstehers. Sie solle sofort zum Vorsteher kommen. Ausschließlich Frau Doggenfuß benutzte den Titel „Vorsteher" wenn sie vom Finanzamts-Vorsteher sprach. Für alle anderen war er „Der Kopf". Nicht nur im übertragenen Sinne war Regierungsdirektor Niemeier der Kopf des Finanzamtes. Er hatte einen beinahe schon als abnorm zu bezeichnenden riesigen Schädel, dessen kantiges Profil durch eine eckige Goldrandbrille noch verstärkt wurde.

Frau Doggenfuß redete stets in einem Befehlston, der unbedingten Gehorsam forderte und jede noch so höfliche Nachfrage scharf unterband. Frau Hoppe-Reitemüller ließ deshalb sofort die gerade angebissene Nussecke fallen und machte sich auf den Weg zum Fahrstuhl.

Auf dem Flur kam ihr Hartmut Schminke mit einer Tasse Kaffee entgegen. Es ist schon auffällig, dachte Frau Hoppe-Reitemüller, immer wenn ich den Schminke sehe, holt er Kaffee oder bringt ihn gerade zur Toilette. Beim Frühstück in der Kantine ist er auch immer der Erste und der Letzte, genau wie sein Vater. Warum sie den Sohn überhaupt eingestellt haben, ist mir ein Rätsel! Bei dem Bockmist, den der alte Schminke verzapft hat. Ab mittags hing Kalle Schminke doch nur noch am Getränkeautomaten im Keller und hat sich eine Pulle nach der anderen genehmigt. Und wenn er abgefüllt war, hörte man das Geschnarche aus seiner Akten-Registratur noch drei Zimmer weiter.

Sie sah dem kleinen, rundlichen Mann hinterher. Etwas weniger Bauch und mehr Hintern würden ihm gut stehen, überlegte sie und dachte an Norberts Hintern. Norberts Hintern gehörte zu Norberts wirklichen Qualitäten. Nicht, dass Frau Hoppe-Reitemüller Norbert nur wegen seines Hinterns geheiratet hätte, aber in dem Sympathiepaket, welches für Norbert den Ausschlag gegeben hatte, war sein Hintern sicherlich kein zu vernachlässigender Posten gewesen. Es hatte auf sie schon immer einen unwiderstehlichen Reiz ausgeübt, ihrem Norbert mit Daumen und Zeigefinger in seinen fleischigen Hintern zu kneifen. Aber seitdem Norbert bei seiner Versicherung seinen Stuhl für die junge Hauptsachbearbeiterin hatte räumen müssen und in den vorzeitigen Ruhestand enthoben worden war, hatte er sich stark verändert. Irgendwann hatte er sich die Kneiferei verbeten. Und als ihr dann doch einmal die Finger ausrutschten, hatte er ihr sogar angedroht, sich von ihr scheiden zu lassen. Und sie wusste, er meinte es damit ernst.

Seitdem ging es mit Norbert immer weiter bergab. Von morgens bis abends saß er nur schlecht gelaunt und lustlos herum. Frau Hoppe-Reitemüller war manchmal froh, dass sie wenigstens tagsüber seinem Anblick entfliehen konnte. Schade nur, dass sich im Finanzamt nicht ihr Telefon abstellen ließ. Mindestens viermal am Tag rief er an, um sie anzuschnauzen oder Bestellungen für den Supermarkt aufzugeben.

Der Weg zum Kopf führte über das Zimmer von Frau Doggenfuß. Es gab natürlich auch einen direkten Zugang zum Büro des Kopfes. Aber die Klinke von Zimmer Nr. 333 in die Hand zu nehmen, wäre eine genauso unmögliche Vorstellung gewesen, wie an der Panzersicherung im Keller herumzufummeln.

Ohne Frau Hoppe-Reitemüller eines Blickes zu würdigen, meldete Frau Doggenfuß sie telefonisch im Vorsteherzimmer an. Nicht-Personen wie der Hausmeister, die Putzfrau und Amtsinspektorinnen aus dem mittleren Dienst wurden von Frau Doggenfuß nur dann persönlich angesprochen, wenn es sich nicht vermeiden ließ. Mit einem Blick über die Halbrandbrille deutete sie an, dass nun der Weg ins Allerheiligste für Frau Hoppe-Reitemüller offen stand. Ihr Herz begann zu rasen.

In seinem Büro wartete der Kopf hinter seinem drei Quadratmeter großen Schreibtisch. Der Schreibtisch war lediglich mit einem kleinen Notizblock und einem Telefon bestückt. Vor dem Schreibtisch saß ihr Chef, Herr Axthammer. Frau Hoppe-Reitemüller wurde es noch mulmiger zumute. Herr Axthammer war nämlich nicht nur ihr Sachgebietsleiter, sondern zudem auch der Personalratsvorsitzende des Finanzamtes. Nervös fuhr sie sich durch ihr kurzes graues Haar und wie ein Film spulten sich vor ihren Augen die Sünden der vergangenen Tage ab: Volle zwei Stunden hatte sie mit Sybille in Berlin telefoniert ohne die „drei" für Privatgespräche vorweg zu wählen. Dann hatte sie die EDV-Prüfhinweise für die eingegebenen Steuererklärungen ausnahmslos vernichtet, weil sie mit ihnen nichts anzufangen wusste. Schweiß schoss ihr wie von Einspritzdüsen in die Achseln ihrer Bluse, als ihr einfiel, dass sie gerade gestern erst wieder im Internet unter www.knackige-hintern.de unermüdlich gesurft hatte. Dabei wurde in der letzten Amtsverfügung noch einmal ausdrücklich darauf hingewiesen, dass die Nutzung des Internets nur zu dienstlichen Zwecken gestattet sei und ein Vergehen disziplinarisch verfolgt würde. Es würde schwer werden, einen dienstlichen Bezug herzustellen. Oder war jemandem aufgefallen, dass sie fünf Locher aus der Materialausgabe herausgeschmuggelt hatte? Vielleicht Betriebsprüfer Glockemüller, so richtig war dem auch nicht zu trauen.

Der Kopf gab ihr ein Zeichen, sich ihm zu nähern. Er erhob sich nie, um seine Besucher zu begrüßen. Seine Körpergröße war nur öffentlichen Geheimnisträgern und seiner Mutter bekannt. Frau Stöhr hatte einmal behauptet, er wäre keine 1,50 m. Sie wüsste das ganz genau, weil er zu ihrem 25-jährigen Dienstjubiläum in ihrem Büro gewesen sei und nicht einmal so groß wie der Aktenbock in ihrem Zimmer gewesen wäre. Aktenbock A 102 C hätte aber garantiert eine normierte Höhe von 1,50 m.

Frau Hoppe-Reitemüllers Nervosität legte sich ein wenig, als ihr der Kopf die Hand reichte. Er hatte tellergroße, warme fleischige Hände, die bei einem Händedruck ein Gefühl der Geborgenheit vermittelten. Seine Stimme war tief und voll und seine kleinen ewig lächelnden Augen hinter dem kantigen Goldrahmen machten es einem so leicht, Vertrauliches aus dem Kollegenkreis so ganz nebenbei auszuplaudern.

Bei so viel Väterlichkeit war es ihm überhaupt nicht zuzutrauen, dass er auch seine Todesurteile fällte. Da war zum Beispiel der junge Steuersekretär, der im Finanzamt die Steuererklärungen seiner „Privatkunden" selbst bearbeitet und ihnen durch großzügige Ermessensentscheidungen zu üppigen Steuererstattungen verholfen hatte. Kaum zu glauben, dass so etwas wirklich vorkam!

Als Frau Hoppe-Reitemüller davon erfuhr, war ihr zuerst Hartmut Schminke in den Sinn gekommen. Schminke wäre der Einzige gewesen, dem sie das zugetraut hätte. Aber als dieser ihr einige Tage später, nachdem das Urteil gefällt worden war, mit seiner Kaffeetasse und diesem unverwechselbar idiotischen „Mahlzeit"-Grinsen entgegengekommen war, hatte sie gewusst, dass er es nicht gewesen sein konnte. Besagter Kollege war nämlich fristlos entlassen und disziplinarisch belangt worden. Wahrscheinlich arbeitete er jetzt als Handlanger Steuerberater Pfannengaul zu, der dafür bekannt war, seine Arbeit an gestrandete Existenzen aus der Gattung der steuerberatenden Berufe zu delegieren, während er sich auf dem Golfplatz vergnügte.

Frau Hoppe-Reitemüller hatte mit allem gerechnet, nur nicht mit dem, was jetzt kam. Der Kopf hatte bereits eine ganze Weile mit ihr gesprochen, ehe sie überhaupt realisierte, was er eigentlich von ihr wollte: „…und so habe ich mich im Einvernehmen mit dem Personalrat dazu entschieden, Sie als Frauenbeauftragte zu benennen."

Die Nachricht brauchte eine Weile, um auf Frau Hoppe-Reitemüllers Hirnrinde anzukommen. Das Einzige, was sie begriff, war die Anmerkung von Herrn Axthammer, sie wäre nun aufgrund dieser neuen Aufgabe zu 33 % von ihrer bisherigen Tätigkeit freigestellt. 33 %! Das waren mehr als eineinhalb Tage in der Woche! Dafür hätte sie fast alles gemacht.

„Sie können es sich noch in Ruhe überlegen", meinte der Kopf abschließend – aber Frau Hoppe-Reitemüller nahm das Amt ohne eine Sekunde zu zögern an.

Von nun an gab es dienstags und donnerstags von 9:00 Uhr bis 12:00 Uhr eine Sprechstunde für weibliche Bedienstete. Dann zog sie sich ins Personalratszimmer zurück und wartete. Ihr fiel es nicht schwer, gut und gerne zwei Stunden und auch länger in dem bequemen Sessel mit Armlehne zu sitzen und auf das Ende der Sprechstunde zu warten. Die Zeit verbrachte sie damit, sich wie eine Raupe durch das Aldi-Süßigkeiten-Angebot regalweise durchzufressen. Mittlerweile war sie im letzten Regaldrittel bei der Prinzenrolle angelangt.

Von Tag zu Tag wurde sie unvorsichtiger. Irgendwann geschah es: Ausgerechnet als ihre Lieblingsillustrierte mit der Titelstory: Was bringen Frauen mit 50 noch im Bett? Offen auf ihrem Schreibtisch lag, kam Frau Stöhr in ihr Büro gefegt. Sie schaffte es nicht einmal mehr, die Illustrierte rechtzeitig verschwinden zu lassen. Frau Stöhr stierte auf die Zeitschrift und schnappte hörbar nach Luft. Noch bevor sie wieder zu Besinnung kam, sagte Frau Hoppe-Reitemüller geistesgegenwärtig: „Angelika, was sagst du denn dazu: Egal, was ich lese, ich habe immer mehr den Eindruck, wir Frauen sind in den Augen der Männer nur ein willenloses Stück Fleisch. Ich wollte im Namen aller weiblichen Amtsangehörigen gerade einen offenen Brief an die Redaktion dieses verkappten Macho-Blattes schreiben. Allein dieser Titel... Das ist doch pervers!"

Frau Stöhrs Zweifel waren augenblicklich verflogen. Sie sah Frau Hoppe-Reitemüller zufrieden an und blökte: „Rita, ich hab gleich gewusst: Die Rita wird den Männern mal richtig Feuer unterm Hintern machen!"

Frau Hoppe-Reitemüller winkte mit aufgesetzter Bescheidenheit ab: „Lass nur, Angelika!", sagte sie.

„Aber was ich heute in der Kantine gehört habe, ist wirklich ein dicker Hund!", fuhr Frau Stöhr mit empörter Stimme fort. „Ich habe ganz genau gehört, wie der Schminke heute in der Kantine zu Herrn Goller gesagt hat, Frau Graugans würde jedem Iltis noch Konkurrenz machen. Und wenn er an ihrer Stelle wäre, würde er sich sämtliche Schweißdrüsen wegoperieren lassen. Und ihren

Busen kann sie sich auch gleich mitmachen lassen, wenn sie schon mal am Schnippeln sind. Das ist doch ein starkes Stück, oder? Wenn ich Frauenbeauftragte wäre, würde ich sofort Schritte gegen den Schminke einleiten!"

Erst heute Morgen war Frau Hoppe-Reitemüller am Büro von Frau Graugans vorbeigekommen. Um den penetranten Schweißgeruch aus der Nase zu bekommen, musste sie erst einmal eine Zigarette rauchen und drei Mandarinen pellen. Sie wandte deshalb zögernd ein: „Angelika, findest du nicht auch, dass Frau Graugans immer ein bisschen streng riecht?"

Frau Stöhr war über den Einwand verärgert: „Aber Rita! Das ist schon viel besser geworden. Diese Bemerkung ist jedenfalls unerhört!"

Frau Hoppe-Reitemüller versuchte abzulenken: „Und das mit dem Busen hat er tatsächlich gesagt?", hakte sie nach.

Frau Stöhr wich plötzlich aus: „Nun ja, jedenfalls sinngemäß. Zumindest ging es um irgendwelche Schönheits-OPs. Ich werde ihn jedenfalls weiter beobachten!"

Pikiert zog sie ab. Am liebsten wäre es ihr gewesen, wenn sie Schminke sofort abgeführt hätten. Aber noch war nicht aller Tage Abend.

Frau Hoppe-Reitemüller schauderte jetzt noch bei dem Gedanken, dass sie um ein Haar in dem Büro von Frau Graugans gestrandet wäre. Sechs Jahre war der zweite Platz in Graugans Büro leer geblieben, bis die Geschäftsstelle mit Hinweis auf Sparmaßnahmen mit Nachdruck darauf bestanden hatte, das Büro voll zu besetzen. Aber einmal in ihrem Amtsleben hatte sich Frau Hoppe-Reitemüller wirklich durchgesetzt und zu Herrn Axthammer gesagt, wenn er das wirklich von ihr verlangte, würde sie ab morgen mit Wäscheklammern auf der Nase erscheinen, und: Sie wäre nicht so privilegiert wie er und hätte ständig Schnupfen! Schminke gehörte sicherlich nicht zu den Männern, die sie gerne in Schutz nahm, aber in diesem Falle hatte er wirklich recht.

5. Der Kennenlerntag

8:06 Uhr. Horst war noch nicht im Büro. Er würde also heute nicht mehr kommen. Um 8:09 Uhr rief Horst vom Flughafen aus an. In 10 Minuten wäre Einchecken und ich könnte jetzt die Krankmeldung an Frau Doggenfuß weiterleiten. Gestern hatte er die Krankmeldung schon vorbereitet, nachdem er mit Schrecken festgestellt hatte, dass ihm drei Urlaubstage fehlten. Der Last-Minute-Flug nach Kenia war allerdings bereits gebucht – ohne Reiserücktrittsversicherung – und der Flieger stand schon mit laufendem Motor auf dem Flughafen. Zum Glück war wenigstens auf seinen Hausarzt Verlass, der hatte die Krankmeldung gleich für vier Wochen ausgestellt. Kompetenter Mann, sollte ich auch mal ausprobieren.

„Wenn dir drei Wochen die Sonne auf die Festplatte brät, brauchst du anschließend einfach noch ein paar Tage, um dich wieder zu akklimatisieren", hatte Horst zu mir gesagt und dabei seine Vollglatze massiert. „Und außerdem muss ich noch die Terrasse pflastern. Komm´ ich ja sonst auch nicht zu."

Es war richtig entspannend, so allein in seinem Büro zu sitzen. Heute hatte ich wenigstens genügend Zeit, ungestört meine aufgestauten Privatgespräche abzuarbeiten. Und ich dachte die ganze Zeit nur an das Eine: eine Eigentumswohnung! Der Gedanke daran hatte sich bei mir regelrecht eingebrannt.

Zuerst rief ich Britta an: „Du, Britta, wir sollten uns den ganzen Samstag einmal Zeit nehmen, um uns Eigentumswohnungen anzusehen.", schlug ich Britta vor.

„Am Samstag?!" – mehr sagte sie nicht, aber ihr Tonfall löste in mir augenblicklich eine Sirene aus. Da kannten wir uns bereits seit sieben Jahren und waren von diesen sieben Jahren fünf Jahre verheiratet und dennoch ließen sich gewisse Eskalationen nicht vermeiden. Zumindest begriff man eines mit der Zeit schneller: dass es mal wieder zu spät war und die einzige Lösung darin bestand, zügig den Rückzug anzutreten.

Doch ich beging einen Kardinalfehler: Ich versuchte mich herauszuwinden. Als wenn das einem Mann in meiner Situation jemals gelungen wäre – und bei Britta schon gar nicht. Ich sagte jetzt in einem wie ich fand sehr beruhigenden Tonfall: „Naja, es muss ja nicht diesen Samstag sein." Aber es ließ sich nichts mehr retten.

„Sagtest du Samstag?", wiederholte Britta und in ihrer Stimme schwang ein Giftcocktail aus Empörung, Wut und verletzter Eitelkeit mit. Schweiß stand auf meiner Stirn. Was konnte an einem gewöhnlichen Samstag, dem siebten Juni gewesen sein? Wie in einer Suchmaschine spulten sich vor meinen Augen sämtliche Geburts- und Todestage näherer Angehöriger und ihrer Haustiere ab. Nichts! Am siebten Juni war einfach nichts gewesen. Man hätte diesen Tag glatt vom Kalender streichen können und kein Mensch hätte davon Kenntnis genommen. Ich jedenfalls nicht.

Da kam mir eine Idee: Brittas Führerschein! Am siebten Juni vor sieben Jahren hatte Britta ihren Führerschein gemacht! Jetzt musste ich nur noch die Kurve kriegen. „Glaubst du etwa, ich hätte deinen Führerschein vergessen! Siebter Juni! Sieben Jahre Führerschein!", säuselte ich.

„Wenn du noch einmal das Wort *Führerschein* in den Mund nimmst, lasse ich mich auf der Stelle von dir scheiden!" Britta hatte aufgelegt. Stimmt ja! Auch das war mir leider entfallen: Das Wort „Führerschein" sollte ich auch besser meiden. Britta hatte ihren Führerschein erst im dritten Anlauf geschafft. Einer psychologischen Untersuchung war sie nur knapp entgangen.

Jetzt gab es nur noch eine Rettung: Gundula! Brittas Studienfreundin Gundula! Sie war mir einiges schuldig. Mehr noch: Wenn es in der Welt so etwas wie Gerechtigkeit gäbe, wäre Gundula meine Leibeigene. Sie war schuld daran, dass mir Britta nicht mehr gehorchte. Als Britta und ich uns kennenlernten, hatte Britta sich gerade von Tommy getrennt. Sie fraß mir aus der Hand. Sie kochte für mich, manchmal sogar zwei Mal am Tag warm. Und wir schliefen sogar drei Mal am Tag miteinander – manchmal jedenfalls. Aber Gundulas Einfluss war nicht zu übersehen gewesen. Ich muss sogar eingestehen, dass sich unsere Rollen immer mehr vertauscht hatten. Neulich sagte Britta zum Beispiel, sie hätte keine Lust mehr zum Kochen. Und ich wusste ganz genau, da steckte Gundula dahinter. Gundula war auch schuld daran, dass Britta mittlerweile im 15. Semester studierte und noch lange kein Ende in Sicht war. Korrekterweise muss ich dazu sagen, dass Britta drei Semester nicht mitgezählt hatte, weil sie eine Auszeit brauchte, um die Trennung von Tommy, auch Scheißkerl genannt, zu verarbeiten.

Gundula gähnte unerzogen laut in den Hörer. Anscheinend hatte ich sie gerade aus dem Bett geschmissen. Tschuldige, Gundula – es war ja auch erst 10 Uhr. Ich schilderte ihr kurz mein Problem.

„Siebter Juni", murmelte sie gedankenverloren. „Ich gehe davon aus, dass du die Geburts- und Hochzeitstage schon abgecheckt hast. Wann hat sie sich von dem Scheißkerl getrennt?"

„Am sechsten Juni", antwortete ich.

„Und wann habt ihr euch kennengelernt?", forschte Gundula weiter nach. „Am siebten Juni! – Gundula, du bist einfach genial!"

„Tja, Hartmut, wenn du mich nicht hättest!!!", sagte Gundula und die drei Ausrufungszeichen hingen wie Atompilze in der Luft. So überschwänglich hätte ich Gundula nie loben dürfen. Hoffentlich war das jemals wieder gut zu machen. Während sie noch einmal unappetitlich in den Hörer gähnte, schaltete ich das Telefon auf Rufumleitung um und legte das Gespräch in den Aktenkeller K 40. Das war reine Notwehr, denn wenn Gundula erstmal am Hörer hing, musste man ihr schon die Ohren abschneiden, um sie zum Auflegen zu bewegen.

Den Rest des Vormittags verbrachte ich damit, leichte Steuererklärungen zu bearbeiten und mir den Kopf zu zermartern, wie ich Britta wieder milde stimmen konnte – und mir fiel tatsächlich etwas ein!

Als ich mit knurrendem Magen nach Hause kam, saß Britta mit einem Schälchen Müslikekse aus dem Reformhaus vor dem Fernseher. Ich war mir sicher, diese Kekse neulich bei Zoo-Warnecke in dem Hunde-Candyshop gesehen zu haben.

Britta schrie aus dem Wohnzimmer: „Wehe, du gehst in die frisch gewischte Küche!"

Sie war also immer noch sauer und ich hatte wirklich riesigen Hunger – und ich beging trotzdem nicht die Todsünde, die frisch gewischte Küche zu betreten. Das war wahres Märtyrertum!

Notgedrungen setzte ich mich zu Britta vor den Fernseher. Volle 42 Minuten wurden wir über die Vorzüge einer WC-Ente mit Saugfüßen und dem patentierten Superflex-Hals aufgeklärt, der in der Lage war, mit einem einzigen Sprühstoß den gefährlichen Urinstein zu eliminieren. Nachdem Britta unser neues Familienmitglied bestellt hatte, fragte ich beiläufig: „Wie wäre es, wenn wir unseren diesjährigen Kennenlerntag einmal ganz anders feiern als sonst?"

Britta schaute mich überrascht an: „Wie? Nicht zum Griechen und dann ins Kino?"

Sie hatte also tatsächlich angebissen. „Nein", sagte ich, „einmal ganz anders."

„Also erst zum Chinesen?", fragte Britta irritiert.

„Nein, ganz, ganz anders! Da kommst du nie drauf: Wir spielen den Tag einfach nach, und zwar genau so, wie wir uns vor sieben Jahren kennen gelernt haben!"

Die Reaktion darauf übertraf alle meine Erwartungen: Britta war hellauf begeistert.

„Ich habe übrigens noch die Popeye-Unterhose", bemerkte ich und fügte hinzu: „Und du, du hast doch noch dieses süße, gelbe Nachthemd mit dem Biene-Maja-Motiv!"

„Moment mal", unterbrach mich Britta, „an unserem Kennenlerntag haben wir aber noch nicht miteinander geschlafen! Soviel ich weiß, haben wir uns noch nicht mal geküsst. Da lief noch überhaupt nichts! Ich bin ja schließlich kein Flittchen."

„Zumindest habe ich dich am Arm gestreichelt", sagte ich bestimmt.

„Na ja, von mir aus kannst du mich ja mal am Arm streicheln", erlaubte mir Britta großzügig, „aber ansonsten halten wir uns an die Fakten!"

Noch einmal versuchte ich den Verlauf unseres Spiels zu beeinflussen und schlug Britta vor: „Wir können den Kennenlerntag auch als eine Lebensphase nachvollziehen, in der wir uns näher gekommen sind. Ich bin auf jeden Fall dafür, die Hochzeitsnacht mit einzubeziehen."

„Wir können auch nur die Hochzeitsnacht nachspielen", bemerkte Britta in einem ironischen Unterton, der mir allerdings glatt entging. „Oh Britta, du hast immer so gute Ideen!", begeisterte ich mich. Aber Britta unterbrach mich kalt und sagte bestimmt: „Das hätte dir so gepasst! Nein, wir spielen alles, wirklich alles, so nach, wie es sich wirklich abgespielt hat und meinetwegen darfst du mich in der 89. Spielminute dann auch mal am Arm streicheln und von mir aus dabei denken, was du willst. Aber eines sage ich dir schon jetzt: Es wird sich an die Fakten gehalten! Und Flossen weg von meinem Busen!"

Der siebte Juni vor sieben Jahren war ein schöner, sonniger Tag. Mein Tag begann wie üblich: Nach dem Frühstück in der Kantine mit Frau Stöhr, Herrn Goller und Elke wollte ich in die Materialausgabe im Erdgeschoss gehen. Donnerstags war von 11:00 Uhr bis 12:00 Uhr Materialausgabe. Papa hatte mich gestern gefragt, ob ich ihm mal einen neuen Locher mitbringen könne und vielleicht noch ein paar Leitz-Ordner. Außerdem hätte Mama nächste Woche Geburtstag, vielleicht fände ich noch was Nettes für sie. Mama freute sich immer riesig, wenn ich ihr etwas aus der Materialausgabe mitbrachte. Als ich ihr zum 60. Geburtstag eine Tackerkralle mitgebracht habe, rief sie gleich am nächsten Tag an und erzählte begeistert, dass sie mit der Tackerkralle bei Papa sogar einen Holzbock erfolgreich entfernt hatte. Nach den Blessuren könnte man jetzt zwar vermuten, Papa sei von einer Klapperschlange gebissen worden, aber Hauptsache das Ding war draußen.

Papa war im Gegensatz zu Mama richtig unverschämt. Er dachte, das liefe bei uns in der Materialausgabe immer noch so ab wie früher, als er noch im Amt war. Papa hatte immer seinen ganzen Freundeskreis mit allem versorgt, was die Materialausgabe hergab. Manchmal musste ich mich mit Papa richtig anlegen: „Was, Junge, nur sieben Tacker?", schmollte er. Und ich erwiderte: „Das ist nicht mehr so wie zu deiner Zeit. Du kennst den Schroeder nicht, der sitzt auf jeder Büroklammer." Schroeder war unser neuer Hausmeister und der bewachte die Materialausgabe als beherberge sie die britischen Kronjuwelen.

Im Foyer ging ich an der Tür des Sprechzimmers vorbei. Vor der Tür warteten etliche Steuerpflichtige darauf, dass ihre Nummer aufgerufen wurde.

Steuerpflichtige sind eigentlich keine richtigen Menschen, so wie zum Beispiel Nachbarn oder Freunde. Sie sind die Grundlage eines Aktenaufbaus: Name, Vorname, Geburtsdatum, Steuernummer, Gewerbekennziffer. Von da aus teilt sich die Zelle immer weiter und wird zum Steuerpflichtigen. Sie machen eigentlich nur Arbeit, genauso wie Meerschweinchen eigentlich nur Dreck machen. Meerschweinchen sind aber dabei wenigstens noch niedlich anzuschauen. Steuerpflichtige machen darüber hinaus nur Ärger. Ärger, weil die Steuererklärung nicht rechtzeitig abgegeben wurde, Ärger, weil ständig die Belege fehlten, Ärger, weil die Zahlen in die falschen Zeilen eingetragen worden waren und Ärger, weil sie womöglich noch anriefen. Am Schlimmsten aber sind die Steuerpflichtigen, die dem Wahn verfallen sind, sie müssten ihre Steuererklärung persönlich bei ihrem Sachbearbeiter abgeben und könnten dann auch noch eine Belohnung erwarten. Oder aber er lege Wert darauf, den Steuerbescheid am Telefon mit ihnen auszudiskutieren.

Aus den Augenwinkeln bemerkte ich eine Steuerpflichtige, eine junge, große, blonde Frau mit Kurzhaarschnitt, die hilflos in dem

Ständer mit den Steuererklärungsvordrucken ein Formular suchte. Ich war schon fast an ihr vorbei, da drehte sie sich plötzlich zu mir um und sprach mich an: „Entschuldigen Sie, ich suche diesen Lohnsteuer-Erstattungsantrag."

An Sprechtagen sollte man gar nicht erst in die Nähe des Sprechzimmers kommen, um nicht von Steuerpflichtigen angefallen zu werden! Ich wollte mich zunächst gar nicht umdrehen, sondern einfach so tun, als hätte ich sie nicht gehört. Einem Impuls folgend drehte ich mich dann aber doch nach ihr um.

Es gibt nicht viele Momente, in denen es einfach nur „Dong" macht. Es war der Super-GAU! Ich glaube, ich starrte sie fast eine halbe Minute lang an. Es ist kaum zu glauben, dass ich überhaupt so etwas wie einen vollständigen Satz heraus brachte. Ich sagte so etwas wie: „Sie suchen sicherlich eine Einkommensteuererklärung." Nein, ich bin mir sicher, dass es kein vollständiger Satz gewesen ist. Wahrscheinlich hatte sie auch gar nicht verstanden, was ich gesagt hatte. Sie antwortete ein bisschen ungeduldig, aber nicht unfreundlich: „Nein, ich bekomme was wieder."

Mit zittriger Hand reichte ich ihr das Formular und: Sie lächelte mich an! Dieses Lichtwesen lächelte mich an!

Ich brachte nur ein stockschüchternes „Dann Tschüss" heraus. Sie sagte: „Nochmals Danke!" Und dann wieder dieses Lächeln!

Steifen Schrittes und doch bemüht, betont locker zu wirken, ging ich weiter in Richtung Materialausgabe. Ich wagte nicht, mich noch einmal umzudrehen. Auf der Schwelle zur Tür der Materialausgabe flog dann die Sicherung bei mir komplett heraus. Es pochte in meinem Kopf: Dong! Du musst jetzt hinter ihr her. Das ist *die* Frau!

Ich musste etwas unternehmen, rannte zurück in die Wartezone vor dem Sprechzimmer. Sie war nicht mehr da. Vielleicht ließ sie sich gerade von der Kollegin beraten. Panik stieg in mir hoch. Ich konnte unmöglich länger warten, riss die Tür zum Sprechzimmer auf. Eine Steuerpflichtige im verwesungsfähigen Alter saß mit einem Schuhkarton, aus dem Busfahrkarten, Zinsbescheinigungen und Rentenbescheide herausquollen, vor meiner Kollegin und heulte. Tür schnell wieder zu und wieder zurück in die Wartezone. Was sollte ich jetzt tun? Ich musste unter allen Umständen hinter ihr her, nahm meinen letzten Mut zusammen und fragte die wartenden Steuerpflichtigen: „Haben Sie die blonde, junge Frau gesehen, die eben noch hier war?" Keiner sagte einen Ton, alle glotzten nur wie bayerische Almkühe. Ich wollte gerade weiter rennen, da fragte endlich eine Steuerpflichtige mit Hausfrauenleggins Kaugummi kauend: „Wie sah sie denn aus?" Ich zögerte. Wie sah sie eigentlich aus? Toll, einfach toll! Und dieses Lächeln! Sie hat mich, Hartmut Schminke, dieses armseliges Würstchen, angelächelt! Aber wie konnte ich sie beschreiben?

„War das diese große Blonde mit der hellen Windjacke?" „Ja, ja!", sagte ich schnell, „das ist sie!" Wortlos deutete sie mit dem Kopf Richtung Südausgang. Südausgang, das bedeutete, sie würde jetzt durch den Stadtpark gehen in Richtung Busbahnhof. Zum Glück war ich heute mit dem Fahrrad im Amt, weil mein alter Ford Granada mal wieder nicht angesprungen war. Mit dem Fahrrad würde ich sie vielleicht einholen können. Es war nur eine winzige Chance, aber ich musste es versuchen.

Im Stadtpark waren nur wenige Fußgänger unterwegs. Wenn ich sie jetzt nicht gleich einholte, war alles vorbei. Ich hatte die Hoffnung schon beinahe aufgegeben, da sah ich sie plötzlich von Weitem! Das musste sie sein. Ihre helle Windjacke reflektierte im Sonnenlicht, es bestand kein Zweifel, da ging sie. Mein Puls raste und mir war hundeelend. Hatte die Steuerpflichtige „groß" gesagt? Stimmt! Sie war riesig! Sie war bestimmt einen Kopf größer als ich. Es war Wahnsinn! Sie würde auf mich herunterschauen, meinen Kopf tätscheln, so wie man das bei einem Kleinkind macht, und sagen: „Na, Kleiner, was willst du denn?" Egal, sollte sie machen, was sie wollte. Wie programmiert fuhr ich weiter und zermarterte mein Hirn nach einer Möglichkeit, sie anzusprechen. Ich konnte sie doch nicht einfach überholen und zu ihr sagen: Hallo, ich bin ihr Finanzbeamter und habe mich gerade tierisch in sie verknallt. Nein, ausgeschlossen! Die Begegnung musste wie zufällig wirken. Es blieb mir nichts anderes übrig, als sie erst einmal in einem sicheren Abstand zu verfolgen. Hauptsache, ich wusste, wo sie wohnte. Ich durfte sie jedenfalls auf keinen Fall aus den Augen verlieren. Hoffentlich hatte sie nicht irgendwo ihren Wagen geparkt, dann hätte ich sie nicht einmal mehr verfolgen können. Halt! Ein Auto wäre sogar sehr gut! Anhand des Kennzeichens könnte ich im Finanzamt den Halter ermitteln. Und ich hätte sogar ihre Steuernummer! Ich könnte sie dann sogar wegen eines fadenscheinigen Grundes ins Finanzamt zitieren. Der Gedanke daran ermutigte mich.

Ich hatte Glück. Sie ging tatsächlich auf direktem Weg zu dem Parkplatz am Rande des Stadtparks und stieg in eine knallrote Ente. Eine Ente – kein ordinärer VW Polo. Beinahe hätte ich nicht auf das Kennzeichen geachtet. BW 95 – sicherlich ihre Initialen. Wahrscheinlich hieß sie Bianca – ein wirklich schöner Name.

Es war für mich ein Leichtes, im Amt per PC das Kfz-Kennzeichen abzufragen, um ihren Namen und Anschrift herauszubekommen. Bianca hieß Britta und mit Nachnamen Werner. Ich zog mir ihre Akte. Studentin der Sozialwissenschaften mit den Nebenfächern Sport und Freizeitpädagogik. Neben dem Studium jobbte sie in einem Sportstudio. Bei der letzten Steuererklärung hatte sie bei den Einkünften aus nichtselbständiger Arbeit ein Arbeitszimmer erklärt. Was macht eine Aerobic-Trainerin mit einem häuslichen Arbeitszimmer? Was mich noch stutziger machte: Der Bearbeiter, Herr Budde, hatte hinter dem Eintrag der Aufwendungen für das Arbeitszimmer zwei Fragezeichen gemacht und geschrieben: Unbedingt Nachschau durchführen! In diesem Schaffensprozess war Herr Budde in die Betriebsprüfungsstelle versetzt worden. Seine Nachfolgerin, Frau Hoppe-Reitemüller, hatte ohne mit der Wimper zu zucken die Steuererklärung ohne eine einzige Änderung durchgewinkt. Das sah ihr ähnlich! Der Vorgang musste noch ganz frisch sein, denn der Steuerbescheid war gerade gestern im Rechenzentrum verarbeitet worden. Der Bescheid würde frühestens in einer Woche zugestellt werden. Mir kam eine geniale Idee: Noch wusste Britta nicht, dass das Arbeitszimmer genehmigt worden war. Noch war sie sicher bereit, alles zu tun, um die fürstliche Steuererstattung von 1.423 Euro zu retten. Und ich würde ihr Retter sein, ihr deutlich zu verstehen geben, dass sie die Erstattung nur meinem Wohlwollen zu verdanken hatte. Schminke, von Gottes Gnaden, drückt noch mal ein Auge zu.

Kurz vor Feierabend rief ich Britta an, um anzukündigen, dass ich in den nächsten Tagen ihr Arbeitszimmer begutachten müsste. Mir war speiübel vor Aufregung. Drei Zettel mit vorgefertigten Dialogen lagen vor mir. Natürlich hatte ich auch den Ernstfall, den Super-GAU, eingeplant. Der Super-GAU würde eintreten, wenn sie anfangen sollte, herumzuschreien. Richtig schlimm würde es, wenn sie meinen Chef verlangte oder direkt beim Kopf anrief, um sich über mich zu beschweren. Dann säße ich wirklich in der Tinte.

Aber Britta bezweifelte gar nichts. Sie fragte nur: „Wann wollen Sie denn kommen?", und fügte schnell hinzu: „Es geht aber frühestens nächste Woche Montag." Na selbstverständlich, Britta! Natürlich musste sie erst den Raum herrichten. Alle Möbel und wahrscheinlich ein Klavier rausschmeißen. Montag war im Übrigen gut, denn frühestens am Donnerstag würde ihr der Bescheid vom Finanz-Rechenzentrum zugestellt werden. Um sie positiv auf mich einzustimmen, informierte ich sie darüber, wie ein steuerlich anerkanntes Arbeitszimmer auszusehen hat und beendete das Telefonat mit den Worten: „Ich bin überzeugt davon, dass wir da keine Probleme haben werden."

Es war genau so, wie ich es vermutet hatte: Britta hatte ganze Arbeit geleistet und musste ihre Wohnung innerhalb von vier Tagen völlig umgekrempelt haben. In dem „Arbeitszimmer" standen ein Schreibtisch und ein Multifitness-Center mit Laufband. Außerdem lagen jede Menge Hanteln herum. Wahrscheinlich hätte ich mir schon beim leichtesten dieser Folterinstrumente einen soliden Bandscheibenvorfall geholt.

„Und was führen Sie hier für Arbeiten aus?", fragte ich Britta. Sie erzählte mir ausführlich, dass sie fast den ganzen Tag, bevor sie zu den Aerobicstunden ginge, hart trainieren und nach Feierabend bis spät in die Nacht die Trainingspläne für die Mitglieder ausarbeiten würde. Für private Dinge bliebe überhaupt keine Zeit. Ich musterte sie, während sie sprach, verstohlen von der Seite.

Ihr Gesicht strahlte eine ungeheure Lebensfreude aus. Ihre braunen Augen glänzten und wenn sie lachte, zeigte sich auf der Wange ein Grübchen. Ihre Unterlippe war einen Tick nach vorn gewölbt, irgendwie hatte das etwas sympathisch Freches. Wie ich befürchtet hatte, war sie mindestens einen Kopf größer als ich, da ließ sich nichts beschönigen. Und auch wenn ich mir Spezialschuhe aus Italien mit versteckten Absätzen kaufen würde, der Größenunterschied würde sich allenfalls mit Stelzen vertuschen lassen. Die meisten Frauen hatten mit kleineren Männern ja ein Riesenproblem. Das konnte man schon den Bekanntschaftsannoncen entnehmen: Nur bei molligen Frauen ab 50 hatten auch zu kurz geratene Dackeltypen wie ich noch eine Chance. Hauptsache sie waren tierlieb und treu.

Was Brittas sportliche Ambitionen anbelangte, war unübersehbar, dass sie täglich Gewichte stemmte wie ein Gabelstapler. Die breiten, kräftigen Schultern und sehnigen Arme sprachen für sich. Ich zog intuitiv die Ärmel meines grauen Pullis weiter nach unten, damit sie von meiner weichen, blässlichen Haut nicht auf die Substanz meines nicht vorhandenen Bizeps schließen konnte.

Wenn ich ehrlich war, hatte ich in meinem ganzen Leben noch nie richtig Sport getrieben. Selbst als Zweijähriger wurde ich vom Kinderturnen disqualifiziert, weil ich die ganze Zeit nur Butterkekse gefressen und die ganze Turnhalle vollgekrümelt hatte. Sportlicher Ehrgeiz überfiel mich allenfalls, wenn es galt, die üppige Portion Gyros bei unserem Griechen zu vertilgen. Beim Völkerballspiel in der Schule war ich regelmäßig in der ersten Spielminute wie eine reife Tomate abgeworfen worden. Wenn eines der Mädchen einen Treffer brauchte, um wieder ins Spiel zu kommen, war es immer eine sichere Sache gewesen, auf mich zu zielen. Bis ich den Ball wahrgenommen hatte, war er auch schon an mir abgeprallt und ich auf die Verliererseite abgeschoben worden. Nie hat mir jemand einen Ball zugeworfen, damit ich wieder ins Spielfeld kam. Stattdessen musste ich für die anderen immer die Bälle holen, die zu weit weggekullert waren. Seit der Pubertät war mein Bauch immer rundlicher geworden und die Arme waren weich und dicklich.

Sie musterte mich jetzt: Ihr Blick fiel auf meine Arme und wanderte über meine Brust zu meinem Bauchnabel. Krampfhaft zog ich den Bauch ein, mit kaum merklichem Erfolg. Schweißperlen bildeten sich auf meiner Stirn. Wenn ich sie jetzt nicht für mich einnahm, war es endgültig zu spät. Mein Mund war trocken. Hoffentlich hatte ich keinen Mundgeruch. Endlich brachte ich heraus: „Frau Werner, da sehe ich gar kein Problem mehr für Ihr häusliches Arbeitszimmer! Und was die Erstattung anbetrifft, ich denke, das kriegen wir noch diese Woche hin."

Zwei Jahre später würde Herr Döll vom Rechnungshof die Akte Werner ziehen und die Genehmigung des Arbeitszimmers als unglaubliche Schlamperei anprangern. Der Kopf würde Herrn Döll mit den Worten beruhigen: Das Problem sei ihm bekannt, er werde sich für die Sachbearbeiterin, Frau Hoppe-Reitemüller, eine adäquate Lösung einfallen lassen.

Britta würdigte meine Rechtsauffassung auf ganz andere Weise. Sie strahlte dieses unglaubliche Britta-Strahlen. Dong!

Mein Blick fiel auf ihr Dekolletee: ziemlich kleiner Busen, schade. Oder täuschte ich mich? Naja, so klein auch wieder nicht.

Ich spürte, wie Brittas Anspannung nachließ – im Gegensatz zu meiner Anspannung, denn ich arbeitete in Gedanken fieberhaft daran, das Gespräch auf eine private Schiene zu bringen. Ich öffnete die Wohnungstür. Gleich wäre ich wieder draußen und alles wäre nur ein schöner, bunter Traum gewesen. Doch halt, das war gar nicht die Haustür! Mit einem Mal stand ich in einer großen Rumpelkammer. Das Zimmer war mit Kartons und Möbeln so vollgestellt, als stände ein Umzug an. Na, irgendwo mussten die Möbel aus dem Arbeitszimmer ja auch untergebracht worden sein. „Ziemlich voll hier", entfuhr es mir. Dann besann ich mich jedoch auf meine Mission und stotterte: „aber auch ganz schön... gemütlich." – Meine Zweifel schienen mir ins Gesicht geschrieben zu sein.

Aber Britta hatte alles im Griff und mit düsterer Miene sagte sie: „Sagen Sie es schon: Es sieht hier chaotisch aus! Eine Katastrophe! Ich habe vorher in einem Vier-Zimmer-Penthouse gewohnt, bis Tommy und ich beschlossen haben, vorübergehend getrennt zu wohnen. Nun leb' ich schon seit eineinhalb Jahren in diesem Zustand. Und als ich Tommy gestern zufällig im Fitness-Studio traf, fragt der Scheißkerl mich doch glatt, ob ich schon wüsste, dass er nächste Woche heiraten würde!"

Sie begann leise zu schluchzen. Ich nahm meinen ganzen Mut zusammen und legte ihr meine Hand auf ihren Arm. Dann sagte ich: „Kommen Sie, ich kenn hier ganz in der Nähe ein kleines Café... Reden tut immer gut." Als sie tatsächlich ohne Widerspruch ihre helle Windjacke von der Garderobe nahm, wusste ich, dass ich zumindest zweimal im Leben zur rechten Zeit am rechten Ort gewesen war: Das erste Mal, als das Finanzamt zum Volkssturm aufrief und selbst versetzungsgefährdete Realschüler ohne mit der Wimper zu zucken eingestellt wurden und das zweite Mal, als Tommy, der Scheißkerl, Britta für immer verließ und ich just in dem Moment als Seelentröster zur Stelle war.

Heute, siebter Juni. Britta hatte tatsächlich noch in letzter Minute eine rote Ente auftreiben können. Eine Kommilitonin im 27. Semester hatte ihr ihre Ente geliehen. Der TÜV war zwar bereits seit zwei Monaten abgelaufen, aber es blieb keine Zeit mehr, nach einer anderen Ente Ausschau zu halten.

Vom Park aus war ich Britta, die die einmalige Chance genutzt hatte, sich für diesen Tag eine sündhaft teure, neue helle Windjacke zu kaufen, bis zum Parkplatz gefolgt. Die Scheiß-Ente sprang – wie von mir erwartet – natürlich nicht an. Dabei hatten wir in der „Geflügelfarm", einer Entenfreak-Werkstatt auf dem Lande, noch die Zündkerzen austauschen lassen. Schadenfroh saß ich hinter einem Busch und genoss zu beobachten, wie Britta immer rasender wurde. Die Frau konnte sich aber auch wirklich aufregen! Kurz bevor Britta aufgeben wollte, erbarmte sich ein nickelbebrillter Citroën-XM-Fahrer mit Intellektuellen-Strubbel-Grauhaarmähne und schleifte die Ente an seiner rostigen Abschleppstange so lange auf dem Parkplatz hinter sich her, bis nach mehreren kleinen Explosionen das Entenherz wieder zu schlagen begann.

In Brittas Wohnung angekommen, zeigte sie mir das Arbeitszimmer und heulte mir etwas von Tommy, dem Scheißkerl, vor. Sie spielte ihre Rolle richtig gut. Bevor wir zu dem entscheidenden Satz mit dem kleinen Café um die Ecke kamen, sagte Britta: „Entschuldigen Sie mich, ich muss mal eben ins Bad."

Eines muss ich schon sagen, selbst nach sieben Jahren verstand es Britta, mich immer noch zu überraschen. Nach einer Weile öffnete sich die Badtür: Da stand Britta in ihrem gelben, mittlerweile etwas verblichenen Biene-Maja-Nachthemd im Türrahmen und flüsterte lasziv: „Kleine Drehbuchänderung!" Schnell zog sie mich zurück ins Arbeitszimmer auf die Turnmatte.

Es war wie das erste Mal. Wie die Tiere fielen wir übereinander her. Und wenn wir in dem Moment zwei Stufen der Familienplanung übersprungen hätten, wäre es mir egal gewesen. Irgendwann während einer Atempause hörten wir ein penetrantes Klingeln an der Wohnungstür. „Lass es klingeln, wir sind nicht da!", raunte ich Britta zu. Aber nach einer Minute hielt es Britta nicht mehr aus: „Es ist bestimmt wichtig. Ich bin gleich wieder da." Flink bekleidete sie sich notdürftig und ging zur Tür. „Kleine Drehbuchänderung!", murmelte ich düster. An der Tür war Gundula. Warum war ich nicht gleich drauf gekommen! Es konnte nur Gundula sein. Sie war völlig in Tränen aufgelöst.

„Gundula! Was ist denn mit dir los? Komm doch rein!", rief Britta erschrocken und zog Gundula in die Wohnung. In dem Moment hätte ich nicht nur Gundula erwürgen können. Gundula konnte vor lauter Schluchzen kaum sprechen. Endlich stotterte sie: „Ich habe ganz viel Blut im Urin. Ich glaube, ich hab einen Tumor im Darm – oder in den Eierstöcken!"

Britta war bestürzt: „Ich fahr dich sofort ins Krankenhaus!"

Im nächsten Moment waren sie schon fort.

Das war also der siebte Kennenlerntag. Nach Abwägung aller Risiken hätte ich wahrscheinlich doch lieber die Kombination Grieche/Kino vorziehen sollen. Ich war zwar kein hoffnungsloser Pessimist, aber es war kaum anzunehmen, dass sich im Laufe dieses Tages unsere Session auf der Turnmatte nahtlos fortsetzen ließe.

Zu meinem Erstaunen war Britta keine Stunde später wieder zurück. „Die Frau ist ja völlig bescheuert!", zeterte Britta.

„Wen meinst du denn?", fragte ich irritiert zurück.

„Na, Gundula!" Gedacht hatte ich das bisher auch immer, aber bislang nie so deutlich ausgesprochen.

Dann platzte Britta los: „Rote Beete! Sie hat kiloweise rote Beete gefuttert, weil sie irgendwo gelesen hat, dass sich damit die Abwehrkräfte stärken lassen."

„Und dann wundert sie sich, dass ihr Urin rot ist wie italienischer Chianti. Die Ärzte haben sich jedenfalls halb schlapp gelacht. An Gundulas Stelle würde ich mich im Uni-Klinikum jedenfalls höchstens noch zu Obduktionszwecken blicken lassen", schimpfte Britta.

Nachdem sie sich ein wenig beruhigt hatte, fragte ich Britta: „Und, was machen wir jetzt mit unserem angebrochenen Kennenlerntag?" Britta überlegte kurz und sagte dann: „Na, zum Griechen und dann ins Kino, oder was meinst du?"

6. Ein wirklich guter Makler

Es war Samstag. Heute sollte die Suche nach einer Eigentumswohnung aber wirklich beginnen. Daran würde mich auch heute nichts und niemand hindern. Mama hatte zwar heute früh angerufen und gesagt, dass bei Onkel Heinrich nun wirklich mit dem Ableben zu rechnen sei, aber das war noch lange kein Grund die Sache abzublasen. Onkel Heinrich lag immerhin schon seit acht Jahren im Sterben.

Im Immobilienteil unserer Tageszeitung durchforstete ich die Kleinanzeigen. Mettbrötchen kauend las ich Britta die Anzeigen vor. Aber mit Britta würde es nicht einfach werden, etwas Passendes zu finden. „Lichtdurchflutetes Drei-Zimmer-Appartement, 75 qm, in gepflegter Parkanlage; Souterrain", las ich ihr gerade vor. Während Britta ihr Müsli wegpickte, fuhr sie mich an: „75 qm! Hartmut, ist das dein Ernst? Da kannst du uns ja gleich einen Baucontainer besorgen! Und wo soll die Lichtflut im Souterrain herkommen? Etwa durch den Gully? Wahrscheinlich wird die Bude wegen akuter Überflutungsgefahr verhökert."

So ähnlich ging es weiter. Irgendwann war sie mit ihrer Geduld am Ende und riss mir die Zeitung aus den Händen.

Es war schon eigenartig: Frauen wurden immer fündig! Ich konnte stundenlang durch die Stadt gehen ohne auch nur einen Cent auszugeben. Britta hätte mühelos einen mittelprächtigen Sechser im Lotto innerhalb eines Vormittages verjubeln können.

„Schau mal, Hartmut", sagte sie jetzt, „120 qm, vier Zimmer, in bester Lage, frei zum 1.3., 110.000 Euro Verhandlungsbasis, Billstein-Immobilien."

„Na", entgegnete ich, „da steckt doch ein ganz dicker Pferdefuß dahinter! Bei dem Text höre ich ja jetzt schon eine ganze Pferdekoppel wiehern!"

Billstein kannte ich bestens vom Finanzamt. Er war einer der treusten Kunden der Vollstreckungsstelle und hatte ein Abo auf dem

Tourenplan unserer Vollziehungsbeamten. Aber Britta hatte den Angelhaken bereits verschluckt. Und ich wusste ganz genau, je mehr ich jetzt an dem Haken ziehen würde, desto tiefer hätte er sich ins Fleisch gebohrt und der Samstagmorgen hätte überaus ungemütlich geendet. Deshalb rief ich brav bei Billstein an. Noch lachte Billstein am Telefon. Billstein ahnte noch nicht, dass ich ihn durchschaut hatte.

Ja, es wäre „zufällig" noch ein Termin um 12:00 Uhr frei. Ob er uns denn abholen könnte, fragte er. Das fehlte noch! Womöglich sah mich noch einer von den Kollegen in seinem Zuhälterschlitten.

Das Haus lag in der Gartenstraße. Vor dem Haus stand ein grauer Lieferwagen. Es war ein von der Straße etwas abgelegenes Zweifamilienhaus, zugewachsen mit wildem Wein. Wirklich romantisch. Vielleicht hatte ich mich ja doch getäuscht.

Britta war sofort ganz aus dem Häuschen: „Haben wir ein Schwein, Hartmut!", rief sie begeistert. „Hoffentlich ist die Wohnung noch nicht weg!" Ich blieb skeptisch. „Wollen sehen, welche Sauerei sich Billstein ausgedacht hat", murmelte ich pessimistisch.

Die Gartenstraße war eine gemütliche Wohn- und Spielstraße, überwiegend mit Einfamilien- und Reihenhäusern bebaut. Das Straßenpflaster war in kurzen, regelmäßigen Abständen mit Bodenwellen durchzogen, um die Autofahrer zum Langsamfahren zu nötigen. In einer solchen Umgebung sollten mal unsere Kinder aufwachsen.

Warum war ich nur immer so argwöhnisch? Doch, ich muss mir eingestehen, mein Beruf hatte mich mit den Jahren verändert. Früher hatte ich noch an Tugenden wie Aufrichtigkeit und Rechtschaffenheit geglaubt. Doch mit jeder Steuererklärung, die durch meine Hände ging, verstärkten sich die Zweifel, schwand der Glaube an das Gute im Menschen. Und wenn ich glaubte, endlich eine ehrliche Haut vor mir zu haben und mein Lineal nahm, um auf dem Stadtplan routinemäßig die Fahrten zwischen Wohnung und Arbeitsstätte abzugleichen, musste ich immer wieder traurig feststellen: Auch dieser Steuerpflichtige – dazu noch ein Pastor – war schwach geworden und hatte um ganze zwei Kilometer aufgerundet! Das hätte ich von einem Gottesmann nicht erwartet! Heute waren es zwei Kilometer – und morgen? Wie viele waren es morgen, wenn die Sache unentdeckt blieb?

Ich betrachtete das Haus mit den heimeligen Gauben und den Fensterläden. Der wilde Naturgarten mit den terrassenförmigen Beetanlagen aus gelben Natursteinen passte zu dem Haus. Doch, das hatte was! Und 110.000 Euro war wirklich ein guter Preis, da konnte man nicht meckern. Während wir auf Billstein warteten dozierte ich: „Wenn man ein wirklich gutes Objekt sucht, muss man eben auch zu einem wirklich guten Makler gehen."

12:15 Uhr – nichts tat sich. Wir warteten eine weitere Viertelstunde. Britta sah mich vorwurfsvoll an, als wenn es meine Schuld gewesen wäre, dass er nicht kam. So schnell wie mein Zutrauen zu Billstein gewachsen war, schmolz es von Sekunde zu Sekunde dahin. Ich hätte doch lieber auf mein Gefühl hören sollen. Warum war ich überhaupt auf die blöde Idee gekommen, mir ein Haus von Billstein anzusehen? Wir wollten gerade wieder wegfahren, da bog plötzlich ein weißer VW Polo in die Straße ein. Er fuhr etwas zu schnell auf die erste Bodenwelle zu. Der Spoiler kam auf dem Pflaster auf und es knirschte hässlich. Dann schepperte es noch einmal, als die Hinterachse in die Kuhle hüpfte. Jetzt hatte es vermutlich den Auspuff erwischt, denn der Polo röhrte nun wie ein Panzer. Die Baufirma, die diese Spielstraße angelegt hatte, verstand wirklich etwas von ihrem Handwerk.

Billstein war eine Frau, Anfang 20. Sie steckte in einem hautengen, samtigen Kostüm und bewegte sich wie eine Gepardin vorwärts. Eigentlich hatte ich mir vorgenommen, Billstein wegen seiner Unpünktlichkeit eine beachtliche Szene zu machen. Doch dieser Anblick hätte mich auch für eine zweistündige Verspätung entschädigt. Bei jedem Atemzug wurde ihr üppiger Busen wie von einer Luftpumpe aufgeblasen. Für das Kleid war es eine Gnade, dass es über einen hohen Stretchanteil verfügte.

Bemerkenswert, wie sie auf den an ihrem VW Polo entstandenen Schaden reagierte. Wenn ich an ihrer Stelle gewesen wäre, hätte ich mich zur Bestandsaufnahme erst einmal wütend unter den Wagen geschmissen und anschließend den Oberstadtdirektor und das zuständige Bauamt angezeigt.

Sie schaute nur kurz auf den verbogenen Auspuffstummel, zuckte mit den Achseln, lachte schrill auf und flötete: „Die Autos sollten alle ein bisschen höher gelegt werden." Das war bei ihr bereits geschehen. Ihr prachtvoller Oberbau wurde von nicht enden wollenden Schenkeln getragen. Britta warf ihr einen eifersüchtigen Blick zu.

Fräulein Bremer gab uns beiden die Hand. Keine Papphand, sondern ein angenehmer kurzer, fester Händedruck, der etwas sympathisch Verbindliches an sich hatte, eben ganz nach meinem Geschmack. Sie sagte, sie freue sich, im Namen von Billstein-Immobilien uns dieses Objekt präsentieren zu dürfen. Sie hätten gerade erst den Auftrag für dieses wirklich einmalige Objekt angenommen. Ja, wir freuten uns auch ganz riesig, bekundete ich eifrig. Fräulein Bremer machte wirklich einen ausgesprochen kompetenten Eindruck! Britta sagte fordernd und mit einem aggressiven Unterton: „Nun lassen Sie uns schon hineingehen."

„Wenn Sie noch einen ganz kleinen Augenblick warten würden", entgegnete Fräulein Bremer. „Ich muss uns nur eben bei dem Mieter anmelden." Sie verschwand hinter der Hecke.

Am Zaun hing ein Warnschild, auf dem eine wolfsähnliche Bestie die Zähne fletschte. Über einem Knochenhaufen stand in roter Schrift: „Leichen säumen meinen Weg!" Ich zeigte Britta das Schild und wir mussten beide lachen. Gleich würde ein niedlicher, verspielter Dackel Schwanz wedelnd auftauchen und unsere Schuhe ablecken.

Kein Dackel, stattdessen ertönte ein spitzer Schrei! Fräulein Bremer kam mit langen Sätzen auf das Gartentor zugelaufen, direkt gefolgt von einer Bestie in der Größe eines Schäferhundes. Es war eine bemerkenswert hässliche Abart: lange, dünne Beine, ein wurstartiger Körper mit grauem Fell fußmattenartiger Konsistenz. Seine kleinen stechenden Augen fixierten Fräulein Bremers wohlgeformte Waden. Bei seinem starken Kiefer würde es nur einmal kurz „Knack" machen – als wenn man einen Hähnchenflügel durchbeißt.

Ich hielt Fräulein Bremer das rettende Gartentor auf. Noch konnte sie es schaffen. Aber Angst macht dumm. Sie lief genau in die entgegengesetzte Richtung auf eine undurchdringliche Dornenhecke zu. Mit dem Mut der Verzweiflung warf sie sich über die Hecke. Das blutrünstige Monster schaffte es im letzten Moment, sie in ihre Wade zu zwacken. Sie schrie gellend auf und landete unsanft auf dem Bürgersteig. Wir liefen schnell zu ihr und halfen ihr wieder auf die Beine. Sie blutete zwar nicht, aber ihre Wade schwoll bedrohlich an. Das Hascherl hinkte mit schmerzverzerrtem Gesicht zu ihrem Wagen und rief über Handy ihren Chef an. Obwohl wir einige Meter entfernt standen, hörten wir, wie Billstein cholerisch in den Hörer schrie. Fräulein Bremer setzte sich ins Auto und stöhnte leise vor sich hin. Natürlich wollte ich ihr hilfreich zur Seite stehen, witterte die Chance, diese unglaublichen endlosen Schenkel einmal aus nächster Nähe betrachten oder vielleicht sogar massieren zu dürfen, aber Brittas Blicke sagten mir: „Das lass lieber schön bleiben..." Also warteten wir wieder.

Erst hörten wir ihn – nach dem Auspuff zu urteilen war er schon mehrfach in der Bodenwelle hängen geblieben – dann katapultierte ein Ungeheuer von Chevrolet die Gartenstraße entlang. Was jetzt kam kannten wir schon: In der Senke schlug der Spoiler auf und brach auseinander. Die großkotzige Angeberschnauze des Chevrolets wirkte jetzt wie eine schmerzverzerrte Fratze. Bei dem anschließenden dumpfen Aufprall beim Durchfahren der Bodenwelle mochte so dieses und jenes gebrochen sein.

Der Original-Billstein war da, er trug eine Camel-Lederjacke und eine dicke Havanna im Maul. Sein Chevrolet gehörte zu den Gliedmaßen, mit denen er sich überwiegend fortbewegte. Er stieg nur aus, um einem armen Idioten eine Immobilie aufzuschwatzen oder den Geschlechtsakt zu vollziehen.

Als er den Schaden sah, war er wie von Sinnen, schmiss sich unter den Wagen, um das ganze Ausmaß der Bescherung zu begutachten. Dabei tunkte er seine Lederjacke in eine Öllache, die sich unter dem Wagen gebildet hatte.

Er tauchte unter dem Ungeheuer wieder auf, sah den Fleck und fluchte: „... ich murkse sie ab, diesmal murkse ich sie ab!"

Wen oder was er abmurksen wollte, blieb dabei bedrohlich unklar. Dann holte er aus dem Auto einen langen, schwarzen Schirm mit eisenbeschlagenem Schaft.

„Der Mieter macht manchmal ein bisschen Zoff, muss natürlich raus, sobald der Kaufvertrag unterschrieben ist", sagte er grimmig. „Aber ich habe jetzt alles geklärt. Wir können uns die Wohnung ohne Probleme ansehen." Er warf Fräulein Bremer einen verächtlichen Blick zu.

Auch Billstein hinkte ein bisschen. Er hinkte uns voran, wir gingen zögernd und mit einem gehörigen Sicherheitsabstand hinterher, jederzeit zur Flucht bereit.

Die Wohnung lag im Obergeschoss. Während wir die Treppen hinaufstiegen, erwähnte Billstein: „Ich muss gestehen, dass ich die Wohnung noch gar nicht von innen gesehen habe. Sie könnte möglicherweise leicht renovierungsbedürftig sein." Eine ähnliche Formulierung hat der Makler, der die total verwohnte Grotte in dem Haus meiner Eltern an den Mann bringen wollte, auch immer gebraucht – selbst beim 22. Interessenten. Mir schwante daher das Schlimmste!

Im Treppenhaus hauchte ein Usambara-Veilchen sein Leben aus. Am Fenster strickten sich die Spinnen ihre Hintern wund und verendete Fliegen säumten das Fensterbrett.

Billstein klingelte an der Wohnungstür. Man sah noch die verblasste Stelle, an der mal ein Türschild geklebt hatte. Billstein zupfte an seinem Oberlippenbärtchen und war sichtlich nervös.

War die Bestie etwa in dieser Wohnung? Manche Mieter werden ja richtig ungezogen, wenn sie eine Kündigung erhalten. Manchmal schlachten sie sogar den Makler ab – so stand es jedenfalls gestern in der Zeitung. Warum soll so etwas immer ganz weit weg passieren? Man weiß ja nie, welche Flöhe gerade in den Gehirnwindungen der Leute herumkrabbeln und so mancher Spätfilm im Fernsehen gibt wertvolle Anregungen über geeignete Vollstreckungsmethoden.

Die Tür öffnete sich einen Spalt breit. „Morgen, Herr Kowallick!", bemühte sich Billstein um einen freundlichen Tonfall.

„Sie schon wieder!", knurrte Kowallick, drehte sich um und ließ uns ohne weitere Beachtung stehen.

Kowallick war eine von Weinbrand und Zigarren ausgelutschte Gestalt mit brauner Cordhose, die nur von einem Gürtel an dem ausgemergelten Leib gehalten wurde. In einer Ecke des Wohnzimmers lag die Bestie. Mit tückischem Blick beobachtete sie jede unserer Bewegungen.

Plötzlich sprang sie auf und jagte durch den Raum. Ich versuchte mich, so gut es ging, hinter Brittas breitem Rücken zu verstecken. Erleichtert stellte ich jedoch fest, dass wir für die blutrünstige Fressmaschine uninteressant waren. Sie stürzte in eine Ecke des Flures und schlug mit der Tatze auf etwas ein, was ich von meinem Platz aus nicht erkennen konnte. Kowallick, der im Wohnzimmer in einem Sessel Platz genommen hatte und in einer Tabakdunstglocke saß, blickte auf und rief dem Monster anerkennend zu: „Na, Highlander, hast du wieder eine erlegt? Zeig doch mal her!" Der Highlander hörte aufs Wort und kam zu ihm. Er trug vorsichtig etwas im Maul und spuckte es vor Kowallicks Füßen aus. Kowallick nahm es in die Hand.

„Ein Prachtexemplar!", strahlte er. „Du bist doch ein Goldjunge!" Der Highlander wedelte stolz mit dem Stummelschwanz.

„Schauen Sie doch mal!", forderte er uns auf und winkte uns zu sich herüber. Da war jedoch Billstein zur Stelle. Erbost ging er auf Kowallick zu und versperrte uns den Weg.

„Kowallick, jetzt ist Schluss!", knurrte er und streckte ihm bedrohlich die Stahlspitze des Schirms entgegen.

Kowallick aber ließ sich nicht beirren. „Die Herrschaften können ruhig wissen, was hier los ist!", sagte er, hob schnell die Hand und streckte uns einen kleinen, braunen Insektenkörper entgegen. „Alles verseucht mit Kakerlaken und anderem Ungeziefer!"

Jetzt war es aber um Billsteins Beherrschung geschehen. Er baute sich drohend vor Kowallick auf, setzte ihm die Stahlspitze des Schirms an den Hals und zischte: „Kowallick, ich glaube wir müssen uns jetzt mal ernsthaft unterhalten! Wenn ich eines nicht liebe, dann sind es Subjekte, die meinen, sie könnten mir in meine Geschäfte hineinpfuschen!"

Kowallick ließ sich davon jedoch nicht beeindrucken, lachte nur belustigt auf, schnippte die Kakerlake mit dem Finger weg und wandte sich uns wieder zu: „Die verdammten Viecher sind ganz schön schwer zu fangen. Aber der Highländer ist flink. Dem entwischt so schnell keine." Dabei streichelte er den Kopf der Bestie. Der Stummelschwanz des Highlanders wedelte im Akkord und bei dem Stichwort „Kakerlake" sabberte er aus dem Maul wie ein Springbrunnen. „Solange die Viecher mich nicht auffressen ist mir das egal." Kowallick nahm einen Schluck aus seiner Wodka-Flasche und rülpste unanständig.

Billstein trat vor Wut gegen einen Hocker, der zufällig in seiner Nähe stand. Sein Gesicht war knallrot verfärbt und eine dick angelaufene Ader auf seiner Stirn schien einen Kurzschluss anzukündigen. Doch dann besann er sich und kehrte von einer auf die andere Sekunde zu seiner lässig coolen Art zurück: „Alles halb so wild", sagte er in einem betont gelassenen Tonfall, „hier muss nur einmal ein Kammerjäger kurzen Prozess mit den Viechern machen, dann krabbelt die nächsten zehn Jahre kein Silberfischchen mehr herum." – und wir vermutlich auch nicht mehr – wollte ich ergänzen. „Für den Preis finden Sie in dieser Gegend jedenfalls keine Wohnung! Und schauen sie sich nur diesen Zuschnitt an!", bemühte er sich weiter.

Da musste ich ihm wirklich recht geben: Die Wohnung war ansonsten nicht schlecht. Und wenn erst einmal eine neue Tapete an den Wänden klebte, sah alles bestimmt schon ganz anders aus.

Aber Kowallick war für Billstein eine harte Nuss. Er sah uns an und fragte mit einem zynischen Unterton: „Sind sie Pilzfreunde?"

„Wieso?", fragte Britta irritiert zurück.

„Auch Pilzliebhaber kommen hier nämlich voll auf ihre Kosten: Im Badezimmer und der Küche können sie nämlich ganzjährig ernten...", grinste Kowallick.

Ich wollte eigentlich noch einen Blick ins Bad werfen, aber Britta zog mich unnachgiebig aus der Wohnung. „Komm Hartmut, ich will nur noch raus!", zischte sie mir zu. Wir stolperten aus der Wohnung. Billstein fing wieder an, mit Kowallick zu streiten und der Highlander stürzte sich auf ein neues Opfer.

Als wir die Treppe hinuntergingen, kam uns eine Gestalt in einem grauen Gummianzug und Gasmaske entgegen. Ich erinnerte mich plötzlich wieder an den grauen Lieferwagen vor der Tür. Der Froschmann streifte die Gasmaske ab und fragte erstaunt: „Wie kommen Sie denn hier herein? Heute ist doch alles abgesperrt! Wir spritzen nämlich FDS 2000."

„Was ist denn das?", fragte ich interessiert zurück.

„Ein hochwirksames Nervengift gegen Ungeziefer und aggressive Bakterien. Unsere Hausmarke. Ich bin ganz begeistert! Einmal sprühen, schon kippt alles um – einfach genial! Hätten wir FDS schon 1938 gehabt, hätten wir den Krieg bestimmt gewonnen!"

Wieder im Freien rangen wir nach Luft.

„Das eine will ich dir sagen, Hartmut", giftete Britta, „ich komme jedenfalls nicht mehr mit, wenn du dir eine Eigentumswohnung anguckst!"

Langsam begriff ich, dass unsere Ehe auf dem Weg zum Teileigentum noch auf eine harte Probe gestellt werden sollte.

7. Teurer Zahnarzt

In der Kantine stieß ich heute als Letzter zu unserer Frühstücksrunde. Britta hatte sich einfach nicht vom Telefon abhängen lassen. Es ging natürlich wieder um die Eigentumswohnung. Immer wieder fing sie an: Wir sollten uns doch lieber in einer anderen Preiskategorie umschauen oder diese bescheuerte Idee einfach vergessen.

Ich setzte mich Frau Stöhr gegenüber. Sie sollte morgen ein neues Gebiss bekommen. Wurde auch langsam Zeit. Ihre Zähne waren so morsch, dass ich anfangs dachte, sie aß gerade Mehrkornbrötchen. Dabei waren es die Zahnbrösel, die da so knackten.

So wie sie heute wieder die Fleischsalatbrötchen wegspachtelte, sprach vieles dafür, dass sie gerade wieder eine Diät überlebt hatte. Man hörte regelrecht die Fettzellen nach Nahrung schreien.

Ihr marodes Gebiss störte mich im Grunde nicht die Bohne. Schließlich brauchte ich sie ja nicht zu küssen.

Es störte mich aber schon, dass ich immer die ganze Gischt durch ihre Zahnlücken abbekam, wenn sie sprach. Heute war es mal wieder besonders schlimm. Ich konnte ihr zu der Idee mit der Runderneuerung wirklich gratulieren. Bestimmt war es für alle ein Gewinn, besonders natürlich für ihren Zahnarzt.

12.000 Euro sollte der Spaß kosten! Elke sagte schmatzend, selbst der Herzschrittmacher ihres Schwiegervaters sei billiger gewesen. Ihr Schwiegervater sei nämlich privat versichert und sie hätte die Originalrechnung über 9.560 Euro selbst gesehen.

Herr Goller meinte, das sei sicher so ein Preisknüller der Chinesen. Die machten jetzt alle platt: Die Amis, die Japaner – und die Deutschen sowieso.

Frau Stöhr jammerte weiter. Das Geld für die Zähne sei eigentlich schon für die neue Garage verplant gewesen.

Frau Stöhr war ein hoffnungsloser Fall. Sie nahm noch nicht einmal an Demonstrationen teil oder besetzte leer stehende Häuser. Sonst hätte sie wenigstens darauf hoffen können, hin und wieder eins auf die Nuss zu bekommen und die Sanierungsmaßnahmen hätten sich dank einer guten Rechtschutzversicherung auf einen armen Idioten abwälzen lassen können.

8. Erste Anschuldigungen

An Frau Hoppe-Reitemüllers Bürotür prangte seit dem 1.6. ein neues Schild: „Frauenbeauftragte". Das war fast so gut wie „Sachgebietsleiter". Frau Hoppe-Reitemüller fühlte sich zum ersten Mal in ihrer Finanzamts-Laufbahn wirklich wichtig. Das ultimative Sahnehäubchen war aber die Bemerkung in dem Geschäftsverteilungsplan – das ist das Verzeichnis der einzelnen Schlafplätze im Finanzamt. Da stand hinter ihrem Namen der Zusatz: „zu 33 % freigestellt". Donnerwetter! Manche Kollegen würden Gliedmaße opfern, um in den Genuss dieses Privilegs zu gelangen.

Wenn sie ehrlich war, hatte Frau Hoppe-Reitemüller mit ihren 55 Jahren im Finanzamt mehr erreicht, als sie sich jemals vorgestellt hatte. Auch in den anderen Abteilungen wurde sie als Beispiel dafür gehandelt, wie man es mit den steuerlichen Fachkenntnissen in der Größenordnung eines Neutrons so weit bringen konnte. Gewiss, aus ihr war keine Staatssekretärin geworden, aber sie hatte es immerhin bis zur Endstufe im mittleren Dienst mit Zulage geschafft. In den knapp 40 Dienstjahren hatte sie im Finanzamt dabei fast alle Stationen durchlaufen, die man durchlaufen kann.

Bei der Abschlussprüfung war sie durch einen glücklichen Umstand durchs Sieb gerutscht. Das Ergebnis der Prüfungen ihres denkwürdigen Jahrgangs war nämlich so niederschmetternd, dass alle Prüfungsergebnisse um eine Note heraufgesetzt werden mussten. Anderenfalls wäre eine Rüge des Ministeriums sicher gewesen. Nach der Prüfung fiel sie zunächst in das Auffangbecken im Finanzamt gestrandeter Existenzen: die Bewertungsstelle. Aufgabe der Bewertungsstelle war vornehmlich die steuerliche Bewertung von Grundstücken. Wie und warum bewertet wurde, hatte sie nie begriffen. Aber was machte das schon, zum einen war sie da nicht die Einzige und zum anderen konnte man in dieser Stelle eigentlich nichts wirklich kaputtmachen. Wenn es einem tatsächlich einmal gelang, etwas zu verbocken, wurde der Vorgang als nichtig wieder aufgehoben. Damals war Frau Hoppe-Reitemüller noch ein richtig knuspriger Eyecatcher. Ihre Sucht nach weißer Trüffelschokolade entwickelte sich erst viele Jahre später, als sie schon längst mit ihrem Norbert verheiratet war.

Als sie irgendwann dem Sachgebietsleiter der Zentral-Registratur, Herrn Klodwig, in der Kantine das letzte Ei überließ, wurde dieser auf sie aufmerksam. Bei der nächsten passenden Gelegenheit, als ihr Chef gerade im Urlaub war, warb er Frau Hoppe-Reitemüller ab. Ihr Anblick ließ Herrn Klodwig über so manche von Frau Hoppe-Reitemüller verursachte Katastrophe hinwegsehen. Als der Wahnsinn, den sie produzierte, auch für Herrn Klodwig nicht länger tragbar war, wurde sie in die nächste Stelle weitergereicht. Und so lange sie noch nett anzuschauen war, fand sich für Frau Hoppe-Reitemüller auch schnell wieder ein Abnehmer. Jetzt, in der letzten Phase ihres Finanzamtsdaseins hatte der Kopf ihr Aufgabengebiet so zugeschnitten, dass die verursachten Schäden überschaubar blieben.

So hatten zumindest alle gedacht. Wenn da nicht diese Steuererklärung des Dr. Winter gewesen wäre. Dr. Winter war ein Busenfreund des Kopfes. Herr Dr. Winter hatte sich eine fürstliche Steuererstattung von 86.000 Euro ausgerechnet und der Kopf hatte bei Sichtung dieser Steuererklärung bereits ein unübersehbares grünes „Ja" auf die Steuererklärung gepinselt. Eine persönliche Dienstanweisung des Präsidenten der Vereinigten Staaten hätte nur unwesentlich mehr Bedeutung gehabt. Aber Frau Hoppe-Reitemüller hatte die Anweisung überlesen – was bei ihr ab und an mal vorkam – und die Steuererklärung nach Herzenslust seziert – was bei ihr eher selten vorkam. Das eigentlich Schlimme daran: Sie hatte ausnahmsweise einmal recht gehabt, und deshalb flog die Sache erst auf, als Herr Dr. Winter wutentbrannt beim Kopf anrief und ihn höchstpersönlich für die Steuernachzahlung von 14.000 Euro verantwortlich machte. Eine Woche hatten der Kopf und seine Handlanger darüber gebrütet, wie sie Frau Hoppe-Reitemüller unschädlich machen könnten.

Die Lösung konnte sich dann auch wirklich sehen lassen: 30 % Fehlzeit durch Krankheitstage hatte Frau Hoppe-Reitemüller ohnehin aufzuweisen, dazu kam noch die Verantwortung für die Freud- und Leidkasse, eine Einrichtung im Amt, die auch die unbeliebtesten Kollegen zum Geburtstag mit einem Blumenstrauß versorgte – vorausgesetzt sie hatten vorher bei Frau Hoppe-Reitemüller den Jahresbeitrag entrichtet. Wenn man dann noch einbezog, dass Frau Hoppe-Reitemüller irgendwann in die Kantine und zur Toilette gehen musste, blieben noch etwa 30 % Zeit für anderweitige Tätigkeiten zur Verfügung. Mit der 33 %igen Freistellung als Frauenbeauftragte war die Amtsleitung somit auf der sicheren Seite. Und dann bestand immer noch die berechtigte Hoffnung, dass die zunehmenden Migräneanfälle eine solide Grundlage für die Frühpensionierung boten.

Nach nur drei Wochen hatte Frau Hoppe-Reitemüller in ihrem neuen Amt schon den ersten Fall. Am Donnerstag gegen 10:00 Uhr, Frau Hoppe-Reitemüller war gerade aus der Kantine zurück, kündigte sich Frau Stöhr telefonisch an. Es wäre etwas Unglaubliches passiert! Sie müsste als Frauenbeauftragte sofort Schritte einleiten. Sie könnte auch vorsichtshalber schon mit der Oberfinanzdirektion Kontakt aufnehmen.

Zu der Kontaktaufnahme kam es allerdings nicht, weil Frau Hoppe-Reitemüller geschlagene eineinhalb Stunden brauchte, um ein Schild für die Besprechung mit Frau Stöhr anzufertigen mit dem Text:

Vertrauliche Besprechung!
Die Frauenbeauftragte

Das fünfte und damit letzte Mal hatte sie das Schild von „Wichtige Besprechung" in „Vertrauliche Besprechung" abgeändert.

Nun saß Frau Stöhr vor ihr. Vor Aufregung hatte ihre sonst blassrosa Gesichtsfarbe in ein kräftiges schweinchenrosa gewechselt und ihre Neurodermitis am Hals war wieder ausgebrochen.

„Beruhige dich doch erst einmal, Angelika!", versuchte Frau Hoppe-Reitemüller Frau Stöhr zu beschwichtigen.

Aber schon brach es aus Frau Stöhr heraus: „Ich sage es dir, Rita, der Schminke ist jetzt fällig! Das, was ich heute in der Kantine gehört habe, reicht, um ihn dingfest zu machen."

„Was hat er denn verbrochen?", fragte Frau Hoppe-Reitemüller neugierig zurück. Der Job als Frauenbeauftragte schien ja richtig spannend zu werden.

„Also Rita, ich habe ganz genau gehört, wie er zu Herrn Goller gesagt hat: Das fette Suppenhuhn aus der Finanzkasse wird aber auch nach jeder Diät schwabbeliger! Das ist doch wohl der Hammer! Und außerdem dreht er sich jedes Mal, wenn ich an ihm vorbeigehe, nach mir um und stiert mir hinterher."

Frau Hoppe-Reitemüller musste unwillkürlich grinsen. Frau Stöhr war in den letzten Jahren wirklich regelrecht fett geworden. Ihr war neulich schon aufgefallen, dass bedingt durch die vielen Diäten, Frau Stöhrs Haut an den Unterarmen an die labberige Haut eines aufgetauten Brathähnchens erinnerte. Da hatte sie sich doch trotz ihrer 55 Jahre viel besser gehalten (hihihi). Ihre Freundin Sybille hatte sie neulich sogar gefragt, wo sie sich ihren Busen hat machen lassen und Frau Hoppe-Reitemüller hatte stolz verlauten lassen: „Nein, meine liebe Sybille, alles noch Originalzustand! Das einzige Mal in meinem ganzen Leben bin ich bisher nur wegen eines entzündeten Wespenstichs unterm Messer gewesen."

„Hast du denn Zeugen?", fragte Frau Hoppe-Reitemüller Frau Stöhr. Sie reagierte empört: „Zeugen! Ich kenne mindestens zehn Kolleginnen, die bestätigen können, dass bei Schminke ab Körbchengröße C das Hirn automatisch auf Notstromaggregat umschaltet. Ist dir das noch nie aufgefallen, wie er den Frauen hinterher starrt?"

Frau Stöhr war dafür bekannt, sich leicht aufzuregen und dann mit ihren Äußerungen ins peinlich Ordinäre abzudriften. Deshalb versuchte Frau Hoppe-Reitemüller das Gespräch wieder in eine sachlichere Richtung zu lenken: „Und wie steht es mit dem Goller,

der hat doch auch gehört, was Schminke über dich gesagt hat."
Frau Stöhr winkte ab: „Goller! Der Goller, dieser Schlappschwanz, der kann sich natürlich an nichts erinnern. Stecken doch alle unter einer Decke, diese Männer! ...Wenn's mal richtige Männer wären!"

Frau Hoppe-Reitemüller überlegte kurz, blätterte in ihrer roten Fibel „Die Frauenbeauftragte im Öffentlichen Dienst" und seufzte: „Tja Angelika, du wirst schon Recht haben, aber ich fürchte das reicht noch nicht ganz, um den Schminke dingfest zu machen. Da müssen wir wohl noch mehr Material sammeln. Halt mich doch auf dem Laufenden, wenn Schminke wieder auffällig wird."

Von dem Besuch bei der Frauenbeauftragten hatte sich Frau Stöhr nun wirklich mehr versprochen. Bevor sie widerstrebend aus Frau Hoppe-Reitemüllers Büro ging, konnte sie sich nicht die Bemerkung verkneifen: „Früher warst du auch spontaner, Angelika!" Im Moment konnte sich Frau Stöhr nur mit dem Gedanken trösten, dass nächste Woche Tina aus dem Urlaub zurückerwartet wurde. Tina, Körbchengröße 75 D und manchmal sogar ohne BH (!), gehörte seit Kurzem auch zu ihrer Frühstücksrunde in der Kantine. Es würde nur eine Frage der Zeit sein und dann...

9. Gelegenheit macht Freunde

Es war Gründonnerstag. Die Arbeitstage vor Feiertagen liefen nicht wie übliche Arbeitstage ab: Sie wurden zelebriert.

Morgens wurde allenfalls das Kalenderblatt aktualisiert und höflicherweise das Stempelkissen aufgeklappt. Einige Belege und Akten wurden geschäftig über den Schreibtisch verteilt. Dann nahm ich mir einen leeren Aktenordner als Tarnung und holte aus meinem Lederpausenbrottäschchen etwas Schönes zum Lesen. Dazu gab es den guten Dallmayr-Prodomo.

Wenn der Kaffee kochte und dampfend in der Thermoskanne auf mich wartete, konnte ich den ganzen Tag lang lesen, aus dem Fenster schauen und in der Nase popeln – zumindest, wenn Horst nicht im Büro war. Aber Horst war an solchen Tagen ohnehin meist krank oder tigerte den ganzen Tag im Amt von Kollegin zu Kollegin. Im Moment war er ohnehin in Kenia. Bei Haselnussplätzchen, die ich aus der halb geöffneten Schublade holte, ließ es sich gut aushalten.

In meinem Lederpausenbrottäschchen hatte ich heute besonders feine Sachen: Ein Brötchen mit Bratklops und zwei Stückchen Käse-Sahnetorte.

Nachdem ich zuerst das Quiz „Bester Autofahrer Deutschlands" in der Autozeitschrift gelöst hatte, las ich jetzt: „Stirb, du Memme", das delikate Werk eines jungen Krimiautoren, der wirklich etwas von seinem Handwerk verstand. 33 Menschen wurden auf 252 Seiten unglaublich bestialisch und mit psychologischem Pfiff unterhaltsam hingerichtet.

Gerade als ein unbedarfter Tischlergeselle von einer Kettensäge erfasst wurde, die der Auszubildende vorher präpariert hatte, klingelte das Telefon. Nur widerstrebend klappte ich das Buch zu.

Es war Eberhard Pfannengaul. Eberhard war ein Abtrünniger, ein Verräter. Wir waren beide zur selben Zeit zur mündlichen Steuerinspektorenprüfung geladen worden. Im Gegensatz zu mir endete die Prüfung bei ihm nicht in einem spektakulären Absturz, sondern war der Beginn eines beneidenswerten Höhenfluges gewesen. Vor zwei Jahren hatte er die Steuerberaterprüfung abgelegt und sich in eine bis dahin friedliebende Steuerberaterpraxis eingekauft. Diese war rasch zu einer hinterhältigen Kampfmaschine mutiert. Gefürchtete Wellen von Dienstaufsichtsbeschwerden überrollten nun von Zeit zu Zeit das Amt. Besonders doll trieb er es, bevor die Beurteilungen im Finanzamt geschrieben wurden. Seine Anträge und Einsprüche, die meistens mehrere Abteilungen gleichzeitig beschäftigten, liefen bald unter der Bezeichnung „Satanische Verse". Bei all dem besaß Eberhard auch noch die Frechheit, am Telefon so zu tun, als wäre er immer noch der Kumpel aus der Kaffeerunde im Nachbarzimmer.

So auch jetzt. „Hallöli, Harti! Holst du dir mal schnell die Akte von Prof. Dr. Baumgärtl und gleichst mit mir die Abschreibung für die Wohnung Schlossgarten ab", flötete er auffordernd am Telefon. Ich war nicht „Harti" und auf „Hallöli" konnte ich schon gar nicht! Aber ich würde ihn schon irgendwie vergraulen.

„Moment", sagte ich und stellte den Hörer tot.

Während der Pfannengaul wartete, las ich weiter in „Stirb, du Memme". Nachdem der Tischlergeselle die Konsistenz von Hackfleisch angenommen hatte, hielt ich es für angemessen, mich mal wieder bei Eberhard zu melden: „Entschuldige Eberhard, ich glaube die Steuernummer, die du mir genannt hast, stimmt irgendwie nicht." Im Stillen lachte ich mir ins Fäustchen.

Eberhard gab mir noch einmal die Steuernummer durch und fügte in einem beißendem Tonfall hinzu: „Jetzt aber zack, zack, Hartmuttchen! Ich habe schon drei Gespräche parallel von Mandanten in der Leitung!"

Eberhard konnte mich mal, und zwar dreimal parallel kreuzweise. Der Geist des Krimiautoren gab mir wertvolle Anregungen für einige auf Eberhard zugeschnittene Foltermethoden. Aber derart niederen Instinkten durfte ich mich jetzt nicht hingeben. Er brachte es fertig und verpasste mir schneller als ich gucken konnte eine

Dienstaufsichtsbeschwerde. Daher beeilte ich mich jetzt, die Akte aufzutreiben. Ein bisschen Speichel lecken konnte im Übrigen nicht schaden. Deshalb sagte ich zum Abschluss des Gesprächs zu Eberhard: „Du musst ja wirklich viel um die Ohren haben."

Die Bemerkung ging Eberhard runter wie Öl. „Wenn es nur das wäre!", stöhnte Eberhard in den Hörer. „Ich verkaufe gerade meine Eigentumswohnung – lästig, kann ich dir sagen. Für private Dinge habe ich eigentlich gar keine Zeit."

Bei dem Stichwort „Eigentumswohnung" wurde in meinem Hirn wie von einem Bewegungsmelder ein gleißendes Flutlicht ausgelöst. „Wie groß ist denn die Wohnung?", fragte ich so beiläufig wie möglich.

Es waren vier Zimmer, insgesamt 110 qm. Die Gegend war auch akzeptabel, da würde wahrscheinlich selbst Britta nicht murren. Was den Preis anbetraf, wand sich Eberhard hin und her aber er versicherte mir, dass der Preis kein Thema sein sollte. Am liebsten hätte ich Eberhard jetzt abgeknutscht und mich auf der Stelle mit ihm verbrüdert.

Zunächst blieb mir nichts weiter übrig, als mich mit Eberhard zu einem Besichtigungstermin zu verabreden. Ich wünschte ihm aufrichtig „Schöne Feiertage" und legte glücklich den Hörer auf.

10. Eberhards Wohnung

Wir fuhren die Heinestraße entlang. Da hinten musste die Wohnanlage sein, in der sich Eberhards Eigentumswohnung befand. Im Gegensatz zu unserer jetzigen Wohngegend war hier alles schön begrünt. Idyllische Reihen- und Einfamilienhäuser säumten die Straße. Selbst in der Telefonzelle war das Glas noch intakt und ein liebevoll selbstgemaltes Tempo-30-Schild beruhigte besorgte Reihenhausmuttis und -vatis.

Die treppenförmig an das hügelige Gelände angepasste Wohnanlage machte einen gepflegten Eindruck. Sie bestand aus fünf Blöcken mit drei bis sieben Stockwerken. Die Blöcke waren durch verschiedene Grüntöne voneinander abgesetzt.

Eberhard stand bereits vor einem gurkenfarbenen, siebenstöckigem Block. Seit seinem Wechsel zwischen den Steuerfronten hatte ich Eberhard nur am Telefon gesprochen. Er hatte mindestens zehn Kilo zugelegt. Wie früher musterten einen die kleinen kurzsichtigen Augen hinter dem kantigen Metallbrillengestell stets flink und tückisch.

Als Eberhard noch als Sachbearbeiter im Amt tätig war, verstieß er regelmäßig gegen den Grundsatz, die Kuh, die gemolken werde, dürfe nicht geschlachtet werden. Vielleicht wurde er deshalb nicht so schnell befördert, wie er es erwartet hatte. Er schlachtete nämlich alle ab: die Omi, die die Zinsen aus einem Sparbuch übersehen hatte, die Herbalife-Vertreterin, bei der seine Frau sogar Probeeinkäufe machen musste und überdies seinen ehemaligen Zahnarzt, der es gewagt hatte, bei einer Behandlung mehr als den 3,5-fachen Satz abzurechnen. Abschlachten, das hieß bei ihm: Steuererklärungen und Belege bis auf den letzten Cent zu sezieren und mit Vorliebe Steuerstrafverfahren einzuleiten. In der Kaffeepause prahlte er dann wie ein Formel-1-Sieger mit der astronomischen Höhe seiner erzielten Mehrergebnisse.

Nach seiner Steuerberaterprüfung häutete sich Eberhard Pfannengaul zum Finanzbeamtenschreck. Er ließ keine Gelegenheit aus, einem Betriebsprüfer Knüppel zwischen die Beine zu werfen und seine tückischen Hinhalte- und Verschleierungstechniken hatten die perfide Perfektion eines Talibankämpfers.

Eberhard war nicht nur dicker geworden, er hatte sich in den letzten Jahren auch sonst äußerlich stark verändert. In seinem Häutungsprozess hatte er die billigen Jeans und den rostroten Pulli abgestreift. Er trug jetzt eine italienische Stoffhose und ein seriöses Sakko, kombiniert mit einer modischen Seidenkrawatte.

Eberhard begrüßte uns überschwänglich. Gerade noch konnte ich eine Umarmung abwehren.

Die Wohnung lag im siebten Stock. Zum Glück gab es einen Fahrstuhl. Als wir in den winzigen Fahrstuhl stiegen, gab er bedenklich nach. Eingezwängt, wie Hühner in einem Transportkäfig, fuhren wir nach oben. Wenigstens würde ich in dem Ding meine Bierkästen bequem transportieren können.

Kurz bevor ich glaubte, ersticken zu müssen, hielt der Fahrstuhl abrupt an und die Stahltür öffnete sich zögerlich.

Beim Aussteigen sagte Eberhard: „Ach, hatte ich schon erwähnt, dass die Wohnung derzeit noch vermietet ist? Alter Kumpel von mir. Aber ich brauche nur ein Wort zu sagen und er packt die paar Kisten zusammen und die Wohnung ist leer." Die Bemerkung sollte wie zufällig und völlig unbedeutend klingen, klang sie aber nicht.

Im siebten Stockwerk gab es vier Wohnungen. Aus einer Wohnung klangen dumpfe Bässe. Genau vor dieser Wohnung blieb Eberhard stehen und drückte den Klingelknopf. Statt des üblichen penetranten Brummtons einer gewöhnlichen Wohnblockklingel oder der veredelten Variante mit Mozarts kleiner Nachtmusik, mühte sich ein Kuckuck aus Leibeskräften, die Besucher anzukündigen. Eberhard hielt den Klingelknopf fest und seufzte: „Fred hört ein bisschen schlecht". Der Kuckuck schrie unbeirrt weiter, als besäße er den Ehrgeiz, die Musik zu übertönen.

Plötzlich wurde die Tür aufgerissen. Mit dieser Reaktion hatten wir nicht gerechnet. Eberhard konnte sich gar nicht von dem Klingelknopf lösen. Der Kuckuck schien auch ganz überrascht von seinem Erfolg zu sein, denn er fing plötzlich an zu stottern: „Ku Ku uck uck uck...".

In der Tür stand ein etwa sechsjähriger Junge mit schulterlangem, fransigem blau gefärbten Haar und Stirnband. Er trat einen Schritt vor, zückte ein Plastik-MG und mähte uns nieder. Eberhard krümmte sich und wurde mit einem letzten Kugelhagel zu Boden geworfen. Der Kuckuck verstummte mit einem letzten „uck uck". Ich war von Eberhards schauspielerischem Talent ganz beeindruckt. Vor allem hatte ich ihm so viel Kinderliebe gar nicht zugetraut.

Der Kleine rannte nun mit triumphierendem Geschrei in den hinteren Teil der Wohnung. Eberhard rappelte sich auf und folgte dem kleinen Satansbraten.

Das Wohnzimmer war abgedunkelt. Im Schein von roten und grünen Blitzen einer Lichtorgel sah ich, wie sich ein halb nackter Männerkörper im Rhythmus von Technoklängen krümmte.

Eberhard zog einfach den Stecker der Stereoanlage aus der Steckdose und schaltete das Licht ein. Er ging auf den noch immer zuckenden tätowierten Körper zu und schrie: „Fred, alter Indianer! Ich will dir ein paar Freunde vorstellen."

Fred kam langsam zu Bewusstsein. „Du willst mich also doch loswerden!", flüsterte er böse.

Auf Freds Bizeps war das geöffnete Maul einer Python eintätowiert. Er verschränkte seine Arme hinter dem Kopf und spannte seinen Bizeps an. Dabei weitete sich der Rachen des Reptils bedrohlich. Irgendwo hatte ich diese Visage schon einmal gesehen. Fred hatte eine Rübe mit drei Millimeter kurz geschorenen gelben Stoppelborsten und eine markant gebrochene Nase. Stimmt! Ich erinnerte mich: Er war Disk-Jockey im „Shogun", einer für erfolgreiche Razzien und Schlägereien berüchtigten Szenedisko. Die Steuerfahndung hatte dem „Shogun" gerade letzten Monat einen erfolgreichen Hausbesuch abgestattet – davon sprach das ganze Finanzamt. Und neulich hatte ich in der Zeitung einen Bericht über Drogen- und Steuerfahndungen im „Shogun" gelesen. Auf dem Foto in der Zeitung war Fred gerade im Begriff, einen Polizisten sorgfältig um einen Laternenpfahl zu wickeln.

Ich wollte mich gerade in der Wohnung ein bisschen umsehen, da bekam ich plötzlich einen kräftigen Tritt vors Schienenbein. Ich konnte mir nicht verkneifen, kurz aufzujaulen. Hinter meinem Rücken kreischte der Satansbraten vergnügt auf und hüpfte wild um mich herum. Fred nickte ihm anerkennend zu.

Das Kind war jetzt schon durch und durch verdorben, madig vom Stiel bis zur Kappe. Aus dem Gör würde nicht mal ein anständiger Terrorist werden. Fred war bestimmt noch nicht einmal in der Lage, ihm eine grundsolide anarchistische Gesinnung einzuimpfen.

Als mir der Kleine in den Hintern treten wollte, griff ich blitzschnell zu und schnappte mir sein Bein. Der Kleine flog überrascht auf den Boden und brüllte wie am Spieß. Das hätte ich besser lassen sollen, denn Fred mochte es gar nicht, wenn jemand seiner Brut etwas zuleide tat. Fred kam wortlos auf mich zu. Britta wurde kreidebleich und stammelte: „War doch gar nicht so schlimm." Aus Trotz schrie der Satansbraten noch einmal gellend auf. Man hätte meinen können, ich hätte ihm ein Bein ausgerissen. Dadurch geriet Fred noch mehr in Rage. Er baute sich bedrohlich vor mir auf. Fred war mindestens zwei Köpfe größer als ich und sein Bizeps hatte den Durchmesser meiner Oberschenkel. Während er auf meinen bis dahin noch ungebrochenen Riechkolben zielte, war ich spontan bereit, mit meinem Leben abzuschließen. Ich spürte bereits die kratzige graue Wolldecke, die die Feuerwehrleute über mich zogen, um neugierigen Nachbarn den grausamen Anblick zu ersparen. Ich hörte das Ratschen des Reißverschlusses des grauen Plastiküberzugs, in dem sie meine sterblichen Überreste bis zur Pathologie transportieren würden. Bevor Fred zuschlug, wechselte ich mit

Britta, der beneidenswerten Erbin meiner Lebensversicherung, noch einen letzten Blick. Sie war starr vor Schreck.

In dem Bruchteil der Sekunde, in der Fred zuschlug, musste Eberhard heftig niesen. Dabei reckte er seinen Kopf ruckartig nach vorn und wurde von dem wuchtigen Schlag getroffen. Die kostbare Metallbrille flog zu Boden.

Sofort sprang der kleine Satansbraten auf und hüpfte mit einem Satz auf die Brille, die den Flug bis dahin erstaunlicherweise schadlos überstanden hatte. Es knirschte unangenehm, als die Porsche-Brille sich in ihre Bestandteile auflöste. Fred grinste stolz. Beim Grinsen zeigten sich seine Zähne oder vielmehr das, was davon noch übrig geblieben war – es war anzunehmen, dass er Currywurst mit Pommes nur im pürierten Zustand zu sich nehmen konnte.

Er gab seinem Spross einen freundschaftlichen Schubs und grunzte: „Ben, du Sauhund, das war echt krass! Aber verpiss dich jetzt in deine Grotte, altes Arschloch!"

Ich war gewappnet und hatte mich hinter Brittas breitem Kreuz verschanzt. Eberhard hatte es die Sprache verschlagen. Seine Nase machte noch einen ganz ordentlichen Eindruck. Wahrscheinlich hatte die Brille den Schlag abgefangen. Eberhard beugte sich zu Boden und puzzelte an den Überresten der Brille herum.

„Die ist ja hin!", stammelte er entgeistert. „Ist einfach so draufgesprungen!"

Fred erwiderte: „Du hast doch die Kohle – Memme!"

Aber da kannte er Eberhard schlecht. Wenn Eberhard vor die Wahl gestellt worden wäre, heile Brille oder gebrochene Nase, wäre er den Rest seines Lebens lieber mit einer markant gebrochenen Nase herumgelaufen, als seine Porsche-Brille einzubüßen. Eberhard hatte sich eisern aus einer bescheidenen Eisenbahnerfamilie hochgearbeitet und wenn er sich ein Porsche-Gestell für 2.160 Euro leistete, durfte man daraus nicht den Schluss ziehen, er wüsste nicht über die Cent-Bestände in seinem Portemonnaie Bescheid. Jeder Cent, der aus seiner Tasche wanderte, hatte zuvor mehrere Excel-Tabellen und Kalkulationsprogramme durchlaufen und war auf In-und Output eingehend durchleuchtet worden.

Eberhard lief dunkelrot an. Seine Mundwinkel zuckten: „Den Schaden bezahlt deine Haftpflichtversicherung!"

„Hab keine", erwiderte Fred respektlos.

Eberhard nahm ihn ins Visier und zischte: „Wenn du mir den Schaden nicht bezahlst, dann verkloppe ich das Keyboard und die Lichtorgel! Und wenn du dich jetzt nicht augenblicklich mit deinem Gnom verziehst, dann schmeiß´ ich den ganzen Krempel, der hier steht, aus dem Fenster!"

Das zeigte Wirkung. Fred holte Ben aus dem Badezimmer, wo Ben gerade damit beschäftigt war, Silberfischchen mit Kloreiniger zu ertränken und stürmte hinaus. Mit einem lauten Knall flog die Wohnungstür zu.

Nachdem sich Eberhard ein bisschen beruhigt hatte, fragte ich ihn: „Sag mal, wie kommst du eigentlich an eine solche Brut?"

Für jede Frage gibt es so etwas wie einen ganz und gar unpassenden Moment. Eberhard platzte: „Weil ich ein Idiot bin! Um die Sonderabschreibung in Anspruch nehmen zu können, musste ich einen Mieter mit Wohnberechtigungsschein finden. Das war gar nicht so einfach – du weißt, ich verkehre nicht mit solchem Pack. Und dann hat mir einer meiner Azubis Fred vermittelt."

Jetzt dämmerte mir, warum Eberhard die Wohnung verkaufen wollte: Die satte Steuervergünstigung hatte er bis auf den letzten Tropfen ausgekostet, und jetzt, nachdem die Abschreibung ausgelaufen war, wollte er sich des Packs elegant entledigen! Ich hatte es doch gewusst, Eberhard war schon immer ein Systemgewinner, ein elender Überläufer, nur auf den eigenen Vorteil bedacht!

Eigentlich hätten wir auf der Stelle auf dem Absatz kehrt machen müssen. Aber ich hieße nicht Hartmut Schminke, wenn mir meine Eltern nicht eine gehörige Portion Dummheit vererbt hätten. Nur so war es zu erklären, dass wir uns nun in der Wohnung in Ruhe umsahen.

Die ehemals weiße Raufasertapete hatte sich vom Kiffen gelb gefärbt. Bens Zimmer quoll über mit zerfledderten Comics und Spielzeugschrott. Aus einem Terrarium stank es nach verwesendem Fleisch.

In Freds Schlafzimmer lagen drei Matratzen wie zufällig auf dem Boden verstreut, darüber Berge von Kissen und Laken. Es konnte mich nicht mehr in Erstaunen versetzen, als sich plötzlich eine Bettdecke bewegte, ein dünner Frauenarm ausfuhr, nach einer der zahllos herumstehenden Wodkaflaschen griff und Arm mit Flasche wieder eingezogen wurde. Wir hörten drei ordinäre Gluckser, dann war wieder Ruhe.

Eberhard hatte den Zwischenfall völlig ignoriert. Er sagte nur: „Und dieses Zimmer lässt sich später einmal phantastisch als Kinderzimmer nutzen."

Wenn man einmal von dem verwahrlosten Zustand absah, war die Wohnung wirklich nicht schlecht: Vier große helle Räume, zwei Bäder und ein großer Balkon.

Britta und ich traten an das Wohnzimmerfenster. Mit diesem Ausblick hatten wir nun wirklich nicht gerechnet: Unserem Blick bot sich eine kleine Parkanlage. Dahinter war ein kleiner Badesee, in dem einige Kinder herumplanschten.

In dem Moment machte es bei uns „Klick". Das ganze Chaos schien nicht mehr vorhanden zu sein. Selbst eine Kakerlakenstraße vom Abzugsschacht im Badezimmer bis zur Küche, hätte uns jetzt nicht mehr abschrecken können.

Britta flüsterte mir ins Ohr: „Das ist es, Hartmut! Genau so eine Wohnung habe ich mir vorgestellt!"

Eberhard trat hinzu und ich fragte: „Was soll sie denn kosten?" Auf diese Frage hatte Eberhard gewartet. Er wusste nun, dass er uns in der Hand hatte und diesen Moment genoss er sichtlich. In seinen kurzsichtigen Augen sah ich schon die Dollarzeichen.

„180.000 Euro", sagte Eberhard. Als ich merklich schluckte, verbesserte er sich schnell: „Na, weil ihr es seid, 175.000 Euro. Das ist ein absolut fairer Preis."

Die Summe lag noch um 25.000 Euro über unserer Schmerzgrenze. Mir lag Handeln und Feilschen überhaupt nicht. Am liebsten gehe ich in einen Aldi-Laden, zahle meine 2,60 Euro für 465 Gramm Gouda und das war's dann. Und hätte ich 175.000 Euro gerade zufällig bei mir gehabt, wäre das Geschäft auf der Stelle perfekt gewesen. So musste ich mich wohl oder übel mit dieser Giftnatter herumschlagen.

Da kam mir mit einem Mal ein rettender Gedanke: Es gab noch einen Joker, um den Kaufpreis zu drücken und der hieß Fred!

„Eberhard", höhnte ich, „du glaubst doch nicht im Ernst, dass dein Kumpel mit seinem Krümelmonster hier freiwillig ausziehen wird!" Eberhard war empört.

Seine spontane Reaktion auf den Einwand hätte uns schon stutzig machen müssen. Denn als wenn er mit diesem Einwand gerechnet hatte, zog er sofort einen Briefumschlag aus seinem Sakko. In dem Briefumschlag war eine Erklärung, mit der sich Fred verpflichtete, innerhalb von einem Monat nach Verkauf der Wohnung auszuziehen.

Mutig schlug ich dennoch einen Preis von 150.000 Euro vor, um das Restrisiko abzudecken und verwies auf den Zustand der Wohnung: „Wenn es ein freistehendes Haus wäre, müsste man es abreißen lassen!", bemerkte ich kühn.

Eberhards Augen traten hervor, es hätte nicht viel gefehlt und er wäre mir an die Gurgel gegangen: Er hätte es nicht nötig, die Wohnung zu verschenken! Und dann folgten einige unschöne beleidigende Äußerungen über meinen Berufsstand. 165.000 Euro wollte er haben und keinen Cent weniger!

Intuitiv wusste ich: Diese Zahl steht fest. 165.000 Euro – das war der Preis unseres Ruins. Ich sah Britta an, die verträumt aus dem Wohnzimmerfenster auf den Badesee starrte und spürte, dass es nun kein Entrinnen mehr gab.

Als ich in Eberhards Hand einschlug, sah ich in das schmerzverzerrte Gesicht eines gebrochenen Mannes, dem man das Letzte für ein gammliges Butterbrot abgenommen hatte.

Aber die Eiligkeit, mit der er den Notartermin ausmachte, ließ bei mir wieder Zweifel an der Richtigkeit unserer Entscheidung aufkommen...

11. Jagdverhalten eines Finanzbeamten

Montag 7:00 Uhr. Um diese Uhrzeit war es noch ziemlich still im Finanzamt. Kein Telefon klingelte. Nebenan gluckste eine Kaffeemaschine vor sich hin und vor der Tür tappte ab und zu jemand vorbei. Meistens saß ich um diese Zeit in meinem Büro, bohrte in der Nase und schlürfte aus meinem großen Kaffeepott. Dann dachte ich nach, über mich, über das Leben und was man alles sein könnte, wenn man sich nur trauen würde. Immerhin war der Schritt zur Eigentumswohnung schon ein riesiger Sprung nach vorne gewesen – und darauf war ich schon ein bisschen stolz. Aber ansonsten kamen immer wieder diese Zweifel... Im Grunde war ich doch nur ein Stück Schmorfleisch – schmoren im eigenen Saft. Das Leben ging vorbei, ohne dass ich es sonderlich spürte. Die meiste Zeit meines Lebens hing ich hier an meinem Schreibtisch ab. Die acht Stunden täglich lösten sich einfach so auf. Oft saß ich nur da – ich hätte nicht einmal sagen können, wie lange – und erst wenn ich die Bürotür abschloss, löste sich das Nirwana auf.

7:43 Uhr, ich raffte mich endlich auf, ging zum Aktenschrank und nahm mir eine Steuererklärung: ein kaufmännischer Angestellter. Die Steuererklärung war in drei Minuten durchgehakt, in den PC eingegeben und die Belege eingetütet. So liebe ich es. Der Steuerpflichtige war Beteiligter am „Ostsee-Tropenparadies". Die Feststellung dieser Einkünfte fiel vertretungsweise in meinen Zuständigkeitsbereich. 19.666,70 Euro Bruttoverdienst laut Lohnsteuerkarte abzüglich 3.250 Euro Lohnsteuer und 298 Euro Kirchensteuer evangelisch. Bei einem Quartett der Lohnsteuerkarten hätte ich diese Karte sogar mit meinem Bruttoverdienst locker ausstechen können – das tat gut!

Dieses arme Würstchen wollte mit seiner Beteiligung am Tropenparadies Verluste einfahren und damit Steuern sparen. Wer so gierig aufs Steuern sparen war, würde spätestens in einem Jahr auch aus der Kirche austreten.

Für einen Moment reizte es mich, ihn aus einem fadenscheinigen Grund aus dem Bett zu klingeln. Ein Anruf vom Finanzamt vor 8:00 Uhr belebt immer! Und man muss schön freundlich sein, wenn man den vollen Erstattungsbetrag schon fest eingeplant hat.

Aber nein, ich ließ es sein. Es war wie mit der altersschwachen Fliege, die man erschlagen könnte. Aber irgendwie tut sie einem doch eher leid, weil sie keine Chance hatte zu fliehen. Außerdem gibt es beim Zerdrücken immer so ekelige Flecken.

Ich kreuzte die Spalte an: „Nein, keine Änderungen." Das Geld wird in drei Wochen auf dem Konto sein. Es lebe das Ostsee-Tropenparadies!

Den nächsten Fall hätte ich vor dem Frühstück gar nicht mehr anfangen sollen. Der Ärger begann bereits damit, dass die Belege für die Bahnfahrkarten fehlten. Nach einer Weile stellte sich heraus, dass nicht ein einziger Beleg beigefügt war! Noch schlimmer: Die Beträge wirkten großzügig nach oben aufgerundet – so etwas mag ich nun gar nicht! Ich bin wirklich kein Freund von dicken Belegtüten. Im Gegenteil: Wenn der Belegordner zu dick ist, werfe ich nur einen höflichen Blick hinein und quittiere so die Mühe, die mit der Zusammenstellung der Belege verbunden gewesen ist. Und dann: Klappe zu, Affe tot, Haken dran – wer wagt noch zu behaupten, dass da etwas nicht stimmt! Aber wage es niemand, einen Beleg gar nicht erst beizufügen oder gar wegzuschmeißen!

Ich suchte mir die Telefonnummer heraus und klingelte diesen Ingenieur aus dem Bett. Warum er denn den Beleg für die Fahrkarte weggeworfen hat, wollte ich wissen.

Die Karte habe er in der Hosentasche gehabt und die Karte sei mit der Hose bereits drei Mal in der Reinigung gewesen, erklärte er.

Wo denn der Beleg für die Reinigung der Hose sei, bohrte ich weiter nach. Er meckerte daraufhin, ich sei unsachlich und das hätte doch „damit überhaupt nichts zu tun"! – Das sagen sie alle, wenn sie nicht mehr weiter wissen!

Es gab Momente, in denen ich mir trotz meiner langjährigen Tätigkeit als „Zecke" unter dem Begriff „Barmherzigkeit" noch etwas vorstellen konnte. Aber im Augenblick hätte selbst eine Ratte menschlichere Züge gehabt.

Während er noch vor sich hin maulte, stöberte ich seine Akte durch. Er arbeitete als Ingenieur für einen Betrieb, der für Schlachthöfe Maschinen entwickelt. Ich war mir sicher, wenn ich gleich auflegte, würde er bestimmt eine glänzende Eingebung bekommen, wie man Schweinen ganz schnell den Garaus macht...

Finanzbeamter zu sein setzte schon eine gewisse abartige Veranlagung voraus. Wer lediglich ein empirisches Interesse für das Steuer- und Verwaltungsrecht aufbrachte, war hier fehl am Platze. Leider gab es Kollegen – bedauerlicherweise sogar Betriebsprüfer – die verspürten zuweilen sogar Mitleid mit Steuerpflichtigen! Kein Wunder, dass sie nicht weiter nach oben kamen. Um als Finanzbeamter die ganz große Karriere zu machen, muss man eine saftige Steuernachzahlungen oder eine verhinderte Steuererstattung als Bestätigung der eigenen Berufung erleben. Wenn du sie am anderen Ende des Hörers schluchzen hörst, bist du wirklich gut. Aber der Beste wirst du nur sein, wenn du ein Messer im Rücken stecken hast! Das hat meines Wissens bisher nur einer in unserem Finanzamt geschafft: Eddie Kolle! Allerdings nur, weil er beim Prüfen einer Spielhalle mit dem Besitzer verwechselt wurde.

Am Schreibtisch vor dem aufgeschlagenen Formular konnte auch ich ein ganz Harter sein. Und auch bei diesem ungezogenen Ingenieur konnte ich mich regelrecht daran erlaben, wie er zappelte und doch schon längst verloren hatte. Er erinnerte mich an unseren Weihnachtskarpfen, der noch glücklich in der Wanne plätscherte, weil er noch nicht mitbekommen hat, dass der Backofen schon auf 220 Grad vorgeheizt worden war.

Aber wenn eine gedämpfte Frauenstimme zu mir sagte: „Ach, das muss ich wohl übersehen haben!", legte ich die Kontrollmitteilung für die Strafsachenstelle wieder zurück und sagte nur: „Ist nicht so schlimm, kann ja mal vorkommen."

12. Monster im Nest

14 Tage nachdem wir mit Eberhard per Sekt und Handschlag den Wohnungskauf besiegelt hatten, waren Britta und ich bereits im Grundbuch eingetragen. Eberhard hatte alle Hebel in Bewegung gesetzt, um die Sache so schnell wie möglich perfekt zu machen. Herr Göbel, unser Kreditsachbearbeiter bei der Volksbank, hatte zwar bedenklich die Stirn in Falten gezogen, aber uns den Kredit letzten Endes doch gewährt.

Die Sache wäre allerdings um ein Haar gekippt, als Herr Göbel beiläufig feststellte: „Kinder wollen Sie in den nächsten Jahren ja sicherlich auch nicht..."

Ich hatte Britta keine Gelegenheit gegeben, auf diese Frage zu antworten und sofort empört reagiert: „Kinder! Wie kommen Sie denn überhaupt auf Kinder? Wir wollen schließlich *leben*!"

Britta war rot vor Wut angelaufen, und als wir außer Hörweite waren, platzte sie los: „Ich lasse mir von diesem Nadelstreifen-Affen doch nicht vorschreiben, wann und vor allen Dingen wie viele Kinder ich zu bekommen habe!"

Zum 1.4. lief Freds Mietvertrag aus. Bis dahin waren es nur noch fünf Wochen. Für unsere Wohnung hatten wir zum Glück zum 1.5. schon einen Nachmieter gefunden. Wenn Fred ausgezogen war, mussten wir noch alles tapezieren und streichen – wenn das reichte! Der wahre Zustand der Wohnung würde ohnehin erst sichtbar werden, wenn keine Möbel mehr in den Räumen standen.

Eine Woche vor dem besagten Räumungstermin sagte Britta zu mir: „Hartmut, geh doch mal bei Fred vorbei und schau nach, ob er schon packt. Vielleicht ist er ja schon längst ausgezogen und hat uns nur noch nicht Bescheid gesagt."

Ich verspürte nicht die geringste Lust, Fred in diesem Leben noch einmal zu begegnen. Aber nach zwei Tagen hatte mich Britta so weich geklopft, dass ich nach der Arbeit zu unserer neuen Wohnung fuhr. Schon im Hausflur hörte ich wieder die dumpfen Bässe.

Mir schwante bereits das Schlimmste. Ich hatte den Klingelknopf kaum berührt, da wurde die Tür schon aufgerissen. Fred stand mir mit nacktem Oberkörper und einem frisch geschwollenem Auge gegenüber. Ich ging ihm gerade mal bis zur Brust und hätte gut und gerne an seiner üppigen Brustbehaarung knabbern können.

Er starrte mich grimmig an und raunte: „Was willst du denn wieder hier, du Pflaume?"

Ich stammelte erschrocken: „Ich war zufällig gerade in der Gegend und dachte mir, ich messe mal schnell die Küche aus – wegen der neuen Arbeitsplatte. Wenn Sie so freundlich wären..." Todesmutig und auch nur weil ich noch mehr Angst vor Britta hatte, trat ich einen Schritt in unsere Wohnung.

Aber ich hätte doch besser auf mein Gefühl hören sollen. Noch ehe ich mich versah, schubste mich Fred brutal gegen die Wand des Treppenhauses und zischte: „Schön, dass du dich gerade verpissen wolltest. Und schöne Grüße an die Gattin. Ey, ich sag dir, wenn du nicht so 'ne geile Tussi hättest..."

Ich ging dann lieber. Das war nämlich wirklich nicht mein Niveau. Und dafür musste selbst Britta Verständnis haben.

Am nächsten Tag fragte mich Britta: „Warst du denn jetzt endlich bei Fred?"

Ich erwiderte gelassen: „Na klar."

„Und?", fragte sie forschend zurück, „ist bei ihm schon alles gepackt?"

„Alles klar!", gab ich zurück.

Weil mich Britta immer noch zweifelnd ansah, ergänzte ich schnell: „Er hat mir zu verstehen gegeben, dass sich der Umzug ganz eventuell um zwei Tage verschieben könnte."

„Um zwei Tage! Bist du verrückt!" Britta schrie entsetzt auf. „Du weißt doch selbst wie die Wohnung aussieht! Wenn wir rechtzeitig umziehen wollen, brauchen wir jeden Tag!" Britta kochte.

„Er will die Wohnung halt ordentlich übergeben", bemühte ich mich, sie zu beruhigen.

Ich gebe zu, es fehlte mir der Mut, Britta die Wahrheit ins Gesicht zu sagen. Wir waren nun zwar stolze Teileigentümer, aber in unserer Wohnung hauste ein perverses Monster mit seiner Brut.

Eine Woche später erzählte ich Britta die Wahrheit – nachdem wir zwei Flaschen Rotwein getrunken hatten. In dieser Nacht musste ich allein auf dem Sofa schlafen – und auch das entspricht eigentlich nicht der Wahrheit, denn nach weiteren fünf Fernet Branca verbrachte ich vielmehr den längsten Teil der Nacht auf der Toilette. Einen alleinerziehenden Vater, der von Sozialhilfe lebt, aus seiner Wohnung herauszuklagen, könnte Jahre dauern. Zwar würde einen Teil der Miete das Sozialamt zahlen, aber dieser Zuschuss würde bei Weitem nicht ausreichen, um die Kosten zu decken.

Ich rechnete es Britta hoch an, dass sie mir einen weiteren Gang zu Fred ersparte.

Verzweifelt rief ich bei Eberhard an und forderte ihn auf, mit Fred zu reden. Aber er lachte nur wiehernd vor Schadenfreude auf und sagte so arrogant und gemein wie es nur ein Eberhard Pfannengaul fertig brachte: „Hartmuttchen, mein lieber Freund. Was meinst du wohl, warum die Wohnung so günstig war? In der Toplage! Für die nächsten zehn Jahre wünsche ich dir mit deinem neuen Freund noch eine Menge Spaß. Und wenn du mal wieder ein Rendite-Objekt suchst: Du hast ja meine Visitenkarte."

Er tat gut daran, schnell aufzulegen.

13. Im Brennpunkt

Frau Stöhr war heute schon zum dritten Mal bei Frau Hoppe-Reitemüller.

„Rita, ich habe den Schminke vorhin in der Registratur getroffen. Weißt du, was er mir angeboten hat…?" Ein Tatort könnte nicht spannender sein, wenn Frau Stöhr berichtete. „Er redet ja seit Wochen von nichts anderem als von seiner neuen Eigentumswohnung und von dem Ärger mit seinem asozialen Mieter. Stell dir vor, er hat heute zu mir gesagt, wenn sein Mieter ausgezogen sei, will er mit mir in die Wohnung!"

Frau Hoppe-Reitemüller sah Frau Stöhr begriffsstutzig an: „Und, was dann, Angelika?"

„Und dann!", wiederholte Frau Stöhr aufgebracht. „Sei doch nicht so blauäugig, Angelika! Der Mann ist eine Gefahr für alle weiblichen Bediensteten! Wenn ich bedenke, dass sie bis jetzt noch Finanzanwärterinnen zu ihm ins Büro gesteckt haben, einfach unverantwortlich!"

„Angelika, ich weiß nicht recht. Ist das nicht ein bisschen weit hergeholt?", meinte Frau Hoppe-Reitemüller.

Zwei Stunden später bekam Frau Hoppe-Reitemüller einen Anruf von Herrn Axthammer. Sie solle sofort in den Besprechungsraum des Personalrats kommen.

Nicht nur der sechsköpfige Personalrat unter dem Vorsitz von Herrn Axthammer war anwesend, auch Frau Stöhr saß wie eine Glucke in der Mitte der Runde und schaute Frau Hoppe-Reitemüller triumphierend an.

„Frau Stöhr hat uns schon von der Angelegenheit berichtet", begann Herr Axthammer. „Ich fürchte, wir müssen den Kollegen Schminke ein bisschen näher unter die Lupe nehmen. Natürlich unauffällig. Frau Hoppe-Reitemüller: Sie ziehen zum 1.4. in Schminkes Büro und erstatten uns Bericht, falls Schminke wieder auffällig wird. Sie wissen ja, worum es geht…"

Die Peinlichkeit der „Angelegenheit" war ihm anzumerken und er hoffte inständig, dass er die „Angelegenheit" nicht näher erläutern brauchte.

Aber Frau Stöhr wollte jetzt Blut sehen und explodierte: „Reicht es denn nicht aus, was ich Ihnen erzählt habe: Wollte mich zu guter Letzt sogar in seine leerstehende Wohnung locken. Muss man hier erst vergewaltigt werden, ehe etwas unternommen wird?"

Frau Stöhr spielte ihre Opferrolle richtig glaubwürdig. Herr Axthammer versuchte Frau Stöhr zu beschwichtigen: „Beruhigen Sie sich doch, Frau Stöhr! Wir brauchen Fakten! Fakten! Eine disziplinarische Maßnahme müssen wir hieb- und stichfest begründen können, mit den paar Anspielungen kommen wir nicht weit. Aber ich bin mir sicher, dass wir uns da auf Frau Hoppe-Reitemüller verlassen können. Wenn Schminke weiterhin die Kolleginnen belästigt, dann ist er früher oder später dran."

Frau Hoppe-Reitemüller war stinksauer, besonders natürlich auf Frau Stöhr. So hatte sie sich ihren Auftrag als Frauenbeauftrage nicht vorgestellt. Auch noch den Maulwurf spielen! Wenn man jeden notgeilen Kollegen rausschmeißen würde, gäbe es wieder richtig motivierende Beförderungschancen und kein Politiker müsste sich mehr über Personalkosten Gedanken machen. Schminke war doch nur ein armes Schwein, im Finanzamt totgestellt, und zuhause hatte er bestimmt auch nichts zu lachen. Warum sollte er da nicht ein bisschen glotzen. Männer sind nun mal so.

Frau Hoppe-Reitemüller wollte Herrn Axthammer widersprechen, aber es schien sich niemand mehr für sie zu interessieren.

Sie stand allein im Besprechungsraum.

14. Frischfleisch

Am Montag war Horst aus unserem Büro ausgezogen. Selbst für ihn geschah dies ganz unverhofft, von heute auf morgen. Er war jetzt Betriebsprüfer. Kurz vor Vollendung seines 40. Lebensjahres hatte er den Sprung in den Betriebsprüfer-Himmel doch noch geschafft und mich hier im Sumpf der Steuererklärungsfluten zurückgelassen. Während die Sachbearbeiter aus der Vollstreckungsstelle in der Hölle nach den Steuergeldern schürfen, ist die Gattung der Betriebsprüfer bereits im Himmel angekommen. Ich schwebte als Sachbearbeiter für Steuererklärungen in einer Art Zwischenablage. Horst hatte selbst nicht mehr an seine Himmelfahrt geglaubt. Nun hatte er mich hier zurückgelassen. Kein Morgenkommentar mehr über die Araber, kein unbeschwertes Furzen nach dem Mittagessen. Horst und ich kannten uns in- und auswendig; man brauchte sich nicht zu verstellen. Das war nun vorbei.

Aber wenn man sein kuscheliges Büro ganz allein für sich hatte, war das mitunter auch ganz angenehm. Stundenlang konnte man ungestört aus dem Fenster starren, die Steuererklärung vor sich ausgebreitet und den Kuli als Tarnung in der Hand, für den Fall, dass der Chef ganz unverhofft ins Zimmer kam. In diesem Trancezustand brauchte ich nur noch meine zwei Brötchen mit Fleischsalat aus der Kantine, zwei Eier und die tägliche Überdosis Kaffee.

Beim Frühstück ging dann ein Gerücht um: Zwei Frauen sollten in unsere Abteilung kommen: Frau Hoppe-Reitemüller, unsere Frauenbeauftragte, die bis zu ihrem Ruhestand wahrscheinlich bei uns geparkt werden sollte und die Tina aus unserer Frühstücksrunde. Ich wusste, dass ich eine von beiden abkriegen würde.

Heute war Tina wieder beim Frühstück. Gestern war sie noch auf Mallorca – dementsprechend knackig braun war sie. Wir Zurückgebliebenen wirkten neben ihr wie bleiche Maden, die bei ein bisschen Wärme in der Grünen Tonne besonders gut gediehen. Tina gehörte zu den Frauen, bei denen man eine nicht zu leugnende Einfältigkeit gerne entschuldigt. Sie war hochgewachsen, mit zartem Gesicht und dem vollkommenem Teint eines genmanipulierten Pfirsichs. Sie weckte augenblicklich Beschützerinstinkte und hatte offenbar gar keine Launen wie die anderen Zicken – Britta mit eingeschlossen. Sie war eben ein richtiges „Tinchen". Und abends im Bett – ui, ui, da durfte man gar nicht so genau darüber nachdenken, was da wohl so alles passierte...

Tina ging jetzt zur Theke und holte sich noch eine Nussecke. Wenn Tina sich in Bewegung setzte, war das schon einen Blick wert: Ihre Pobacken wurden dann im Wechsel wie an einer Strippe nach oben zu den Hüften gezogen. Oben angekommen löste sich die Spannung wieder und sie schoben sich langsam in ihre Ausgangsposition zurück. Bei diesem Bewegungsablauf wurden ihre Pobacken wie bei einem Hefeteig in einer Rührmaschine kräftig durchgeknetet.

Ich hätte diesem Spiel stundenlang zusehen können. - Nicht eines sexuellen Verlangens wegen! Nein! Es war etwas anderes: Dieses anatomische Zusammenspiel zwischen Knochen, Fett und Muskeln war einfach faszinierend zu beobachten.

Wenn ich jetzt die 23 Kollegen fragen würde, die Tina ebenfalls hinterher schauten – einschließlich der Sachgebietsleiterrunde, die sich blickgünstig positioniert hatte – würden alle Stein und Bein schwören, sie hätten niemals in Tinas Richtung geschaut.

Meine Hoffnungen zerrannen genauso schnell, wie sie entstanden waren. Mit vollem Mund erzählte uns Tina, dass sie in das Büro von Herrn Goller kommen solle.

Das war in höchstem Maße ungerecht! Susan hatte bereits mindestens ein halbes Jahr bei Herrn Goller gesessen! Und dabei hatte Goller nicht mal etwas davon. Goller hatte gerade gebaut und dachte jetzt nur noch an seine Schulden und daran, wie er den Kopf wieder aus der Schlinge ziehen könnte.

Außerdem war es einfach Fakt, dass niemand Tina so kompetent hätte einarbeiten können wie ich!

15. Maulwurf

Es ist eigentlich ein schönes Büro, dachte Frau Hoppe-Reitemüller, nicht zu sonnig und mit Blick auf die Fußgängerzone und den Parkplatz. Wenigstens etwas. In ihrem alten Büro hatte sie tagtäglich die große Kastanie und die Betonwand des Parkhauses vor Augen gehabt. Die einzige Abwechslung: Einmal hatte ein Arbeiter in einem Arbeitslift wochenlang die Betonwand gestrichen. Als es in den Sommermonaten so heiß war, hatte er sogar sein T-Shirt ausgezogen. Er hatte einen breiten braun gebrannten Rücken und eine Brust wie ein Mastbulle. Jeden Abend hatte sie den Wetterbericht gehört und sich insgeheim gefreut, wenn sie für den nächsten Tag wieder rekordverdächtige Temperaturen angesagt hatten. Sie hatte sogar überlegt, ob sie irgendwie zu ihm Kontakt aufnehmen könnte. Es gab ja junge Kerle, die standen auf reifere Frauen. Gut, es musste ja nicht gleich zum Äußersten kommen, obwohl... Norbert wär' selber schuld, schließlich war sie noch nicht eingeäschert. Aber ehe sie noch einen Entschluss fassen konnte, kam er plötzlich nicht mehr. Dabei hatte sie von ihrem Bürofenster aus genau sehen können, dass er im fünften Obergeschoss noch etwa drei Quadratmeter nicht gestrichen hatte. Der Sommer ging langsam zu Ende, aber er kam nicht wieder.

Schminke war gerade nicht im Büro. War natürlich in der Kantine. Und wenn er da erst einmal saß, dann saß er da. Seit drei Tagen hatte sie das jetzt beobachtet: Er ging immer um 8:50 Uhr und kam erst um 9:35 Uhr wieder zurück. Eine Dreiviertelstunde! Als sie das gestern Norbert erzählte, erwiderte er, das sei typisch Finanzamt, in der freien Wirtschaft hätten sie ihn schon hochkant gefeuert.

Die Chefs blieben sogar noch länger! Manchmal über eine Stunde – „Dienstbesprechung" nannten sie das.

Es war jetzt 9:15 Uhr. Sie hatte also noch 20 Minuten Zeit, Schminkes Schreibtisch zu inspizieren.

Der Schreibtisch war die reinste Müllhalde. Die Gesetzes-Kommentare lagen drunter und drüber und waren schon total veraltet. Das Formular UST-2K gab es nur bis 1984. Nach den Flecken zu urteilen war es seit mindestens 1984 auch seine Kleckerunterlage für die Kaffeetasse. Und dann soviel Staub, hoffentlich bekam sie nicht eine Hausstaub-Allergie.

Auf das Bild von Britta hatte sie sich gleich am ersten Tag gestürzt. Musste natürlich erstmal gucken, welches Heimchen sich auf so eine Erscheinung eingelassen hatte. Noch heute schüttelte sie erstaunt mit dem Kopf, wenn sie das Foto betrachtete: Ein richtig flotter Feger! Hätte sie ihm gar nicht zugetraut. Fast makellos. Naja ziemlich platt vorne und viel zu viel Muskeln. Hatte ja fast eine Figur wie von einem Kerl. Wahrscheinlich glotzte er deshalb in jeden Ausschnitt. Nach Schminkes Heirat hatten alle Kollegen gedacht, jetzt würde er sich ein bisschen verändern. Gut, man durfte nicht ungerecht sein, den grünen Strickpulli zu der braunen Cordhose trug er nur noch höchstens zweimal in der Woche. Aber ansonsten war er bis heute der rundliche Muttersöhnchen-Typ geblieben. Die einzige wirkliche Veränderung: Er hatte sich einen dünnen Oberlippenbart wachsen lassen. Dieser Bart ließ ihn noch komplexbeladener erscheinen. Wahrscheinlich hatte er in den Augen seiner Frau Beschützerinstinkte geweckt. Je öfter Frau Hoppe-Reitemüller über diese Theorie nachdachte, desto sicherer war sie sich. Hatte ja auch ein bisschen was Drolliges, der Schminke.

9:37 Uhr, er war unpünktlich und erzählte Frau Hoppe-Reitemüller gleich, weshalb. Das ging ihr schon jetzt auf die Nerven: Er hatte geradezu ein weibisches Mitteilungsbedürfnis und dozierte über jeden Fall, den er gerade bearbeitete: „Mal sehen, was für eine Sauerei sich mein lieber Freund Pfannengaul wieder ausgedacht hat…", war beispielsweise die Eröffnungsformel zu einem Steuerfall, wobei der Name des Steuerberaters natürlich austauschbar war. Manchmal tat er geradezu so, als wenn ihm die Arbeit Spaß machen würde – das waren die Schlimmsten!

Jetzt ging er aufs Klo. Er ging ständig aufs Klo. Wenn es nicht Prostata war, hatte er eine Blase wie ein Schnapsglas. Frau Stöhr würde wahrscheinlich noch ganz andere Sachen denken.

Das Telefon klingelte, es war ausnahmsweise nicht Norbert, der Bestellungen für den Supermarkt aufgab und auch nicht Schminkes Frau, die ihm einen Einlauf verpassen wollte – hatte sie schon mindestens viermal gemacht, seit Frau Hoppe-Reitemüller mit ihm zusammen in einem Büro saß.

Es war Frau Stöhr. Frau Stöhr nervte auch, und zwar ganz gehörig. „Na, Rita, was gibt´s Neues von der Front?", wollte Frau Stöhr wissen. Das hatte sie heute Morgen auch schon an der Stempeluhr gefragt.

Frau Hoppe-Reitemüller riss jetzt der Geduldsfaden: „Was soll es Neues geben?", fragte sie mit bissigem Unterton. „Erst wollte er mit mir in den Keller gehen, und dann hat er mich von hinten angegrabscht, als ich vor dem Aktenbock stand, um die Steuererklärungen zu sortieren!"

Wütend legte sie den Hörer auf. So, das hatte hoffentlich gesessen. Jetzt hatte sie es sich mit Frau Stöhr zwar ganz und gar verscherzt, aber Hauptsache die blöde Kuh rief so schnell nicht mehr bei ihr an. Irgendwann musste sie ja mal kapieren, dass sie sich da total verrannt hatte. Aber wen Frau Stöhr auf dem Kieker hatte, war wirklich nicht zu beneiden.

16. Endlich befördert

Eigentlich gewöhnte ich mich an Frau Hoppe-Reitemüller ziemlich schnell. Es war gar nicht so unangenehm, mit einer Frau in einem Büro zusammenzusitzen. Sie fragte mich sogar, ob sie das Fenster öffnen dürfe.

Horst war da anders drauf: Wenn Horst seinen Rappel bekam, riss er bei tiefstem Frost das Fenster sperrangelweit auf und knurrte: „Ich brauche mal wieder so einen richtig schönen Schnupfen! Scheiß Steuererklärungen!" Und wenn er am Wochenende Chilibohnen gefuttert hatte, ging die Furzerei ungeniert bis zum Feierabend.

Frauen machen so etwas nicht. Für sie ist das einfach ordinär. Für Männer ist das Ausdruck ihrer archaischen Lebensfreude.

Frau Hoppe-Reitemüller saß bei mir ihre letzten Jahre bis zur Pensionierung ab. Bis auf den Grad der Behinderung, hatte sie eigentlich überall die Endstufe erreicht. Wenn sie mich ganz nett darum bat, ließ ich vielleicht mal einen schweren Karton mit Belegen auf ihren Fuß fallen – dann erreichte sie bei der Gehbehinderung wenigstens 50 % und bekam die Busfahrkarte zum halben Preis.

Selbst bei der Kfz-Versicherung war sie mit den Prozenten ganz unten. Aber da sah ich für die Zukunft schwarz: Sie übersah im Parkhaus nämlich ab und zu einen Betonpfeiler und hin und wieder auch einen Kleinwagen. Aber mit ihren Prozenten hatte sie ihren eigenen Ehrgeiz und hatte bislang jeden Schaden aus ihrer eigener Tasche bezahlt.

Sicher, manchmal träumte ich noch von Tina. Der Goller hatte aber auch ein Schwein! Er war sogar vor mir befördert worden und jetzt saß die Tina mit ihrem Spaghettiträgerkleid acht Stunden täglich vor seiner Nase! Ich bekam immer nur die alten Krähen ab.

Das Telefon klingelte. Frau Doggenfuß! Als hätte man einen Gartenschlauch aufgedreht, schoss Schweiß in meine Achselhöhlen.

Ich solle sofort zum Kopf kommen. Unglaublich, dass ich das noch mal erleben durfte, endlich befördert zu werden!

Ich rief schnell bei Britta an. „Britta, ja, ich mache heute früher Schluss. ... Ja, du wolltest doch mal bei Michelles Boutique reinschauen und anschließend dachte ich, wir gehen ins Steak-House, wenn's recht ist."

Noch ehe Britta nachhaken konnte, legte ich auf. Es klappte doch alles wie am Schnürchen. Die Finanzierung der Wohnung war jetzt jedenfalls zu 100 % wasserdicht. Wenn ich ehrlich bin, waren mir doch hin und wieder Zweifel gekommen, ob wir uns da nicht ein wenig verhoben hatten.

Wie in einem Trancezustand ging ich zum Fahrstuhl und fuhr in die Chefetage. Im Vorzimmer wartete die erste Überraschung auf mich: Frau Hoppe-Reitemüller.

„Sie auch hier!", bemerkte ich freudig – ich hatte gar nicht mitbekommen, dass auch sie von Frau Doggenfuß angerufen worden war. Da musste ich wohl gerade auf dem Klo gewesen sein. Im Übrigen dachte ich bislang auch immer, sie hätte ihre Stellen-Zulage schon lange in der Tasche. Nun, ich konnte mich auch irren. Nur – irgendetwas stimmte mit ihr nicht, sie schaute so merkwürdig betreten auf den Boden.

Ehe ich sie noch fragen konnte, was los ist, wurden wir von Frau Doggenfuß schon in das Allerheiligste gerufen.

Meine Überraschung wurde noch größer: Neben dem Kopf waren auch Herr Axthammer, Frau Stöhr und Herr Bumke, der zweite Mann vom Personalrat, anwesend.

Ich ging spontan zu Frau Stöhr, klopfte ihr auf die Schulter und freute mich mit ihr: „Mensch, Frau Stöhr, Sie auch! Darauf müssen wir nachher aber zusammen anstoßen!"

Sie reagierte nicht, blickte nur starr geradeaus. Der Kopf wies uns mit einer Handbewegung an, vor seinem riesigem Schreibtisch Platz zu nehmen und erteilte durch einen Blick Herrn Axthammer das Wort. Herrn Axthammer war die Betretenheit anzumerken: „Nun, Herr Schminke, Sie sind ein hervorragender Mitarbeiter, wie wir ja alle wissen, und sicherlich wird auch bei Ihnen die Stunde der Beförderung kommen, aber heute haben wir zunächst einen Sachverhalt aufzuklären."

Herr Bumke von der Rechtsbehelfsstelle fiel Herrn Axthammer ungeduldig ins Wort: „Bringen wir es auf den Punkt: Herr Schminke, uns liegen sichere Informationen darüber vor, dass Sie eine Kollegin sexuell belästigt haben." Dabei sah er Frau Hoppe-Reitemüller bestimmt an.

Mir stockte der Atem, mein Gehirn war nicht mehr in der Lage, einen klaren Gedanken zu fassen.

„Was... was ... soll ich denn gemacht haben...?", stammelte ich.

Herr Axthammer sah geniert auf den Boden: „Sie haben eine Kollegin, nun ja... Sie haben sie... unsittlich berührt."

Entsetzt starrte ich Herrn Axthammer an: „Wie? Was soll ich getan haben?"

„Geben Sie es doch endlich zu!", giftete nun Frau Stöhr. „Und nicht nur das! Sie wollten die arme Frau sogar in den Keller verschleppen. Dafür gibt es Zeugen!"

„Wen meinen Sie denn?", fragte ich tonlos nach.

„Sind Sie wirklich so umnachtet, dass sie gar nicht mehr merken, wen sie belästigen?", platzte Frau Stöhr heraus. Ihre Neurodermitis am Hals stand in voller Blüte. „Sie gehören ja weggeschlossen."

Herr Axthammer versuchte zu einer sachlichen Linie zurückzufinden: „Frau Hoppe-Reitemüller, erzählen Sie doch mal, wie es sich zugetragen hat."

Frau Hoppe-Reitemüller starrte wie versteinert auf ihre grünen Wildlederschuhe. Nach einer viel zu langem Pause sagte sie: „Da gibt es doch gar nichts zu erzählen."

Aber Frau Stöhr ließ nicht locker: „Rita, jetzt erzähl schon, was du mir letzte Woche Dienstag gesagt hast. Trau dich!"

Frau Hoppe-Reitemüller schwieg.

Dem Kopf reichte es jetzt. Mit seiner tiefen kräftigen Stimme herrschte er Frau Stöhr an: „Frau Stöhr, sagen Sie uns jetzt, was Ihnen Frau Hoppe-Reitemüller gesagt hat, und zwar wortwörtlich!"

Frau Stöhr hob trotzig den Kopf und sah mich fest an: „Ich verstehe ja meine Kollegin, dass es ihr in dieser Runde unangenehm ist, die Dinge beim Namen zu nennen. Also: Sie hat sich mir letzten Dienstag in einem sehr persönlichem Gespräch endlich anvertraut – sie war kaum in der Lage zu sprechen..."

„Was hat sie gesagt?", bohrte der Kopf ungeduldig nach und betonte dabei jedes Wort.

„Sie sagte, Herr Schminke, hätte sie von hinten umklammert und sich an ihrem Busen zu schaffen gemacht. Und dann wollte er sie sogar zwingen, mit ihm in den Keller zu gehen."

„Ist das wahr, Frau Hoppe-Reitemüller?", fragte der Kopf und sah Frau Hoppe-Reitemüller dabei betroffen an.

Frau Hoppe-Reitemüller fing plötzlich hemmungslos an zu schluchzen. Die Männer schauten betreten zu Boden, nur Frau Stöhr drängte darauf, es von Frau Hoppe-Reitemüller direkt zu hören: „Sag es ihnen, Rita!"

Endlich gelang es Frau Hoppe-Reitemüller, sich so weit zu fangen, dass sie in der Lage war, zu sprechen: „Ich wollte doch nur, dass mich Frau Stöhr in Ruhe lässt!" Sie wandte sich jetzt mir zu: „Herr Schminke, Sie müssen mir glauben, das habe ich wirklich nicht gewollt, aber Frau Stöhr hat mich so bedrängt..."

Jetzt war Herr Axthammer zur Stelle: „Das ist ja nicht zu fassen! Wollen Sie damit sagen, dass an der Sache gar nichts dran ist?"

Frau Hoppe-Reitemüller nickte schluchzend und mit zuckenden Schultern. Sie wagte nicht mehr aufzusehen.

Herr Axthammer hatte rote Flecken im Gesicht bekommen und fixierte Frau Stöhr mit geweiteten Pupillen: „Frau Stöhr, was haben Sie mir denn da für einen Unsinn erzählt?"

Jetzt verlor Frau Stöhr ihre Fassung. Sie bekam einen Heulkrampf wie ein bockiges Kind: „Na, und! Kann ich denn wissen, dass sie mich anlügt! Schöne Frauenbeauftragte!"

Dem Kopf wurde es jetzt zu bunt: „Leute, das ist hier ja schlimmer als im Kindergarten! Ich sage euch jetzt was" – und dabei sah er jeden einzelnen streng an – „so etwas geschieht in diesem Amt nicht noch einmal! Ist das klar geworden? Und höre ich in diesem Amt noch ein Wort davon, dann spielen wir mal Koffer packen."

Im Gehen raunte mir Frau Hoppe-Reitemüller leise zu: „Es tut mir wirklich wahnsinnig leid!"

17. Unter Druck

Es war erstaunlich, wie schnell sich im Finanzamt wieder alles beruhigt hatte. Sicher, ich war auch nicht besonders nachtragend. Mit Frau Hoppe-Reitemüller hatte ich mich ausgesprochen. Es war sogar schon die Rede davon gewesen, in der Mittagspause gemeinsam zum Mittagstisch beim Chinesen zu gehen.

Selbst Frau Stöhr hatte sich letzte Woche wieder zu uns an den Tisch in der Kantine gesetzt. Als Zeichen dafür, dass ich nicht nachtragend war, bot ich ihr mein zweites Ei an, weil sie keines mehr abbekommen hatte. Nach einigem Zögern nahm sie mein Angebot sogar an. Seitdem war die Sache endgültig bereinigt.

Obwohl, vielleicht hätte ich auch ein richtiges Ding draus machen sollen: die Oberfinanzdirektion und den Bezirkspersonalrat einschalten, vielleicht sogar die BILD-Zeitung! Aber ich brachte so etwas nicht fertig, wollte lieber meine Ruhe haben. Meine kleine Oase war mir wichtiger als das bisschen Vergeltung. Irgendwoher musste ich schließlich Kraft schöpfen für den Feierabend.

Das Telefon klingelte. Es war Britta. Sie jammerte: „Hartmut, weißt du, dass wir schon vor drei Monaten hätten umziehen sollen! Eben hat Frau Mecke wieder angerufen und gekeift, sie sei jetzt bei ihrem Anwalt gewesen und wenn wir nicht nächste Woche die Wohnung geräumt hätten, würde sie unseren Krempel eigenhändig aus dem Fenster schmeißen."

„Die spinnt, die Frau", sagte ich zu Britta. „wir müssen jetzt nur die Nerven behalten."

Seit vier Monaten lebten wir nur aus und in Umzugskartons. Auch Meckes lebten aus und in Umzugskartons. Und nicht nur Meckes: überdies lebten auch Preußners, Richters und Frau Wertheim-Speckhals, die sich gerade von ihrem Mann trennen wollte, aus und in Umzugskartons. Meckes warteten auf unsere Wohnung, Preußners auf Meckes Wohnung, und so weiter. Ich wusste das, weil ich neulich bei unserer Wohnungsgenossenschaft gewesen bin und die verwalten so ziemlich jedes Objekt in unserer Stadt. Ich wagte gar nicht darüber nachzudenken, wer darüber hinaus noch in unserer Stadt auf einer transportfähigen Waschmaschine hockte und auf den Möbelwagen wartete oder vielmehr darauf, dass irgendwer endlich auszog.

„Hast du endlich beim Sozialamt angerufen, damit sie uns Freds Wohngeld gleich auf unser Konto überweisen?", fragte Britta.

„Ich rufe jeden zweiten Tag beim Sozialamt an", entgegnete ich, „aber der Typ, den ich gesprochen habe, sagte nur, er wäre dafür nicht zuständig, und Frau Stolze-Uhlendorf, die die Sache eigentlich bearbeitet, sei gerade überfahren worden."

Britta kannte zufällig Frau Stolze-Uhlendorf. Sie war mal Mitglied in dem Fitness-Studio gewesen, in dem Britta als Trainerin arbeitete. Frau Stolze-Uhlendorf war schon mal bei der niedrigsten Belastungsstufe vom Laufband gestürzt, weil das Band sie sozusagen überholt hatte. Und sie hatte sich natürlich sofort den Oberschenkel gebrochen.

„Na, dass die Schnecke mal überfahren wird, habe ich vorhergesehen!", meinte Britta gefühllos.

Wenn ein Beamtentier zu dir sagt: Das könne ein bisschen dauern, dann hast du verloren, da hilft auch keine Dienstaufsichtsbeschwerde weiter.

Britta wurde jetzt richtig destruktiv: „Wenn das noch ein Vierteljahr dauert, müssen wir unseren Ford Granada verkaufen."

„Dann gehst du halt zu Fuß shoppen und kaufst nur so viele Schuhe, wie du tragen kannst!", sagte ich gehässig.

Sie wurde nun fuchsteufelswild, weil ich offensichtlich den Ernst der Lage verkannte. Zum Glück war Frau Hoppe-Reitemüller gerade nicht im Büro, sodass wir uns in Ruhe anschreien konnten.

Britta legte wütend auf. Das passte gut, weil sowieso gleich die Kantine öffnete. Britta würde sich schon wieder beruhigen. Ich ging jede Wette ein, nach dem Frühstück rief sie wieder an und fraß mir aus der Hand. Das ist bei Frauen meistens so. Man darf nur nicht den Fehler machen und im ersten Gefecht gleich gewinnen wollen. Das regelt sich später alles von alleine, weil sie denken, die Schlacht haben sie gerade gewonnen. Frauen sind eben schlechte Strategen. Ganz gut so, sonst hätten sie das männliche Geschlecht in einer Gefühlswallung garantiert bereits ausgerottet.

Nach dem Frühstück ging ich bei Herrn Sauerland vorbei. Bei dem Tempo, mit dem er sich fortbewegte, musste er auch zusehen, dass er nicht mal zufällig von einem Aktentrolli auf dem Flur überfahren wird. Sein Schrank quoll über mit Steuererklärungen.

Obwohl die meisten Vordrucke mittlerweile nur noch elektronisch gespeichert wurden, hegte und pflegte Herr Sauerland einen vollständig ausgestatteten Vordruckschrank. Und ich benötigte dringend den Vordruck EST 1,2,3, B von 1994. Dieser Vordruck war eine wahre Rarität und nur noch in Papierform erhältlich. Wenn diesen Vordruck jemand haben konnte, dann nur Herr Sauerland. Während Herr Sauerland mir den Vordruck heraussuchte, blätterte ich gelangweilt in seinen unbearbeiteten Steuererklärungen herum. Wie in Leuchtschrift blinkte ein Name auf: Eberhard Pfannengaul! Der Verräter!

Herr Sauerland hatte den Vordruck gefunden und drückte ihn mir sichtlich stolz in die Hand.

„Herr Sauerland, wie kann ich Ihnen nur danken! Wenn Sie erlauben, werde ich Ihnen ein paar Steuererklärungen abnehmen. Man hilft sich doch, wo man kann." – Ohne seine Antwort abzuwarten, krallte ich mir den Inhalt des Faches, in dem Eberhards Steuererklärung lag, und war schon zur Tür. Herr Sauerland rief mir hinterher: „Ist doch selbstverständlich, Kollege. Und beim nächsten Mal wissen sie ja, Schminke: Den original EST 1,2,3 B finden Sie nur noch bei mir."

Aufgeregt ging ich in mein Büro und suchte hastig die Steuererklärung von Eberhard Pfannengaul heraus. Dazu besorgte ich mir rasch seine Akten aus der Registratur.

Mir wurde fast schlecht als ich sah, welchen Gewinn seine Pufferbude abwarf: Fünf Häuser hatte er schon gekauft! Dazu noch ein dickes Wertpapierdepot – Steuerberater müsste man sein!

Da! Im Anhang der Steuerakte war das Arbeitsblatt für die Abschreibung unserer Eigentumswohnung. Im letzten Jahr hatte er noch einmal 10.000 Euro an Schönheitsreparaturen reingesteckt. Beachtlich! Beiläufig blätterte ich die Vorjahre durch und verfolgte die Entwicklung der Renovierungsmaßnahmen an unserer Wohnung. Ich staunte nicht schlecht: Seit Anschaffung der Wohnung vor acht Jahren hatte Eberhard in die Wohnung sage und schreibe 83.000 Euro investiert! Wenn es sich um einen maroden Wohnblock gehandelt hätte, wäre das noch erklärbar gewesen, aber Eberhard war Erstbesitzer! Eberhard hatte also unter der Position „Werbungskosten" so ziemlich alles versteckt, was er in seiner Steuererklärung sonst nicht unauffällig unterbringen konnte.

Ich war schon dabei, die Telefonnummer von Frau Hoffmann, der Sachbearbeiterin der Strafsachenstelle, anzuwählen, da kam mir eine Idee. Schnell legte ich den Hörer wieder auf und rief stattdessen in Eberhards Steuerbüro an.

Der Chef wäre in einer wichtigen Besprechung, wollte mich die junge Angestellte abwimmeln. Es ginge um seine persönliche Steuererklärung, sagte ich nachdrücklich zu ihr.

Die Besprechung konnte wohl doch nicht so wichtig gewesen sein, denn zwei Sekunden später hing ich schon in einer Warteschleife. Jetzt war Eberhard in der Leitung, wie immer arrogant und von oben herab: „Welch eine Freude, mein Freund Hartmuttchen!"

„Eberhard, alter Steuererrater", spie ich zurück, „ich bearbeite gerade deine Steuererklärung. Eigentlich wollte ich mich bei dir nur bedanken..."

Eberhard war irritiert: „Wieso bedanken, ich verstehe nicht ..."

„Na, etwas Besseres hätte uns ja gar nicht passieren können, als an ein so komplett saniertes Sahneschnittchen zu kommen...", säuselte ich mit aufgesetzter Freundlichkeit.

Eberhard tappte immer noch im Dunkeln. Ich spürte durch den Hörer, wie er fieberhaft nachdachte. „Ja, ja, hab ich doch gesagt, Hartmut, war ein richtiges Schnäppchen." – Keine Spur mehr von „Hartmuttchen". Ich war mir sicher: Nun hatte ich Eberhard da, wo ich ihn hin haben wollte und bemerkte wie beiläufig: „Naja, du hast ja ganz schön was in die Hütte investiert: 83.000 Euro in acht Jahren, zweimal schon die Fenster und Zimmertüren erneuert, was will man da als Käufer mehr..."

„Du willst doch wohl nicht sagen..." – Schweigen.

Ich wusste, er überlegte jetzt, ob ich dazu fähig war, die Strafsachenstelle einzuschalten – oder sogar gleich die Steuerfahndung. Er grübelte fieberhaft, wie heiß die Sache wirklich werden konnte und ob ein unschöner schwarzer Fleck auf seiner Steuerberaterweste bleiben könnte. Schließlich war er auch der Vorsitzende der Steuerberaterkammer. Ich spürte, dass er sich nicht sicher war.

Dann endlich zischte er so leise, als hätte er Angst abgehört zu werden: „Was willst du von mir?"

Nein, ich bin kein eiskalter Erpresser, wirklich nicht! Auch wenn es so aussieht. Bei dem, was ich dann tat, dachte ich nicht nur an Britta und mich, sondern auch an Frau Mecke, die auf ihrer transportfähigen Waschmaschine saß und an Preußners und Richters und Frau Wertheim-Speckhals, die ihren Mann nicht verlassen konnte, weil wir nicht umziehen konnten.

„Weißt du, Eberhard", sagte ich zu ihm, „die Wohnung gefällt uns wirklich ausgesprochen gut. Leider haust in unserem kleinen Nest immer noch ein Monster..."

Eberhard schluckte hörbar. Er überlegte nur kurz, dann sagte er trocken: „Gut, ich habe verstanden. Aber komm nicht auf die Idee, bei mir noch einmal anzurufen oder mich zu linken, sonst lernen wir uns kennen!" Ohne sich zu verabschieden legte er auf.

Zwei Tage später war Fred ausgezogen. In Eberhards Steuererklärung vermerkte ich bei dem Objekt Heinestraße 36: Belege geprüft – keine Beanstandungen.

18. Sexuelle Transmutation

Bei unserem ersten Gang durch die leere Wohnung war Britta den Tränen nahe. Die Raufasertapete, die irgendwann einmal weiß gewesen sein mochte, war gelb vom Zigarettenqualm. In Bens Zimmer klebten an der Wand, an der das Bett gestanden hatte, grüne schrumpelige Popelreste und in den übrigen Zimmern zeugten rote Blutflecken an den Wänden von der Mückenplage des letzten Sommers.

Im Badezimmer waren Schimmelpilzkolonien dabei, das Silikon in der Dusche zu verspeisen, bereit, über jeden nackten Schweißfuß herzufallen, der so unvorsichtig war, in die Wanne zu steigen.

Ich rief eine Malerfirma an und bat um einen Kostenvoranschlag für die Renovierung der Wohnung.

Als der Kostenvoranschlag der „Picasso-Company" vor mir lag, hätte ich Eberhard die Wohnung am liebsten auf der Stelle zurückgegeben. 7.500 Euro betrug die Endsumme mit dem Hinweis: „Wir empfehlen im Rahmen der Sanierungsmaßnahme, die Zimmertüren komplett zu erneuern. Wir können Ihnen das günstige Angebot unterbreiten, alle Türen komplett mit Zarge für 4.900 Euro zu erneuern."

Ich zeterte: „Ehe ich der „Picasso-Company" das Geld in den Rachen werfe, renoviere ich lieber selbst!"

„Gut", sagte sie als wäre es beschlossene Sache, „dann machst du es eben selbst!"

Ich sah Britta entgeistert an. „Britta, du weißt doch ganz genau, dass ich noch nie tapeziert habe und von Malerarbeiten verstehe ich schon gar nichts!"

Das stimmte wirklich. Der Kunstunterricht in der Schule war der blanke Horror für mich gewesen. Ich konnte nicht einmal einen Baum malen geschweige denn beweglichere Lebewesen. Es hatte ja schließlich seinen Grund, warum ich Finanzbeamter und kein Künstler geworden war. In der zehnten Klasse hatte einmal unsere Kunstlehrerin einen ausgestopften Fuchs aus den Biologieräumen mit ins Klassenzimmer gebracht. Wir sollten den Fuchs nachzeichnen und danach benotet werden.

Bislang hatte ich immer Glück: Wenn einmal eine Zeichnung als Hausarbeit aufgegeben worden war, musste immer meine achtjährige Cousine Sonja herhalten. Immerhin hatte ich mich mit dieser Taktik im guten Dreier-Bereich gehalten.

Aber dieses Mal sollte es kein Entrinnen geben. Keine Sonja konnte mir mehr helfen. Die Schnauze des Fuchses bekam ich noch einigermaßen hin. Die Beine gerieten allerdings so kurz, dass die fette Schwarte bereits auf dem Waldboden schleifte. Und ein dicker, ausladender Hintern, der gut und gerne zu einer Elefantenkuh gepasst hätte, wölbte sich bis an den Bildrand. Unter diesen schwierigen Umständen mutierte der Schwanz zu einem winzigen Stummel. Eine halbe Stunde starrte ich auf die entartete Bestie.

Kurz vor Ablauf der Zeit kam mir ein rettender Gedanke: Das Unterholz wurde bis zur Hüfte hochgezogen und vor das stämmige Hinterteil zeichnete ich eine mächtige Eiche.

Meine Kunstlehrerin war über den Kunstgriff zwar einigermaßen sauer gewesen, aber eine schlechtere Note als eine drei konnte sie mir nicht geben.

Leider hat man im Leben nicht immer so viel Glück. Britta ließ sich auf keine weitere Diskussion ein: „Wenn Rüdiger, dieser Waschlappen, dazu in der Lage ist, seine Wohnung eigenhändig zu tapezieren, dann wirst du das wohl auch schaffen!"

Rüdiger, eine von Gundulas Schlafbekanntschaften, war für Britta das Synonym für handwerkliche Ungeschicklichkeit. Und wenn Britta von Rüdiger sprach, wusste ich: Nun hatte ich ein echtes Problem.

Sicher, ich hatte weder handwerkliches Verständnis noch Geschick, aber diesbezüglich noch unter Rüdiger eingestuft zu werden, war in etwa so schlimm, als würde man mich auf der Entwicklungsstufe eines Neandertalers mit Alzheimer einordnen. Statt mir einmal im Leben zu glauben – es wäre wirklich besser gewesen – besorgte mir Britta ein Do-it-yourself-Buch aus dem Baumarkt.

Auf dem Umschlag reckte sich ein leicht bekleidetes Girly beim Tapezieren der Zimmerdecke. In einer Sprechblase raunte sie mir zu: „Schau zu, mach's nach!"

In meinem kurzen Leben hatte ich immerhin schon eines begriffen: Wenn auf einer bebilderten Reparaturanleitung eine Frau abgebildet ist, die sich ungestüm ans Werk macht, dann wird es richtig ernst. Dann sollte man die Sache wirklich einem ausgebildeten Fachmann überlassen. Und zwar nicht irgendeinem Willi, der die Sache rabenschwarz dahinpfuscht, sondern einem grundsoliden deutschen Meisterbetrieb. Wenn dann der Meister durch einen Stromschlag unwiderruflich ins Jenseits abberufen wird, haben wenigstens alle etwas davon: Der Kunde bekommt sein Geld zurück und die Frau des Handwerkers eine solide Lebensversicherung ausbezahlt.

„Wenn du nicht mitmachst, fange ich erst gar nicht an", blockierte ich.

„Hartmut, das schaffen wir schon", versuchte Britta mich zu beruhigen, ließ aber die Frage der Aufgabenverteilung ungeklärt.

Eine Woche bevor wir richtig loslegen wollten, rief Britta mich begeistert im Finanzamt an. „Hartmut, du wirst es nicht glauben, was heute Morgen in der Post war!"

„Du hast beim Rubbel-Los 5 Euro gewonnen", sagte ich emotionslos. Doch was jetzt kommt, ist wirklich der Hammer!

„Du weißt doch, dass ich mich vor einem halben Jahr für das Seminar „Krisen und Chancen" beworben habe", sagte sie.

„Hast du mir gar nicht erzählt", erwiderte ich uninteressiert.

„Natürlich! Ich hab von nichts anderem mehr gesprochen!", maulte Britta bereits ziemlich aggressiv. „Aber du hörst mir eben nie zu! Du interessierst dich nämlich gar nicht dafür, was ich so mache."

Ich hatte nun zehn Minuten damit zu tun, ihr glaubhaft zu versichern, dass ich es für wahnsinnig wichtig hielt, dass sie an dem Seminar teilnahm.

Endlich seufzte Britta: „Du freust dich also auch, dass ich eine Einladung erhalten habe!"

Beiläufig fragte ich sie, wann das Seminar beginnen sollte.

„Nächste Woche", sagte Britta.

„Und wo findet das Seminar statt?", bohrte ich weiter nach.

„Los Angeles", verkündete sie mit einer Selbstverständlichkeit, als wäre das eine Bushaltestelle von unserer Wohnung entfernt.

Mir hatte es die Sprache verschlagen. „Ach, und womöglich noch zwei Wochen!", schnaubte ich.

„Vier Wochen", korrigierte mich Britta.

Ich schaute in meinen Terminkalender. „Das, das ist ja in der Zeit, in der wir die Wohnung renovieren wollten!", stotterte ich.

Britta wurde jetzt wütend: „Siehst du! Du gönnst es mir eben nicht! Wenn ich diese Chance nicht nutze, bin ich weg vom Fenster!", heulte sie mich voll. „Und im Übrigen, wenn ich daran erinnern darf: Du hast gesagt, du wolltest die Wohnung renovieren."

„Aber..."

Britta ließ mich nicht mehr zu Wort kommen. „Hab ich gesagt, dass ich die Wohnung tapezieren will?! Na, also!"

Samstag früh um 6:30 Uhr brachte ich Britta zum Flughafen. Auch, wenn ich manchmal froh war, wenn sie abends mit Gundula ins Kino ging und ich einmal sturmfreie Bude hatte und mich nicht mit ihren Launen herumärgern musste, fehlte sie mir eigentlich jetzt schon.

Vor allen Dingen um die Befriedigung der Grundbedürfnisse war es in den nächsten Wochen schlecht bestellt. Ich konnte nicht mal richtig kochen. Es war also ratsam den „Eismann" zu konsultieren und eine Liste verschiedener Bringdienste zusammenzustellen. Mit der Füllung meines Mageninhaltes konnte ich vier Wochen noch einigermaßen überbrücken, aber...

War es Zufall gewesen, dass Britta auf ihrem Schreibtisch eines ihrer Psychobücher mit dem Titel: „Sexuelle Transmutation" aufgeschlagen liegen gelassen hatte?

Nach Prof. Dr. Cathrin Milkshuttle – eine führende Sexualtherapeutin – führte die konsequente Umleitung sexueller Energien auf eine materiell schöpferische Ebene zu einem kreativen Urknall.

Dass ich bereits auf dem richtigen Wege war, sollte ich ein paar Tage später das erste Mal zu spüren bekommen, als ich mit der Bohrmaschine ein Stromkabel anbohrte.

Britta war auf dem Flughafen noch richtig lieb zu mir gewesen. Sie hatte mir bei unserer Verabschiedung sogar ein kleines Päckchen gegeben. „Aber erst zu Hause öffnen!", hatte sie geheimnisvoll geflüstert.

Zuhause angekommen köpfte ich einen samtigen spanischen Rotwein, legte Mozart auf und öffnete erwartungsvoll das Geschenkpapier.

Zum Vorschein kamen: ein Spachtel und eine Tapezierschere!

Wäre es auf telefonischem Wege möglich gewesen, hätte ich mich auf der Stelle von ihr scheiden lassen.

Seit drei Tagen saß ich bereits von morgens bis abends in meinem Büro, bohrte in der Nase – zumindest wenn Frau Hoppe-Reitemüller auf dem Klo oder in der Registratur war – blätterte ab und zu im OBI-Heimwerkerbuch und wartete auf die Wirkungen der sexuellen Transmutation. Vielleicht lag es daran, dass ich sexuell noch nicht genügend ausgehungert war. Aber das konnte eigentlich nicht sein. Im Moment ging ich eigentlich nur wegen Tina zum Frühstück, und jedes Mal, wenn sich ihr Hintern in Bewegung setzte, merkte ich, wie sich mein Puls beschleunigte. Und wenn ihr verdammter Ausschnitt morgen noch tiefer war, würde ich über sie herfallen. Dann hätte Frau Hoppe-Reitemüller jedenfalls wirklich einen Grund, das Verfahren gegen mich wieder aufzunehmen.

Als mich dann um 15:00 Uhr Herr Axthammer mit Blick auf meine Statistik anschrie: „Schminke, ich habe manchmal das Gefühl, Sie tun überhaupt nichts!", hätte ich mich bei ihm beinahe aufrichtig bedankt, denn in dem Moment hatte er mir das entscheidende Stichwort gegeben: Nichts machen. Keine Tapete runter kratzen, nicht tapezieren, einfach alles nur überstreichen. Sonst rein gar nichts.

Noch am gleichen Tag kaufte ich Farbe und legte anschließend zwei Nachtschichten ein. Jetzt brauchte die Farbe nur noch zu trocknen. Im Wohnzimmer und im Schlafzimmer hatte ich mich zarter Gelb- und Orangetöne bedient und eine Wischtechnik angewandt, die ich mir aus dem Heimwerkerbuch abgeguckt hatte. War wirklich kinderleicht. Wenn Frau Stöhr beim Frühstück mit ihrer raffinierten Wischtechnik angab, mit der sie die Wände ihrer Wohnung bearbeitet hatte, dachte ich immer, mir würden diese höheren Weihen der Kunst für immer versagt bleiben. Dabei gab es in Wirklichkeit nichts Leichteres als das. Was in Kunst- und Lifestylemagazinen als „Wischtechnik" verkauft wurde, bedeutete nichts anderes, als mit einem Eimer Farbe nach Herzenslust herumzusauen, je kühner desto besser. Da ich von Natur aus mit Farbe nur herumferkeln konnte, entsprach diese Technik genau meiner naturgegebenen Begabung.

Am Freitag brach ich pünktlich um 12:00 Uhr vom Finanzamt auf und fuhr direkt zur Wohnung. Es war doch etwas Wunderbares, mit seinen eigenen Händen etwas zu schaffen!
    Erwartungsvoll schloss ich die Tür auf und trat in den Flur. Ich wollte meinen Augen kaum trauen: Überall blätterte die Farbe ab und lag zum Teil wie bröseliges Pergament auf dem Fußboden! Spontan kam mir die Idee, mich einfach nach Kanada abzusetzen.
    Ein echter Künstler hätte die losen Brösel einfach mit einer Bürste abgekratzt, alles mit Haarspray oder Kunstharz eingesprüht und unsere Wohnung wäre mit der „Bröseltechnik" in jedem Innenarchitektur-Magazin und natürlich im IKEA-Katalog abgebildet worden. Aber ich war mit Blindheit geschlagen und wollte so schnell wie möglich nur noch eines: das Unheil beseitigen! Wenn

mir jetzt noch einer helfen konnte, dann nur noch mein Kollege Horst.

Sofort rief ich Horst im Finanzamt an. Zum Glück arbeitete er heute länger, weil er der Geburtstagfeier seiner vierjährigen Tochter Steffi entgehen wollte.

„So etwas wie Kindergeburtstag muss ich mir nicht mehr antun", sagte Horst. „Am sechsten Geburtstag von unserem Boris hat mir ein Junge mit Engelsmiene beim Topfschlagen mit dem Kochtopf derart eins über die Glatze gebraten, dass ich erst wieder im Krankenhaus zu mir gekommen bin. Und weißt du, was die Eltern des Jungen hinten herum erzählt haben: Der Vater vom Boris, das wäre ja so ein humorloser Kerl! Nee, Hartmut, Kindergeburtstag ist bei mir gestrichen."

Ich schilderte Horst verzweifelt, was passiert war. Horst überlegte eine Weile, dann fragte er: „Sag mal, Hartmut, haben die Vormieter eigentlich geraucht?"

„Ja", sagte ich, „wenn sie nicht gerade sturzbetrunken waren oder sich einen Schuss gesetzt haben, brannte eigentlich immer eine Kippe."

„Dann ist alles klar!", dozierte Horst. „Auf dem Untergrund hält keine Farbe oder Tapete, da hilft nur eines: alles abreißen! Runter mit der ganzen Suppe!"

Verzweifelt machte ich mich daran, mit dem Spachtel, den mir Britta zum Abschied auf dem Flughafen geschenkt hatte, die Tapete von den Wänden zu kratzen. Knapp zwei Quadratmeter schaffte ich in der Stunde.

Irgendwann rief Britta an. „Ich bin gerade in einem Casino und habe schon 10 Dollar gewonnen", verkündete sie gut gelaunt.

Ich verspürte große Lust, Britta mit dem Spachtel ihr dickes Fell herunter zu kratzen.

„Wenn du in zwei Semestern nicht in Lohn und Brot stehst, melde ich dich bei Aldi an der Kasse an! Ganztags!!", drohte ich ihr und legte erbost auf.

Noch zwei Tage kratzte ich Tapete. Ich schaffte in dieser Zeit fast zwei Zimmer. Wenn ich auch nur eine Stunde länger gekratzt hätte, wäre ich selbst abgekratzt... Ich konnte einfach nicht mehr, meine Finger waren blutig und ich hatte einen derartigen Muskelkater in den Armen, dass ich mir nicht mal mehr die Zähne putzen konnte. Ich musste unbedingt eine andere Lösung finden.

19. Nachfinanzierung

„Und, mussten Sie eigentlich nachfinanzieren?", fragte Frau Stöhr Herrn Goller, der ihr in der Kantine gegenübersaß. Sie war dreist und indiskret wie immer. Blöde Frage! Natürlich musste Goller nachfinanzieren! Wenn Frau Stöhr eine bessere Beobachtungsgabe gehabt hätte, wäre ihr aufgefallen, dass Herr Goller seit einem Vierteljahr auf den Kuchen und neuerdings sogar auf das Fleischsalat-Brötchen verzichtete.

Aber das hatte die Frau Stöhr schon ganz genau beobachtet, diese falsche Schlange. So dumm, wie sie immer tat, war sie nämlich gar nicht. Sie wollte es nur von Herrn Goller selbst hören oder ihn zumindest verlegen machen. Sie dachte: Wenn es mir schon schlecht geht, warum soll es da anderen besser gehen?

Herr Goller war so ein ganz Lieber. Und auch wenn ihm die Frage noch so gegen den Strich ging, anlügen konnte er Frau Stöhr nicht. Deshalb stotterte er jetzt: „Wir haben erst einmal nur einen kleinen Kredit aufgenommen, weil die Zinsen ja noch weiter sinken sollten. Jetzt haben wir natürlich Glück gehabt, dass die Zinsen noch ein gutes Stück gefallen sind."

Klingt logisch, stimmt aber nicht. Ich wusste ganz genau, dass zu dem Zeitpunkt, zu dem Gollers das erste Mal finanziert hatten, jeder damit rechnen musste, dass die Zinsen wieder rapide ansteigen würden. Wirklich niemand, nicht mal unser allwissender Bank-Kreditsachbearbeiter, Herr Göbel, hatte mit einer nochmaligen Zinssenkung gerechnet.

Im Grunde verstand ich gar nicht, warum Herrn Goller das mit der Nachfinanzierung so peinlich war. Eine Nachfinanzierung gehört doch zu einem Hausbau immer dazu, genau wie der Ärger mit der Stadt um die Anliegergebühren oder ein ordentlicher Nachbarschaftsstreit um die Einfriedung des Grundstücks oder andere Nichtigkeiten, mit denen man sich sein schönes kleines Paradies zur Hölle machen kann.

„Na, Hauptsache, es endet nicht in einer Katastrophe!", meinte Frau Stöhr.

Eine Nachfinanzierung ist immer eine Katastrophe! Schließlich ist die erste Finanzierung schon bis Oberkante Nasenloch ausgereizt. Es kommt nur immer auf das Ausmaß der Katastrophe an. Bei jeder Katastrophe gibt es schließlich auch Überlebende. Und über Oberkante Nasenloch kann man noch eine Weile die Luft anhalten. Das wissen auch die Banken. Bankmenschen wissen ganz genau, wie zäh der Mensch ist, wenn er muss. Und sie wissen auch, dass ein Beamter eher an sein Haus glaubt, als an ein Weiterleben nach dem Tode. Was hält denn unglückliche Ehen zusammen – die Kinder? Doch nicht die Kinder! Es ist die nackte Angst vor dem sicheren Verlust des Eigenheims nach einer Trennung.

Da kam mir eine Idee: Warum sollte ich nicht auch nachfinanzieren? Britta würde Augen machen, wenn nicht nur die Wohnung tiptop aussähe, sondern im Wohnzimmer auch noch das cremefarbene Ledersofa stände, welches sie mir noch kurz vor dem Abflug im Katalog gezeigt hatte.

Wieder in meinem Büro, passte ich einen Moment ab, in dem Frau Hoppe-Reitemüller nicht im Zimmer war und rief Herrn Göbel an.

Als ich das Wort „Nachfinanzierung" in den Mund nahm, fing er sofort an zu quieken: „Herr Schminke, wir haben uns wohl nicht richtig verstanden: Dass ich ihre Finanzierung vom Vorstand überhaupt genehmigt bekommen habe, hat mich selbst gewundert. Aber nachfinanzieren – ausgeschlossen!"

Aber so schnell wurde er mich nicht los. Ich schwärmte von dem Rückkaufswert meiner Lebensversicherung, als ginge es um mein Leben. Nach einer langen Bedenkminute sagte er endlich: „Okay Schminke, aber wir brauchen noch eine zweite Kapitallebensversicherung zur Absicherung des Kredits – und natürlich einen Bausparvertrag."

Erleichtert legte ich auf. Ich wusste doch, dass wir bei Herrn Göbel einen Stein im Brett hatten.

Die „Picasso-Company" hatte wirklich ganze Arbeit geleistet: Alles neu tapeziert, die Fenster gestrichen und auch die Türen komplett erneuert. Ich hatte dem Boss ans Herz gelegt: Sollte er nicht bis zum 17. fertig sein, würde ich seine Klitsche höchstpersönlich zur Betriebsprüfung melden und dann könnte er zukünftig als Straßenmaler arbeiten.

Es wurde auch richtig eng. An dem Morgen, an dem ich Britta vom Flughafen abholte, zog ein Geselle die letzten Klebestreifen ab. Hinter ihm standen die Männer vom Hermesversand, die das cremefarbene Ledersofa in Position rückten.

Vom Flughafen fuhren Britta und ich direkt zu unserer neuen Wohnung.

Britta war hin und weg. „Ist einfach super geworden, Harti! War schon richtig, dass du auch gleich neue Türen eingebaut hast. Die alten Türen waren wirklich nicht mehr schön. Ich wusste gar nicht, dass du so was kannst! Im Ernst, das hatte ich dir eigentlich gar nicht zugetraut", bemerkte sie anerkennend.

Und als sie das cremefarbene Ledersofa sah, schrie sie vor Freude leise auf: „Wie hast du denn das gemacht?!"

„Naja, ...", stotterte ich, „durch die Eigenleistung haben wir schließlich einen ganzen Batzen gespart..."

20. Krimizeit

Der Umzug in die neue Wohnung war am Wochenende ohne nennenswerte Zwischenfälle über die Bühne gegangen.

Jetzt herrschte ein Chaos wie nach einem schweren Erdbeben. Bis auf ein paar schmale Laufgänge war die Wohnung mit Kartons und einer ungeordneten Mischung Hausrats von der Klobürste bis zum Monopoly-Spiel vollgestopft. In diesem hoffnungslosen Chaos kam man nur mit einer einzigen Technik vorwärts: irgendetwas in die Hand nehmen und sich für diesen Gegenstand einen neuen Stammplatz überlegen.

Während sich Britta auf das Chaos in der Wohnung konzentrierte, war ich in den Keller verbannt worden.

In einer Ehe gibt es trotz aller Regeln der Emanzipation fest eingefahrene Zuständigkeiten. Britta wäre zum Beispiel nie auf die Idee gekommen, den Wagen zu waschen.

So war es auch mit dem Keller. Britta benutzte ihn lediglich dafür, einen Karton nach dem anderen mit Wohlstandsmüll hineinzuschieben bis die klapprigen Latten des Bretterverschlags empfindlich knackten.

Nach zweistündiger Räumaktion konnte man den Keller zumindest wieder betreten. Zum Schluss blieben noch jede Menge Kleinteile übrig, die sich weder der Kategorie Werkzeug, Campingartikel oder sonst einem Haufen zuordnen ließen. Ich kehrte all den Krempel in eine Ecke. Ich hätte ihn auch genauso gut in die Mülltonne werfen können – es würde ohnehin nie jemand etwas vermissen.

Es war Freitagabend und gleich 20:15 Uhr. Nun freute ich mich nur noch auf meinen Krimiabend. Ich fuhr mit dem Fahrstuhl in den siebten Stock und schloss die Wohnungstür auf. Das vertraute Summen des Fernsehers war nicht zu hören. Stattdessen gackernde Frauenstimmen. Im Wohnzimmer saßen Britta und Gundula. Ausgerechnet Gundula! Wir hatten nur einen Fernseher und der stand im Wohnzimmer. Und im Wohnzimmer saß Gundula – mitten im Chaos. Wenn Gundula mit ihrem breiten Hintern in unserem Wohnzimmer saß, dann saß sie da auf unbestimmte Zeit.

Knappe Begrüßung und ein Blick auf den Fernseher, der mich matt und wortlos anstarrte.

Ich ging in die Küche und versuchte mich erst einmal mit einem Bier zu trösten.

Gundula rief hinter mir her: „Hartmut, ich muss dich wegen meiner Steuererklärung noch unbedingt etwas fragen!"

Bloß das nicht! Nach Dienstschluss wollte ich mit steuerlichen Fragen nicht mehr belästigt werden. Gundula konnte Fragen stellen, auf die nicht mal der Bundesfinanzhof eine Antwort wusste. Zum Glück sprang Britta für mich in die Bresche: „Du, Gundula, der Hartmut hat wirklich einen schweren Tag hinter sich. Weißt du, der war gerade bei uns im Keller! Ruf ihn doch einfach am Montag im Finanzamt an."

Das Wohnzimmer durfte ich also nicht mehr betreten, wenn ich nicht belästigt werden wollte. Also konnte ich Gundula auch nicht aus dem Wohnzimmer schmeißen.

Seitdem Gundula so schonungslos und unabwendbar wie ein Mahnbescheid in mein Leben getreten war, hatte ich versucht sie mit allen Mitteln zu vergraulen. Gewisse Schikanen wie das Tütchen Glaubersalz, das ich in ihre Portion Chili con Carne gemixt hatte, nahm mir Britta richtig übel. Gundula isst bis heute kein Chili con Carne, weil sie meint, es habe bei ihr eine durchschlagende Wirkung. Gundula hatte im Übrigen so ihre eigene Vorstellung von Gastfreundschaft. Deshalb konnte sie auch so schnell nichts erschüttern. Das, was ich da gerade durch die halb geöffnete Wohnzimmertür über ihre Cousine Maren anhören musste, war ein typisches Beispiel für ihre Einstellung Besuch gegenüber: „Das muss ich dir unbedingt erzählen!", sagte Gundula. „Neulich hat mich doch meine Cousine Maren angerufen. Sie war vor gut zwei Wochen bei uns zu Besuch. Ich hab am Telefon schon gemerkt, dass sie so komisch war. Irgendwann rückte sie dann damit heraus: Sie hätte von mir ja immer noch nicht das Geld für die HaRa-Vertreterin erstattet bekommen. Weißt du, Britta, sie hat mir die 56 Euro ausgelegt, weil ich gerade kein Kleingeld zur Hand hatte."

„Und, was hast du zu ihr gesagt?", forschte Britta nach.

„Na, ich habe natürlich hart gekontert", schnaubte Gundula.

„Ich habe sie erst mal darauf aufmerksam gemacht, dass sie es schließlich war, die mit dem HaRa-Mittel den Fußboden in meiner Küche gewischt hat!"

„Ist ja unmöglich!", hörte ich Britta sagen und ich war mir nicht mal sicher, ob sie Gundula nur aus Höflichkeit zugestimmt hatte.

Wenn ich einem Gespräch zwischen Britta und Gundula zuhörte, dachte ich manchmal, ich wäre bei einer dieser billigen Comedy-Sendungen live dabei, mit dem Unterschied, dass mir eher nach Weinen zumute war.

Irgendwie musste es mir doch gelingen, Gundula herauszuekeln. Warum hatten wir den Fernseher eigentlich ins Wohnzimmer gestellt? Selbst unsere Toilette wäre mir im Moment mit Fernseher gemütlicher vorgekommen. Und warum hatten wir eigentlich nur einen Fernseher? Mama und Papa waren vernünftig, die hatten vier Geräte, von denen zwei eigentlich immer liefen, weil Mama einen Film fürs Herz und Papa eine politische Sendung zum Fluchen brauchte, um den Hormonhaushalt stabil zu halten.

Ohne Krimi schmeckte mir das Bier nicht. Gleich morgen früh würde ich zu dem Elektrofritzen um die Ecke gehen und uns mit einem weiteren dieser lebenswichtigen Organe ausrüsten.

Wenn Gundula innerhalb der nächsten zehn Minuten ginge, hätte ich noch eine winzige Chance, mich in die Handlung einzufinden. Wenn der Krimi allerdings im Rotlicht-Milieu spielte, würde es sich auch noch in der letzten Minute lohnen, den Apparat einzuschalten. Nur bei diesen komplizierten Spionagekrimis und Schiebereien der Russenmafia war ich meist schon nach fünf Minuten abgehängt, und wenn mir Britta nicht freundlicherweise die Handlung erklärte, blieb mir nichts anderes übrig, als mich an den unterhaltsamen Würgeszenen zu erfreuen.

Heute lief ein „Tatort", das wusste ich ganz genau, also solide Krimikost mit durchschaubaren Delikten. Genau das Richtige für den heutigen Feierabend. Der Regisseur würde sich besinnliche 90 Minuten Zeit nehmen, fünf Schauspieler, die ich meist schon aus drei anderen Serien kannte, höchst verdächtig unverdächtig erscheinen zu lassen. Britta gähnte jedes Mal ungezogen und betonte, sie habe von der ersten Minute an gewusst, wer der Täter ist.

Ich überlegte, wie lange Frauen von dem Geistesblitz „Es wird Zeit zu gehen" bis zum tatsächlichen Aufbruch brauchen.

Mindestens zwanzig Minuten! Wenn der Mantel neu ist – und der Mantel ist immer neu – kommen für die Begutachtung noch einmal zehn Minuten hinzu. Ach ja, das Kochrezept hatte ich noch vergessen! Immer dann, wenn Frauen endlich die Klinke in der Hand halten und der Gatte provokativ mit der Vorlegekette spielt, kommt ihnen das Rezept für die Super-Schlank-Torte mit nur einem Becher Sahne in den Sinn. Alles zusammen also hoffnungslos, Krimi adé!

Mit Logik konnte ich die folgende Handlungsweise nicht erklären: Irgendwie kam ich auf die Idee, den Föhn zu reparieren. Wie ich bei dem Renovierungsversuch unserer Wohnung bereits eindrucksvoll unter Beweis gestellt hatte, war ich weder ein begeisterter noch ein begnadeter Heimwerker. Aber Britta hatte mich heute Morgen so mit ihrem kaputten Föhn genervt, dass ich mich genötigt sah, ihn einmal näher unter die Lupe zu nehmen. Also holte ich das Werkzeug hervor und fing an, ihn auseinander zu schrauben. Vielleicht war ja nur irgendein Draht lose.

Der Krimi mochte gerade fünf Minuten zu Ende sein, da vernahm ich, wie sich Britta eilig von Gundula verabschiedete. Das war typisch Britta! Pünktlich zu Beginn dieser billigen amerikanischen Serie hatte sie sich ihrer Freundin entledigt.

Man sollte meinen, Britta würde als Intellektuelle ihr Fernsehprogramm nach besonderen Kriterien auswählen. Nein, Britta war süchtig nach amerikanischen Serien. Grundhandlung: Ein Dutzend Barbiepuppen murksen sich übergangslos auf denkbar phantasielose Weise ab. Wenn dem Helden dann noch eine Filmminute bleibt, springt er mit der nächstbesten Passantin ins Bett.

Der Föhn war schon wieder zusammengeschraubt. Einschalten. „Wumm!" – Stille.

Aus dem Dunkeln schrie wütend eine Stimme: „Ausgerechnet wenn ich fernsehen möchte, kommst du auf die Idee zu basteln! Bring das gefälligst sofort in Ordnung!"

Ich tastete mich zur Hauptsicherung vor, die sich irgendwo im Treppenhaus befand. Wahllos legte ich einen Schalter um. Bei Neumanns nebenan verstummte ebenfalls der Fernseher. Noch ehe Frau Neumann auf ihren Mann losgehen konnte – ebenfalls ein begnadeter Heimwerker – legte ich den Schalter um und der Fernseher kam wieder auf Touren.

Endlich fand ich den Sicherungsschalter zu unserer Wohnung und auch bei uns ward es wieder Licht.

Erleichtert hörte ich, wie ein James-Bond-Verschnitt wieder seine Mission gegen das Böse dieser Welt aufnahm.

Ich machte mich weiter auf Fehlersuche. Es konnte nur eine Kleinigkeit sein. Da! Das Kabel musste es sein. Nur ein simpler Wackelkontakt. Hatte ich doch gleich gewusst! Ich kam nur ganz kurz mit dem Schraubenzieher dagegen. Erst später wurde mir bewusst, dass ich vergessen hatte, den Stecker aus der Steckdose zu ziehen. Ein kräftiger Schlag hob mich beinahe aus meinen Puschen. Die Schüsse aus dem Fernseher waren verhallt.

Wer ein paar Jahre verheiratet ist, kennt die einzelnen Alarmstufen ganz genau und weiß sie zu bewerten.

Britta sagte leise, aber energisch: „Hartmut!"

Auch im Dunkeln fand ich den Weg zum Hauptschalter schon recht mühelos.

Noch wollte ich mich der Technik nicht kampflos ergeben. Ich ging noch einmal alle Kabel durch. Jetzt musste es einfach klappen. Ich ging ins Wohnzimmer und sagte: „Bitte, einmal noch!" Britta war stocksauer: „Musst du ausgerechnet jetzt deinen Föhn reparieren!"

Es war immer so: Wenn etwas kaputt ging, dann war es plötzlich *mein* Föhn, *meine* Waschmaschine oder *mein* Quirl.

Britta starrte eisig auf den Fernseher. Der amerikanische Quatsch war einer Talkshow gewichen. Britta hasste Talkshows, das wusste ich. Sie sah sich die Sendung nur aus Protest an.

„Britta, nur noch einmal den Föhn anschalten", flötete ich und versuchte in die warme Seite ihrer Seele einzudringen.

„Nein!", knurrte sie stur.

„Na, schön, dann musst du morgen halt um 4:30 Uhr aufstehen, damit deine Haare rechtzeitig trocken werden", erwiderte ich mit aufgesetzter Gleichgültigkeit.

Das zog. Britta gestattete mir noch einen Versuch. Stecker rein, Knopf an und – ein warmer Hauch durchwehte mein borstiges kurzes Haar. Mein eingebildetes Grinsen erstarb, als es plötzlich anfing nach verkokeltem Plastik zu stinken – der daraufhin folgende Knall war schon obligatorisch.

Ich stand im Treppenhaus, horchte. Im Haus war es völlig still geworden. Es konnte nur die Panzersicherung herausgeflogen sein, überlegte ich. Noch war Zeit zur Flucht. Schnell zurück in die Wohnung. Bevor die Tür ins Schloss fiel, sah ich schon das erste Streichholz aufglimmen. Britta hatte einige Kerzenstummel angezündet, die vom letzten Weihnachtsfest übrig geblieben waren.

Wir saßen schweigend auf dem Sofa und jeder für sich überlegte, ob noch eine Chance bestand, den Tagestipp um 23:00 Uhr auf RTL zu schauen. Bei Fernsehausfall kannten die Mitbewohner keine Gnade. Wenn der Hausmeister das Problem nicht innerhalb der nächsten zwei Minuten in den Griff bekam, konnte er sich gleich vor den nächsten Zug werfen.

Nach einer Weile sagte Britta: „Ich habe neulich in einem Artikel in einer Fachzeitschrift gelesen, dass nach einer Studie der Mensch durchschnittlich drei Stunden am Tag vor dem Fernseher verbringt." Sie überlegte kurz. „Das wären in einem Lebensjahrzehnt 11.000 Stunden!"

Auf unsere Situation bezogen hieße das, dass wir vorsichtig gerechnet ca. 15.000 Stunden pro Jahrzehnt vor dem Fernseher hockten.

„Weiter hieß es", fuhr Britta fort „man könne sich in diesen 11.000 Stunden das Wissen eines Astronauten oder Ingenieurs aneignen und mindestens drei Fremdsprachen fließend sprechen lernen."

Fasziniert und entsetzt zugleich starrte ich Britta an. Wenn ich bedenke, was ich in meinem Leben bis dahin versäumt hatte!

Damit sollte ab heute ein für alle Male Schluss sein. Für mich stand fest: Ich werde Maschinenbauingenieur. Gleich jetzt beginne ich mit der Ausbildung.

Während ich meinen Gedanken nachhing und mich bereits in der Entwicklungsabteilung von Daimler Benz sah, sagte Britta euphorisch: „Du, Hartmut, ich glaube ich lasse meinen Englischkurs bei der Volkshochschule wieder aufleben und Chinesisch nehme ich auch noch dazu, das hat mich immer schon gereizt – und hat Zukunft."

Sogleich holte Britta ihr altes Englischbuch aus einem Bücherkarton hervor, den sie noch nicht ausgepackt hatte und begann mit der ersten Übung: „I am Britta. And what´s your name?"

Für mich war es schon schwieriger einen Anfang zu finden. Was die Mathematik oder vielmehr das Rechnen anbetraf, so musste ich ganz von vorne beginnen. Was hatte Britta gesagt: „...dauerhafter Fernsehkonsum fördert die Auffassung, Denken sei in komplexen Zusammenhängen zu vermeiden..." – Ich fühlte mich von diesem Virus bereits infiziert. Nur nicht gleich am Anfang überfordern! Also begann ich damit, einstellige Zahlen im Kopf zu addieren und zu dividieren.

Als ich merkte, dass meine Konzentration nachließ, fragte ich Britta: „Wie lange wollen wir heute eigentlich machen?"

„Na, wie jeden Freitag bis zum Ende des Spätfilmes auf RTL."

Das waren ja noch zwei Stunden! Eine schreckliche Vorstellung! Jetzt lief gerade „Der Satansbraten" im Dritten.

Mit einem Mal ging das Licht an und auch der Fernseher lief wieder. Die Talkshow war noch nicht vorüber. Britta hatte aufgehört, Vokabeln zu lernen und auch ich gönnte mir eine kleine Pause. Schnell holte ich mir noch ein kühles Bier aus dem Kühlschrank.

Als ich gerade in der Küche war, rief Britta: „Hartmut, komm mal schnell! Hör dir das doch mal an."

Der Moderator war gerade mit einem dünnen Hänfling mit viel Stirn und Hirn im Gespräch. Obwohl er nur die Hauptschule absolviert hatte und als Bote bei einer Versicherung arbeitete, hatte er es geschafft, in seiner Freizeit innerhalb von zwölf Jahren vier Fremdsprachen perfekt zu lernen und zu beherrschen.

„Erstaunlich, wie man das nur schaffen kann!", murmelte Britta, während sie an einer Salzstange knabberte.

21. Verspätete Abgabe einer Steuererklärung

Wie schon am Freitag angekündigt, rief Gundula kurz nach der Frühstückspause bei mir im Büro an.

Ihre Steuererklärung wäre seit fast zwei Jahren überfällig. Sie schob die Bearbeitung von heut auf morgen hinaus. Das gehörte zu Gundulas Lebenskonzept: Problemlabyrinthe zu entwickeln durch Aufschieben von Problemen. Bei näherem Hinsehen handelte es sich meistens um gar keine Probleme, sondern um alltägliche lästige Notwendigkeiten.

Sie fragte mich, ob es Sinn machen würde, der Erklärung ein Entschuldigungsschreiben beizufügen und horchte mich nach der Höhe des Verspätungszuschlages aus.

Bedauerlicherweise fiel den meisten Kollegen eine Fristüberschreitung gar nicht auf. Im Gegenteil: Sie waren froh, wenn kurz nach Fristende die Flut der eingehenden Steuererklärungen nicht zu groß war und sich der Eingang auf einige Monate verteilte.

Aber Gundula dachte wie alle rechtschaffenen Steuerpflichtigen: Irgendwo in ihrem Kleinhirn existierte die Vorstellung, alle Finanzbeamten hätten ein persönliches Interesse an *ihrer* Steuererklärung. Monatelang, jahrelang würden sie nur auf den Eingang der Steuererklärung einer gewissen Gundula warten.

Nachdem Gundula mir den Krimiabend verdorben hatte, hätte ich große Lust gehabt, bei dem zuständigen Kollegen anzurufen, um ihm nahe zu legen, einen Verspätungszuschlag am oberen Ende seines Ermessensspielraums festzusetzen. Wenn Frau Hoppe-Reitemüller den Antrag bearbeiten sollte, könnte ich sie zudem darum bitten, einen witzigen Zahlendreher einzubauen, der die Werbungskosten beispielsweise um die Hälfte reduzierte. Bei Horst wäre das kein Problem gewesen, er hatte jeden Spaß mitgemacht.

Aber stattdessen blieb ich aus unerklärlichen Gründen Mensch. Ich gab ihr mit auf den Weg, sie dürfe auf gar keinen Fall die verspätete Abgabe entschuldigen! Das wäre genau so, als würde man in einem von Haien verseuchten Gewässer vor dem Baden eine Tonne Hackfleisch abwerfen. Dann dürfe man sich nicht wundern, wenn man zum Brustschwimmen nicht mehr käme (weil keine Brust mehr da wäre). Im Gegenteil, sie müsse fordern! Bevorzugte Bearbeitung, schließlich bekäme sie was wieder.

Sie bekäme aber nichts wieder, sagte Gundula.

Dann solle sie halt schreiben, ihre pflegebedürftige Mutter hätte einen Schlaganfall bekommen und bedürfe deshalb seit geraumer Zeit ihre gesamte Aufmerksamkeit.

Gundula dachte noch langsamer als ich. Nee, das ginge auch nicht, ihre Mutter sei echt noch in Topform und hätte mit ihren 77 Jahren auf der letzten Batikmodenschau für reifere Damen gerade den zweiten Platz gewonnen. Und das hätte sogar fett in der Zeitung gestanden.

Dann solle sie schreiben... ach, egal was! Auf jeden Fall solle sie die Erklärung verdammt noch Mal noch heute in den Briefkasten werfen. Was würde Gundula tun?

Nichts, denn alles andere wäre ja auch zu einfach.

Wochen später wird sie mich anrufen und mir mitteilen, dass ihre Steuer geschätzt wurde und mich panisch fragen, was sie dagegen tun könne.

22. Haben Mücken eine Seele?

Bei der Einrichtung unserer Eigentumswohnung hatte Britta das Westzimmer mit Seeblick zu unserem Schlafzimmer auserkoren. Ich konnte mich mit dem Ostzimmer mit Morgensonne nicht durchsetzen. Britta war Frischluftfreak. Sie riss ständig die Türen und Fenster auf. Insbesondere unser Schlafzimmerfenster war eigentlich immer halb geöffnet. Allenfalls, wenn es bei Kochs, die unter uns wohnten, Fisch gab, war sie bereit, die Fenster freiwillig zu schließen. Denn wenn es bei Kochs Fischleichen in Senfsoße gab, stank es in unserem Haus schlimmer als in einem Krematorium. Ansonsten kannte Britta keine Gnade. Selbst im Sommer, wenn wir abends im Bett noch lesen wollten, bestand sie darauf, trotz des eingeschalteten Lichtes das Fenster geöffnet zu lassen. Den Mücken am See mochte unser weit geöffnetes Schlafzimmerfenster wie eine Einladung zum Dinner vorkommen.

Es war ein schwüler Sommerabend. Britta hatte mit mir erst Erbarmen, nachdem ich zweimal gestochen worden war und mindestens fünf Mücken erlegt hatte. Endlich durfte ich die Schotten dicht machen. Dafür jammerte sie mir nun die Ohren voll, sie würde gleich ersticken. Ich sagte ihr, dass ich das zu schätzen wüsste.

Ich war heute im Finanzamt bei drei Geburtstagen und einem 25-jährigem Jubiläum gewesen, dementsprechend war ich ziemlich kaputt. Außerdem hatte ich auch ein bisschen zu viel Bier getrunken, sodass ich eine angenehme Bettschwere besaß. Wir schalteten das Licht aus und nach wenigen Minuten war ich schon im Begriff, in eine bessere Welt zu entschweben. Im Halbschlaf vernahm ich plötzlich wieder dieses verhasste unheilvolle Summen. Ich schlug orientierungslos in der Dunkelheit um mich. Der Summton wurde einen Augenblick leiser, bis er sich mir wieder näherte. Ich schaltete den kräftigen Halogenstrahler an. Britta zeterte, aber bei Mücken kannte ich keine Gnade. Das Licht würde erst dann wieder ausgeschaltet werden, wenn unsere Grasfasertapete ein kleiner roter Fleck zierte. Wie hatte ich mich nur für diese grässliche Grasfasertapete entscheiden können? Eine raffiniertere Tarnung für die Viecher gab es gar nicht. Auf dieser Tapete konnten die Mücken wie in einem Urwald untertauchen. Ich schlug vorsichtshalber auf jeden Fussel, der ein bisschen von der Wand abstand. Opfer meiner Rasterfahndung waren eine unschuldige Florfliege und ein jugendlicher Weberknecht.

Irgendwann fiel ich resigniert und todmüde wieder ins Bett. Na gut, dann musste ich mich eben damit abfinden, von diesem Vampir vernascht zu werden. Die Mücke würde sich genüsslich vollsaugen, einmal aufstoßen und sich dann zur Verdauung zurückziehen. Wenn ich sie geduldig gewähren ließe und sie Gelegenheit hatte, sich ordentlich vollzupumpen, gab sie vielleicht sogar ein paar Tage Ruhe. Vielleicht hatte ich auch Glück und sie stach als erstes Britta. Britta schnarchte schon ein bisschen. Hoffentlich wurde die Mücke von ihrem Geschnarche nicht abgeschreckt!

Britta hatte ihr Nachthemd ausgezogen. Mit einem kräftigen Ruck zog ich die Bettdecke von ihrem Körper. Splitternackt lag sie nun neben mir. Für die Mücke musste Brittas Anblick nun so appetitlich sein wie für mich das prämierte Feinschmecker-Buffet von unserem Hausschlachter. Sie brauchte nur noch in Ruhe auszuwählen: Bauchfleisch oder mageres Brustfleisch – ich würde sie bei ihrer Mahlzeit gewiss nicht stören.

Ich musste gerade weggedöst sein, da spürte ich plötzlich einen brennenden Stich in meiner Wade. Licht an! Britta lag immer noch splitternackt neben mir. Einen einladenderen Anblick als diesen durchtrainierten, nackten Frauenkörper konnte es doch gar nicht geben! Wenn ich eine Mücke wäre, würde ich mich auf sie stürzen und mich langsam und voller Wonne vom Schenkel bis zum Ohrläppchen vorarbeiten. Aber dieses dumme Vieh stand nun mal auf fleischige Beamte. Ich setzte mich im Bett aufrecht hin, in der einen Hand die Fliegenklatsche, in der anderen Hand einen Puschen. Ich hatte Zeit und wollte jetzt nur noch Blut sehen.

In den folgenden zwei Stunden tat sich nichts. Einmal glaubte ich zu hören, wie sie in der Bettritze ein Bäuerchen machte.

Je länger ich darauf wartete, dass die Mücke unvorsichtig wurde, desto mehr Fragen stellten sich mir: Haben Mücken eine Seele? Wieviel Blut muss eine Mücke saugen bis sie satt ist? Oder sind Mücken sadistisch veranlagt? Bestimmt saß sie kichernd in dieser Bettritze und machte sich über mich lustig.

Sie wäre noch am Leben, wenn ich mit ihr hätte reden können. Wenn sie tatsächlich so schlau gewesen wäre, hätte ich nämlich mir ihr eine Verabredung treffen können: Du bleibst da irgendwo hinter der Gardine und ich werde dich in Ruhe lassen (obwohl ich schon sehr große Lust hätte, dich abzuschlachten und diese Vereinbarung ein echtes Opfer für mich bedeutet).

Aber sie blieb stumm und konnte mir somit auch nicht garantieren, dass sie hinter der Gardine blieb. Deshalb musste ich sie töten.

Es war 4:32 Uhr. Sie saß ungefähr 20 Zentimeter von mir entfernt an der Wand.

Sie erwies mir nicht den Gefallen sofort tot zu sein. Als ich mit dem Puschen zuschlug, hingen die Eingeweide aus dem Schuhprofil. Noch dreimal musste ich gegen die Wand hauen, ehe jedes Lebenszeichen erloschen war.

Wenn ich darüber nachdachte, bekam ich ein schlechtes Gewissen. Ich tröstete mich mit dem Gedanken, dass sie nun wenigstens keinen Unsinn mehr anstellen konnte – zum Beispiel Artgenossen zeugen.

23. U-Boot

Je länger ich mit Frau Hoppe-Reitemüller zusammen in einem Büro saß, desto mehr musste ich über ihre wahren Qualitäten staunen. In ihren knapp 40 Dienstjahren war sie nämlich zur Meisterin der Täuschung geworden. Neulich hatte sie mir erzählt, sie habe innerhalb von zwei Wochen vier Harry-Potter-Romane gelesen. Und dabei wusste ich ganz genau, dass sie in dieser Zeit jeden Abend mit ihrem Norbert an einem Spanisch-Crash-Kursus der Volkshochschule teilgenommen hat.

Da frage ich mich doch: Wann liest man vier Bände Harry Potter? Wann lernt man 1000 neue Vokabeln und dazu noch die unregelmäßigen Verben? – Es geschah am helllichten Tage und vor meinen Augen!

Und ich dachte immer: Donnerwetter! Die Frau Hoppe-Reitemüller ist schon wieder in der Bibliothek! Ein richtig schlechtes Gewissen hatte mich geplagt, weil ich mir über Rechtsprobleme so wenig Gedanken machte.

Ich hatte es mir nämlich schon lange abgewöhnt, im Einkommensteuergesetz nachzuschlagen, wenn ich in einer Steuererklärung auf ein Rechtsproblem stieß. Wenn die Steuerpflichtigen mit meinem Rechtsempfinden nicht zurechtkamen, sollten sie doch Einspruch einlegen! Wozu hatte der Gesetzgeber schließlich diese Möglichkeit vorgesehen? Wenn ein Einspruch vorlag, war es noch früh genug, sich mit der Angelegenheit näher zu befassen oder besser noch: den Fall ganz schnell in die Rechtsbehelfsstelle abzuschieben.

Horst war ja noch schlimmer gewesen: Er hatte unsere Handausgabe der Abgabenordnung sogar Blatt für Blatt als Kleckerkissen für seinen dicken Kaffeepott benutzt.

Jeden morgen war das ein Spaß für sich: „Was nehmen wir denn heute – ah: § 30 Abgabenordnung, das Steuergeheimnis."- Und dann riss er beherzt die Seite aus dem Gesetzbuch.

Zugegeben, Frau Hoppe-Reitemüller hemmte mich ein bisschen, zum Beispiel beim Telefonieren.

Um 8:30 Uhr rief Britta im Finanzamt an. Britta war sauer, weil ich die Unterhose von gestern nicht gleich im Wäschepuff entsorgt hatte. Ich sagte nur so etwas wie: „Oh, habe ich das?"

Das klang noch ziemlich neutral. Eigentlich hätte ich sagen wollen: „Nerv mich nicht ab und steck den alten Stinklappen halt in die Waschmaschine!" – konnte ich aber nicht, weil Frau Hoppe-Reitemüller, meine Zellengenossin und Lebensabschnittspartnerin von werktags 7:00 Uhr bis 15:30 Uhr, mir gegenüber hockte.

Frau Hoppe-Reitemüller saß da und schrieb emsig einen Aktenvermerk – so sollte es jedenfalls aussehen. Jeder andere, der nicht mit ihr werktäglich von 7:00 Uhr bis 15:30 Uhr in einem Büro saß, hätte sich auch sicherlich von ihr täuschen lassen.

Aber ich kannte Frau Hoppe-Reitemüller! Ich möchte sogar behaupten, ich kannte sie bereits jetzt schon in manchen Punkten besser als ich Britta kannte. Schließlich saßen wir uns acht Stunden am Tag gegenüber. Wir konnten uns nur entrinnen, wenn jeder auf die Toilette ging, die ihm sein Geschlecht vorschrieb. Selbst in der Kantine oder in der Materialausgabe stolperten wir manchmal noch übereinander. Und sollten wir noch in fünf Jahren in einem Büro zusammen sitzen, würden wir uns wie das alte Ehepaar in unserer Nachbarschaft nur noch mit „Vaddi" und „Muddi" ansprechen.

Gerade weil man sich Tag für Tag unausweichlich gegenübersaß, wäre es viel erträglicher, wenn jeder sich so ungezwungen wie zuhause benehmen würde. Warum sollte sie nicht wissen, dass ich meine Unterhose mit den unvermeidlichen Bremsspuren mal wieder nicht in den Wäschepuff geworfen hatte? Warum sagte sie mir nicht einfach: „Meine Hormone sind mal wieder völlig durchgeknallt und ich bin deshalb so mies drauf! Und wenn ich heute Abend nicht noch ins Theater wollte, würde ich sofort nach Hause gehen. Außerdem hat mir Norbert, dieser Döskopp, das bescheuerteste Hochzeitstaggeschenk gemacht, das man sich vorstellen kann: einen Radiowecker! Dabei weiß er ganz genau, dass ich den Gedanken ans Aufstehen am liebsten verdränge!"

So wohltuend persönlich könnten die Bürogespräche ablaufen. So tröstend könnte es sein, wenn man feststellt: Es geht doch allen gleich! Und abends nach Feierabend würden keine genervten Eheleute mehr aufeinanderstoßen, denn alles, was mal gesagt werden musste, wäre bereits gesagt worden, und man könnte nach dem Abendbrot gleich zum gemütlicheren Teil übergehen.

Stattdessen aber saß mir Frau Hoppe-Reitemüller leidend und mit verkniffener Miene gegenüber und irgendwann fiel mir der neue Radiowecker auf.

Anfangs hatte ich noch gedacht, nur Britta und ich würden uns am Telefon hin und wieder streiten. Bei Hoppe-Reitemüllers käme das nie vor. Und falls sie sich doch mal stritten, dann vertagten sie das schön auf den Feierabend. Da konnten sie sich wenigstens in aller Ruhe und ohne fremde Ohren anschreien.

Bei uns war es an der Tagesordnung, dass Britta anrief und ganz genau wusste, dass ich nicht so reagieren konnte, wie ich wollte. Manchmal ließ ich mich dann zu einer besonders heftigen Gefühlswallung verleiten und sagte: „Darüber können wir ja heute Abend noch einmal reden."

Frau Hoppe-Reitemüller war ja nicht dumm. Und ich konnte wohl unterstellen, dass sie in dem Moment genau wusste: Bei Schminkes hängt der Haussegen mal wieder ganz schön schief und vielleicht lassen sie sich ja sogar scheiden (hihihi).

Aber eines Morgens geschah es dann doch: Norbert rief an. Ich merkte ziemlich schnell, dass das Gespräch sich nicht mehr um die täglichen Besorgungen drehte. Frau Hoppe-Reitemüllers Mundwinkel zuckten bald, und sie hatte spürbar Mühe, sich zu beherrschen. Plötzlich sagte sie zu ihrem Mann: „Mäuschen!" Daraufhin wurde das Gespräch sofort formal korrekt beendet. Lediglich die Schlussformel: „Einen Schmatz drück' ich dir noch auf, Küsschen, Küsschen!", wurde weggelassen.

Ich schlug Britta am Abend für uns das Codewort „U-Boot" vor und wir entwickelten einen Katalog von scheinbar harmlos klingenden Floskeln wie zum Beispiel: „Ich dich auch!", die man je nach Situation verwenden konnte.

Frau Hoppe-Reitemüller würde nun annehmen, Britta hätte gerade zu mir gesagt: „Hartmut, Schatz, ich habe dich ja so lieb!"

In Wirklichkeit hatte sie gerade zu mir gesagt: „Ich finde dich heute zum Kotzen!"

Mit dem „Ich dich auch!", konnte ich nun zum einen angemessen kontern, zum anderen das Gespräch abrupt beenden, ohne Raum für Mutmaßungen zu geben. Überdies konnten sich tagsüber keine Aggressionen aufstauen, die sich dann nach Feierabend unkontrolliert entluden.

Aber manchmal hielt sich Britta nicht an die Vereinbarung. Dann bekam sie am Telefon einen Schreianfall und es half nur, den Hörer schnell auf die Gabel zu werfen und das Telefon auf besagten Aktenlagerraum der Steuerfahndung umzustellen.

Heute war mir die Lust am Telefonieren schon vergangen. Britta merkte es meinen Antworten an: „Ja – Nein – Natürlich – Na klar."

Sie brauchte jetzt ein bisschen Liebe. Aber die konnte ich ihr nicht geben, das U-Boot hemmte mich. Britta verstand das nicht und dachte: Der sture Hund!

Zum Schluss zischte sie noch in den Hörer: „Und im Übrigen, wenn ich aus der Wohnung gehe, stelle ich immer die Tassen in den Geschirrspüler!"

Es war Dienstagmorgen und ich hatte gerade mein erstes wirklich wichtiges Telefonat geführt.

Ich wusste nun, dass Harry, der Pitbull, vorsätzlich gegen unseren Autoreifen gepisst hat, dass meine Unterhose mit den Bremsspuren noch immer im Schlafzimmer vor sich hin müffelte, dass der Nachbar nur ganz unfreundlich und im Grunde überhaupt nicht gegrüßt hat und dass Britta ihre Kaffeetasse – im Gegensatz zu mir – immer in den Geschirrspüler stellte, bevor sie das Haus verließ.

24. Notwehr

Als Frau Hoppe-Reitemüller an diesem Morgen ihr Büro aufschloss, kam ihr ein muffiger Geruch entgegen. Gestern war es ihr auch schon so vorgekommen, als ob es hier muffig riechen würde.

Auch Herr Heine, der manchmal mit ihr in der Kantine frühstückte, fiel der muffige Geruch sofort auf. Er riss die Bürotür auf und grunzte: „Na Rita, ist der Schminke schon am Verwesen, oder warum stinkt es hier so?"

Giesbert Heine kannte keine Gnade, wenn es darum ging, jemanden auf eine Unart aufmerksam zu machen. Sein letztes Opfer war Herr Goller gewesen. Herr Goller hatte meistens einen äußerst penetranten Mundgeruch. Es war bei ihm ähnlich wie bei einem veralteten Rohrleitungssystem in einem Altbau: Bei guter Wetterlage müffelte es zwar auch ein bisschen, aber es war noch erträglich – sofern man einen guten Meter Abstand einhielt. Bei schlechter Wetterlage haute es einen allerdings um.

Letztens war es mal wieder ganz schlimm gewesen. Herr Goller und Frau Hoppe-Reitemüller trafen im Fahrstuhl aufeinander. Herr Goller stank so aus dem Mund, dass Frau Hoppe-Reitemüller schwindelig wurde und einem Brechreiz nahe war. Giesbert, der im ersten Stock zustieg, ging es ähnlich. Im dritten Stock zog Giesbert Herrn Goller aus dem Fahrstuhl und sagte ganz freundlich, er solle mit ihm zusammen ins Herrenklosett gehen. Dort befahl er ihm, seine Nase ganz tief in die Kloschüssel zu halten.

Natürlich weigerte sich Herr Goller zunächst ganz beharrlich. Aber Giesbert nötigte ihn, bis er seinen Rüssel tatsächlich in die Kloschüssel hielt.

„Und? Was soll das Ganze jetzt?", fragte er Giesbert. Giesbert sah Herrn Goller mit festem Blick an und sagte: „Riechen Sie, was ich auch rieche?"

Herr Goller antwortete daraufhin genervt: „Was soll die Frage? Natürlich! Es stinkt ekelerregend!"

„Nichts im Vergleich zu ihrem Mundgeruch!", entgegnete daraufhin Giesbert gefühllos.

Seitdem hatte Herr Goller immer einen Beutel „Fishermen's Friends" dabei und klagte ständig über Magenprobleme.

Wenn Frau Hoppe-Reitemüller Giesberts Lästereien aus dem Weg gehen wollte – womöglich dachte er noch, sie würde so stinken –, musste sie dem Geruch auf den Grund gehen.

Schminke war heute beim Zahnarzt, deshalb konnte sie ungestört in seinen Schränken herumstöbern. Vielleicht war es ein schimmeliges Leberwurstbrot. Es wäre nicht das erste Mal gewesen, dass sie seine Schreibtischschublade durchforstete und ein Wurstbrot würde versuchen, hastig wegzukrabbeln.

Doch sie fand ziemlich schnell heraus, dass der Gestank aus einem übergossenen Blumentopf kam. Und nicht nur dieser Topf stank erbärmlich. Sie stanken alle!

Schminke hatte die Grünlinge zwangsabgeordnet und verbeamtet, als sie Britta zuhause nicht mehr gut genug waren. Sie waren allesamt hässlich, selbst wenn sie blühten. Und wie vieles im Leben ist gerade das Unansehnliche und Hässliche erstaunlich widerstandsfähig. Der kleine Kaktus, der Frau Hoppe-Reitemüller an ein ekeliges Geschwür erinnerte, war schon drei Mal vom Fensterbrett gefallen, als die Fensterputzer kamen. Einmal hatte sie beim Öffnen des Fensters noch nachgeholfen. Seitdem hingen die beiden Hauptgeschwüre leblos herab und würden irgendwann einmal abfallen. Am Schaft hatte sich anfangs eine bedrohlich braune Stelle gebildet, die sie schon hoffen ließ, dass nun das Ende nahte.

Dann ging Schminke drei Wochen in Urlaub. Und obwohl Frau Hoppe-Reitemüller während dieser Zeit sämtliches Gestrüpp völlig austrocknen ließ, hatte diesem Kaktus die Fastenzeit anscheinend gut getan, denn eines Montagmorgens war plötzlich eine zarte rosa Blüte aufgegangen. Schminke lud Frau Hoppe-Reitemüller sogar aus Dankbarkeit für die hervorragende Blumenpflege in die

Kantine zu Kaffee und Fleischsalatbrötchen ein. Das war bis dahin noch nie vorgekommen.

Erst war es nur ein Gedanke. Nach dem Frühstück war es bereits ein Plan: Es würde ganz unmerklich geschehen. Wichtig war nur, dass es nicht in Schminkes Abwesenheit geschah. Das wäre viel zu auffällig. Die unauffälligsten Morde geschehen, wenn der Mörder ganz nahe beim Opfer ist, wenn er ihm noch das Händchen hält. Nur dann hat er die Situation wirklich fest im Griff. Genauso würde sie es machen.

Schminke telefonierte gerade mit Britta. Er bestellte Düngestäbchen. Er sagte ihr, das Grün sei nicht mehr so kräftig.

Als er auf die Toilette ging, legte sie bei jedem ihrer Zöglinge noch ein kleines Bonbon als Belohnung in die Erde.

Und sie redete viel mit ihnen: „Gut macht ihr das! Weiter so. Ihr werdet ganz sanft entschlafen. Es wird ganz unmerklich geschehen. Ich garantiere euch, meine Lieben, es wird ein ganz sanfter Tod."

Heute war das Hauptgeschwür abgeknickt. Der Kopf wurde nicht mehr durchblutet. Klinisch tot. Schminke hatte versucht, ihn noch abzustützen, aber Frau Hoppe-Reitemüller wusste es besser. Es war endlich aus und vorbei. Die anderen stacheligen Kollegen würden in ein paar Tagen folgen.

Am Montag hingen an der namenlosen Mutation neben dem Drucker nur noch drei leblose Blätter. Schminke begutachtete seinen Schützling besorgt. „Nach meinem Urlaub sind sie so schön gekommen. Ich verstehe das einfach nicht", murmelte er.

Am nächsten Tag fand Frau Hoppe-Reitemüller im Blumentopf einige Fingernägel – Brittas Fingernägel. Ein paar Fingernägel wiesen sogar noch Spuren von rotem Nagellack auf – geschmacklos! Aber es nützte nichts mehr. Drei Tage später war alles vorbei.

25. Eigentümerversammlung

Als ich heute von der Arbeit nach Hause kam, lag ein grauer Briefumschlag in unserem Briefkasten. Da wir unsere Einkommensteuererstattung und die Mitteilung über die Beitragsrückerstattung unserer Haftpflichtversicherung schon erhalten hatten, konnte der Inhalt des Briefes nur unangenehm sein.

Der Inhalt nötigte uns zum sofortigen Handeln: Es war die Einladung zur diesjährigen Eigentümerversammlung, die am nächsten Montag um 19:00 Uhr stattfinden sollte.

Ich fragte Britta, ob ihr jemand mit einer ansteckenden Grippe einfiele. Bei einer Inkubationszeit von drei Tagen könnte man sich noch ganz bequem anstecken lassen. Britta meinte, sie würde auch schon die ganze Zeit überlegen. Ihr wäre Gundula in den Sinn gekommen, die mit einer tückischen Magen-Darm-Grippe flach läge und sich seit einer Woche in Reichweite ihrer Toilette aufhalten müsse. Ganze vier Kilo hätte sie schon abgenommen. Das klang verlockend. Britta wollte es sich noch überlegen.

So wie man eine Erkältung in der Hetze des Alltags verschleppt, verschleppten wir unsere Gesundheit. Und als wir am Montagmorgen Herrn Speer, den Vorsitzenden der Eigentümerversammlung, im Treppenhaus trafen und er uns mahnend zurief: „Bis heute Abend!", war es endgültig zu spät.

Um keine unangebrachte Gemütlichkeit aufkommen zu lassen, hatte der Ausschuss wie jedes Jahr den Konferenzsaal des Kreisverwaltungsamtes angemietet. Der Saal mit dem grauen Linoleumfußboden und den harten, kippeligen Stühlen hatte etwas Exekutives an sich. An der Wand hing ein großes Plakat mit einer Aufforderung, zur Krebsvorsorge-Untersuchung zu gehen. Eine entsprechende Bebilderung mit schwarzen Karzinomen im Endstadium verlieh der Aufforderung Nachdruck.

Als wir kamen, war Herr Speer gerade dabei, natriumarmes Wasser zu verteilen. Vorsichtshalber sollten sich immer zwei Sitznachbarn ein kleines Fläschchen teilen, er wisse nicht genau, ob das Wasser ausreiche.

Es waren noch nicht viele Eigentümer anwesend. Daher hatten wir noch freie Platzwahl und setzten uns dicht an das Sechser-Pult des Beirates. Wenn schon, dann wollten wir an der Front mitmischen.

Der Raum begann sich langsam zu füllen. Die meisten Gesichter kannte ich nicht. – Doch! Da hinten der Glatzkopf kam mir irgendwoher bekannt vor: Sein Gesicht hatte ich auf dem Behindertenausweis einer Steuererklärung schon einmal gesehen. Im Behindertenausweis war ihm die höchste Pflegestufe bescheinigt worden – dafür hatte er sich wirklich erstaunlich gut regeneriert!

Es gab vorwiegend zwei Spezies der „Gattung Teileigentümer": Eigentümer, die ihre Wohnung als Renditeobjekt ausbeuteten: Wenn die Miete reichlich und regelmäßig floss, war ihnen alles andere schnurzpiepegal. Reparaturen hatte der Hausmeister gefälligst schnell und kostenlos auszuführen.

Die zweite Spezies – zu der ich uns rechnete – blinkte der Stolz aus den Augen: Wir zählten nicht mehr zu dem ausgebeuteten Miet-Pöbel und erst recht nicht zu den Wohngeldparasiten, sondern hatten Mitspracherecht über 333/10.000 des Betonkerns, der Elektroinstallation und des Unkrautgrünstreifens an der Straße.

Neben mich setzte sich eine ältere Dame mit Pfauenfederhut. Ich begrüßte sie und sagte freundlich zu ihr: „So lernt man sich wenigstens einmal kennen – wohnen Sie in Block B?"

Sie starrte mich an, als hätte ich sie zutiefst beleidigt und erwiderte empört: „Ich! Hier wohnen! Hier kann man doch nicht wohnen!" Sie nahm aus ihrer Handtasche ein Parfümfläschchen und benebelte sich und ihre Umgebung mit einer Geruchsmischung aus Bonbon und Kinderpipi. „Es ist schlimm mit mir!", fuhr sie fort, „ich vergesse immer, ob meine Appartements zu Block A oder Block B gehören. Dauernd stehe ich vor der falschen Wohnung – wenn ich denn mal hin muss... Aber zum Glück kommt das ja nicht so oft vor. Ich sage immer: Solange die Miete noch überwiesen wird, können sie die Anlage ja noch nicht abgerissen haben." Sie fand ihre Bemerkung wahnsinnig witzig und lachte schrill auf.

Dann beugte sie sich vertraulich zu mir herüber: „Sagen Sie, zahlen Ihre Mieter auch immer so schleppend?"

Stotternd bekannte ich: „Wir..., wir wohnen in Block A."

Sie brauchte eine Weile, bis die Information auf ihrer Großhirnrinde angekommen war. Eine Mischung aus Mitleid und Entsetzen spiegelte sich auf ihren Gesichtszügen wider. Endlich murmelte sie: „Naja, aber doch nur vorübergehend!" Als ich betroffen schwieg, rückte sie ihren Stuhl auf eine sehr indiskrete, ja beleidigende Art von mir ab und sprach von da an kein Wort mehr mit mir.

Neben Britta setzte sich Herr Görke. Er wohnte in Block B im sechsten Stock. Als ehemaliger Straßenbauarbeiter hatte er einen zähen, von der harten Arbeit und der Witterung gezeichneten Körper. Jeden Freitagspätnachmittag kam seine „Tante" zu Besuch. Bereits am dritten Tag, nachdem wir in unsere Wohnung eingezogen waren, wussten wir von den Nachbarn, dass freitags immer „die Tante" kam. Sie fuhr mit einem schwarzen Mini Cooper Cabrio vor, stöckelte umgeben von einer Wolke eines durchaus angenehmen sommerlichen Duftes zum Fahrstuhl von Block B und blieb bei ihrem „Neffen" eine knappe halbe Stunde. Danach fuhr Herr Görke seinen hellblauen Golf I Baujahr 1974 aus der Garage und begann mit einer Wellnessprozedur, die bis in die Abendstunden andauerte. Görkes Golf I war der einzige Golf I, den ich bis heute gesehen hatte, der keine einzige Roststelle besaß.

Herr Speer begann nun kleine gelbe und blaue Karten zu verteilen: Gelbe Karten für das Stimmrecht für eine Wohneinheit, die blauen Karten standen für Sondereigentum an einer Garage.

Wir erhielten eine gelbe und eine blaue Karte. Voller Besitzerstolz wedelte ich mit beiden Karten. Sollte ruhig jeder wissen, dass der Schminke auch noch die blaue Karte besaß!

„Moment, Herr Speer!", beschwerte sich gerade die Frau mit dem Pfauenfederhut. „Ich bekomme nicht sieben gelbe Karten, sondern neun! Ich habe letzte Woche nämlich noch die Wohnung von Messerschmidts und die von der alten Podolski gekauft. Sie wissen doch, das ist die, die nicht mehr aus dem Wasserbett kam aber munter vom Balkon gesprungen ist!"

„Ach sicher, Sie haben ja Recht, Frau Müller-Knarrsack", versuchte Herr Speer sie zu beruhigen. Frau Müller-Knarrsack schnappte erregt nach Luft und trat mir in ihrer Aufregung ganz unverhofft aus Versehen gegen mein Schienbein. Sie schien es nicht bemerkt zu haben, denn anstatt sich zu entschuldigen, kommentierte sie mein schmerzverzerrtes Gesicht mit der Bemerkung: „Und Sie: Gucken Sie doch mal ein bisschen freundlicher! Kann ich was dafür, dass Sie in so einem Loch hausen müssen!"

Herr Speer leitete nun zur Tagesordnung über. Bei jedem der 15 Punkte der Tagesordnung gab es ein Gezetere und Gekreische wie in einer vorpubertären Schulklasse, wenn die Zeugnisnoten besprochen werden. Zur Abrundung des Bildes fehlten nur noch vorbeizischende Krampen und Kreidestücke.

Herr Winter, Frau Tunte-Grieshalm und eine alte Frau, die ich für Frau Podolski gehalten hatte – aber die war ja nach neuesten Erkenntnissen von ihrem Balkon gesprungen – waren die „Aber nicht mit mir!"-Schreier. Herr Higgins, Herr Dr. Keuscher und Frau Müller-Knarrsack gehörten zu den gnadenlosen Renditejägern. Bei jeder anstehenden Erhaltungsmaßnahme, wie zum Beispiel dem Austausch von zwei Rasenkantensteinen im Eingangsbereich von Block B, plädierten sie gnadenlos: „Nur über unsere Leiche! In diese Ruine investieren wir keinen müden Cent mehr! Am Besten alles abreißen!"

Nur Herr Görke schien zufrieden zu sein. Irgendwann mitten in einer heftigen Diskussion, in der Herr Speer Frau Tunte-Grieshalm beinahe vor die Tür verwiesen hätte, flüsterte er mir stolz ins Ohr: „Nächsten Monat ist die Wohnung abbezahlt!"

Jetzt meldete sich ein Wesen zu Wort, welches ich bis dahin noch gar nicht bemerkt hatte, weil es von dem feisten Dr. Keuscher verdeckt worden war: Sie war Mitte 40, trug schulterlanges dunkles krauses Haar und hatte mit ihrem schleierhaften Blick etwas Geisterhaftes an sich. Dieser Eindruck wurde noch durch ihr schneeweißes gewandartiges Kleid verstärkt. Um ihren Hals hatte sie eine goldene Kette mit kleinen Glöckchen, die fast unhörbar klingelten, wenn sie ihren Kopf bewegte. Sie erhob sich, breitete ihre Arme aus und sagte in einer Tonlage als wenn sie einen Prosatext rezitierte: „Wir brauchen mehr Licht... Licht... Licht und Farbe."

Wieder ein Tumult.

„Ja, natürlich! Und wir müssen im Treppenhaus unverzüglich ein „Space Clearing" durchführen lassen. Wir wissen es bereits, Frau Haschemeier-Dietrich!", fuhr Herr Speer Frau Haschemeier-Dietrich entnervt an.

„Wer ist denn die Frau?", flüsterte Britta Herrn Görke zu.

„Ach, die hat 'nen Knall! Ist eine fanatische Anhängerin von Feng Shui. Sie fordert jedes Mal, dass wir im Treppenhaus ein Fenster einbauen müssen, um Licht ins Haus zu lassen. Ihr Mann ist übrigens so´n komischer Finanzberater. Das ist der mit dem VW Touareg, der immer die Garagen zuparkt, weil er keinen Meter zu weit laufen will!" Stimmt! Darüber hatte ich mich auch schon mehrfach aufgeregt: Unsere Garagen standen genau im rechten Winkel zueinander mit der Folge, dass wir unsere Garage nicht benutzen konnten, wenn Herr Dietrich mit seinem fetten Touareg direkt vor seiner Garage parkte.

Die Wortmeldung von Frau Haschemeier-Dietrich gab genügend Zündstoff, um das Thema „Touareg" aufzugreifen.

Herr Dr. Keuscher fuhr Frau Haschemeier-Dietrich aggressiv an: „Und Sie, Frau Haschhofer-Dietzenmeier können Ihrem werten Gatten ausrichten, dass ich bei der Steuerfahndung mal ein „Space Clearing" anregen werde... So ein Ungeheuer von Auto wie diesen perversen Touareg kann man doch nur bezahlen, wenn man von vorn bis hinten bescheißt! Ich weiß doch Bescheid. Feiner Finanzberater, hat mich mit seinen Verlustbeteiligungen fast ruiniert!"

Frau Müller-Knarrsack horchte bei dem Stichwort „Verlustbeteiligung" auf. „Hat er Ihnen auch diesen Fond 25 angedreht?"

„Ich könnte ihn lynchen!", spie Herr Dr. Keuscher, „fünfstellige Verluste hatte er mir versprochen, die mein steuerliches Einkommen drücken sollten. Und, was war: Gewinne hat der Fond produziert! Wenn Sie sehen würden, was ich an Steuern zahle, ständen Ihnen Tränen in den Augen!"

„Bei mir war es doch genau das Gleiche!", schrie Frau Müller-Knarrsack auf.

Herr Speer wurde jetzt ungeduldig: „Meine Damen und Herren, jetzt bleiben Sie bitte bei der Tagesordnung, sonst sitzen wir morgen noch hier."

Sieh an, selbst Britta meldete sich nun zu Wort: Ob man denn nicht die Basaltdecke auf dem vorderen Parkstreifen ausbessern könne. Bei Regen würde man dort im Schlamm versinken.

Heftigster Widerstand. Frau Müller-Knarrsack krähte: „Liebes Kind, wie kann man nur so unbeholfen sein! Dann park doch woanders!" Zustimmung heischend wandte sie sich Herrn Dr. Keuscher zu.

Frau Tunte-Grieshalm stimmte ihr lautstark zu: „Als wenn es nicht noch anderswo Parkplätze gäbe!"

Als wir um 23:00 Uhr den Saal verließen, gingen wir lange Zeit schweigend nebeneinander her.

Dann platzte Britta los: „Eines sage ich dir, Hartmut: Eher verkaufe ich die Wohnung, als dass ich nochmals zu einer Eigentümerversammlung gehe!"

Ich war zu müde, um zu streiten oder zu diskutieren.

In der Nacht träumte ich von einer Zucchini so groß, wie ein U-Boot aus dem zweiten Weltkrieg, geerntet vom eigenen Grund und Boden.

26. Kinderwunsch

Der Abend schien gemütlich auszuklingen. Der Freitagabend-Krimi war gerade vorbei. Es wurde sogar richtig kuschelig. Die fünf obersten Knöpfe von meinem Hemd waren schon geöffnet und ich hatte ein Fläschchen Rotwein geköpft. Da sagte Britta plötzlich aus heiterem Himmel: „Ich will ein Kind!" Ich tat so, als hätte ich nicht richtig gehört. Aber sie wiederholte ihre Forderung noch einmal beharrlich und schon fast mit einem drohendem Unterton: „Ich will ein Kind!"

„Sicher wollen wir Kinder", bestätigte ich ihr. Ich holte meinen Ordner mit dem Zehnjahresplan hervor und schlug nach.

„In genau vier Jahren und neun Monaten kannst du unsere letzten Kondome Gundula schenken! Ich gehe davon aus, dass dann das Kindergeld für das erste Kind auf 200 Euro erhöht worden ist und ich müsste dann bereits vor halben Jahr befördert worden sein." Auf meinen Zehnjahresplan konnte ich wirklich stolz sein.

Bei unseren Freunden wurde hinsichtlich der Familienplanung mehr aus der Hüfte geschossen: Wenn etwas ankam, war es gut, wenn nichts kam, war es auch gut. Ich hatte dafür kein Verständnis! Wenn man nur wirklich wollte, ließ sich schließlich alles planen und in meiner Zielkontrolle im Anhang konnte ich feststellen, dass meine Erwartungen und vorsichtigen Kalkulationen bislang immer eingetroffen waren. Ja, sie waren nicht nur eingetroffen, sondern wir hatten uns sogar schon übertroffen. Die Wohnung war schließlich im Vergleich zu unserer alten Wohnung ein Quantensprung, die Finanzierung lief wie am Schnürchen und meine anstehende Beförderung war eigentlich nur noch ein förmlicher Akt. Wir konnten es uns sogar leisten, einmal in der Woche essen zu gehen.

Ich wollte Britta gerade noch ergänzend berichten, dass ich es sogar durchaus verantworten könnte, mit der Zeugung unseres Nachwuchses ein halbes Jahr früher als ursprünglich geplant zu beginnen, dazu kam ich allerdings nicht mehr.

Britta setzte sich abrupt aufrecht hin – Britta war auch im Sitzen noch einen Kopf größer als ich – und verkündete widerborstig und mit scharfem Unterton: „Ich will aber jetzt ein Kind!"

Eigentlich wollte ich ihr noch einmal ruhig und sachlich, wie es meine Art ist, die Strategie des Zehnjahresplanes erklären, aber Britta sprang hoch, riss dabei noch ein Glas vom Tisch und verließ die Türe knallend das Wohnzimmer.

Warum Frauen immer gleich so unsachlich reagieren müssen! Es hätte doch alles so schön sein können. Stattdessen vollzog sich jetzt Brittas Psychoterror fast jeden Tag auf die gleiche Weise.

Irgendwann, als ich schon kaum mehr eine Möglichkeit sah, meine harte Linie durchzuziehen, sagte sie trotzig: „Dann will ich wenigstens eine Katze!"

Eine Katze! Das war fast so schlimm wie ein Hund. Nur, dass man für eine Katze wenigstens keine Steuern zahlte.

Ich musste Britta unbedingt zuvorkommen. Deshalb ging ich am nächsten Tag in die Tierhandlung in der Stadt und ließ mich ausführlich beraten. Fische waren ziemlich pflegeleicht. Und hatte man von ihnen genug, wurden sie einfach blitzschnell im Klo heruntergespült. Papageien hatten eine zu lange Lebenserwartung. Außerdem bestand die Gefahr, dass sie einen psychischen Abdreher bekamen und den ganzen Tag grelle Laute ausstießen – eine schreckliche Vorstellung!

Ich entschied mich daher für eine Veredelung eines nordamerikanischen Zwergkaninchens. Es sah so knuddelig aus und kostete nur 7,50 Euro. Der Verkäufer garantierte mir, dass das Tier infolge einer Überzüchtung garantiert nicht älter als zwei Jahre alt werden würde. Das war mir sehr recht und gab für den Kauf den entscheidenden Ausschlag. Bis es Zeit war für den Nachwuchs, würde „Heinz", wie ich ihn taufte, also unter der Erde sein.

Ich freute mich jetzt schon auf seine Beerdigung. Beerdigungen waren so schön anrührend und feierlich. Als Kind hatten wir mit Begeisterung alles unter die Erde gebracht, was nicht schnell genug vor uns flüchten konnte. Selbst den dicken Tommy hatten die großen Jungs auf dem Spielplatz in einer Betonröhre mit Sand eingebuddelt. Aber seine Mutter hatte allen den Spaß verdorben und ihn da rechtzeitig wieder herausgeholt.

Britta war zu Tränen gerührt, als ich Heinz mit allem Zubehör auf den Esstisch stellte.

Ab diesem Zeitpunkt saß Heinz mit uns abends beim Fernsehen auf dem Sofa und durfte sogar in die Besucherritze pinkeln. Ich gewöhnte mich an Heinz schneller als ich gedacht hatte und bedauerte schon, dass er nur so eine geringe Lebenserwartung besaß.

Seine Ernährungsweise kam Britta zugute, denn auch Britta aß am liebsten Salat und Körnerfutter aus dem Reformhaus. So teilten sich Heinz und Britta die Mahlzeiten.

Heinz wuchs und gedieh. Der Verkäufer hatte mir gesagt, nordamerikanische Zwergkaninchen wären eine besonders kleine Züchtung und würden nicht viel größer als ein Goldhamster werden.

Nach zwei Wochen hatte er diese Größe erreicht. Nach vier Wochen war Heinz so groß wie ein Meerschweinchen. Das konnte nur an dem Kraftfutter liegen, das Britta den Körnern manchmal beimengte. Wie oft hatte ich ihr gesagt, dass Kaninchen eigentlich nur Wasser und Heu brauchten!

Nach der sechsten Woche hörten wir Heinz eines Nachts plötzlich jämmerlich quieken. Mir war schon in den letzten Tagen aufgefallen, dass es ihm immer schwerer fiel, in sein Holzhäuschen zu kriechen. Als ich nachschaute, stellte ich fest, dass Heinz in der Tür feststeckte. Es ging weder vor noch zurück. Er versuchte das Häuschen abzuwerfen oder umzukippen, aber es klebte an ihm fest wie ein Schneckenhaus.

Es war nur gut, dass wir das Häuschen aus dem Käfig entfernt hatten, denn in dem Tempo, in dem Heinz wuchs, machte er jeder Zucchini Konkurrenz. Nicht nur das enorme Wachstum begann mir langsam Sorgen zu machen. Seit Heinz Mitglied unserer Familie geworden war, plagte mich an den Händen eine übel juckende

Schuppenflechte und ich wagte nicht mehr, jemandem die Hand zu geben.

Deshalb ließ ich mich von meinem Hautarzt untersuchen. Dr. Schmäling machte mit mir einen Allergietest. Die Arzthelferin piekte mich mit einer Nadel am Arm und träufelte auf die Wunden 30 verschiedene Lösungen. Nach zehn Minuten war mein Arm aufgequollen wie ein Schwamm.

Bei „Kaninchen" wehrte sich mein Immunsystem in wenigen Sekunden mit einer roten plusternden Pickelkolonie, die einen fürchterlichen Juckreiz auslöste. Dr. Schmäling dozierte, nur Schweine und Affen seien für mich medizinisch unbedenklich.

Selbst Britta sah schweren Herzens ein, dass wir keine andere Wahl hatten, als uns von Heinz zu trennen. Aber das war schwerer als wir erwartet hatten. Im Bekanntenkreis wollte ihn nur Oma Erika haben – aber nur fertig abgezogen und eingelegt in Buttermilch.

Heinz sitzt heute noch in einem kleinen Zoo. Seine Herkunft ist noch immer nicht geklärt. Ab und an sieht man eine kleine Gruppe Zoologen fachsimpelnd vor dem Käfig stehen. Wenn er sich auf die Hinterläufer stellt, geht er mir bis zum Po. Und von regelmäßigen Zoobesuchern habe ich gehört: Er wächst immer noch!

Ein bisschen stolz bin ich schon, dass aus unserer Familie eine solch einzigartige Persönlichkeit hervorgegangen ist.

27. Schwanger?

Nachdem wir Heinz im Zoo abgegeben hatten, gab Britta eine ganze Weile Ruhe. Ich nahm bereits an, Britta wäre verständig geworden und hätte meinen Zehnjahresplan akzeptiert. Aber aus heiterem Himmel ging dann alles wieder von vorne los: „Ich will ein Kind – und zwar jetzt sofort!", forderte Britta von nun an nachdrücklicher denn je.

An einem ganz normalen Donnerstagabend erlebte ich dann eine besonders herbe Überraschung. Der gemütlichste Teil des Abends sollte gerade beginnen. Wir lagen schmusend im Bett und während ich Britta mit der einen Hand streichelte, fingerte ich mit der anderen Hand in der Nachttisch-Schublade nach der Schachtel mit den Kondomen. Merkwürdig, sie kamen mir so kurz vor. Als ich sie genauer begutachten wollte, traute ich meinen Augen kaum: Britta hatte sie alle durchgeschnitten!

An diesem Abend lief dann gar nichts mehr...

Ich hatte nun begriffen, dass es keinen Ausweg mehr gab. Wenn ich nicht riskieren wollte, dass sich Britta nach einem anderen Samenspender umsah, musste ich nun ein kleines aber wichtiges Detail meines Zehnjahresplanes ändern.

Doch, ich gebe zu, dass ich schnell Gefallen an dieser Drehbuchänderung fand. Und obwohl wirklich Unerhörtes in unserem Schlafzimmer geschah, war das Ergebnis ernüchternd.

Nach einem halben Jahr waren Brittas Nerven restlos aufgezehrt. Die Tage vor Brittas Regel waren mittlerweile aufregender und nervtötender als die Ziehung der Lottozahlen.

Diesmal war ihre Regel bereits fünf Tage ausgeblieben. Ich sollte doch mal einen Test aus der Apotheke besorgen, trug Britta mir auf. Natürlich wie immer den billigsten, den sie haben. Ich war mittlerweile in jeder Apotheke im Umkreis bekannt.

Diesmal weigerte ich mich strikt. „Ist ja doch wieder Fehlalarm!", sagte ich unwillig.

„Ich bekomme meine Regel nun schon seit meinem 12. Lebensjahr mit der Genauigkeit eines Schweizer Uhrwerks", maulte Britta.

„Bis auf den Juli, Oktober und November", stellte ich trocken fest. Noch während sie mir genau begründete, warum die Regel sich in diesen Monaten verspätet hatte und mir einen Artikel der „Eltern"-Zeitschrift unter die Nase hielt, nahm ich meine Jacke von der Garderobe und machte mich auf zur Apotheke. Ob wir uns nun noch ein paar Tage stritten oder ich jetzt gleich los fuhr, ändern würde das an der Sache auch nichts.

Im Finanzamt war das genauso. Manchmal machte man sich zwar einen Spaß daraus, jemanden so lange wie möglich hinzuhalten. Aber es überwogen doch die müden, trägen Tage, an denen man einfach nur seine Ruhe haben und Kraft schöpfen wollte für den Feierabend. Und dann tat man gut daran, die unangenehmen Zeitgenossen so schnell wie möglich zufrieden zu stellen.

Ich musste lange suchen, bis ich eine Apotheke in der Umgebung fand, in der ich noch nicht gewesen war.

Bis auf einen älteren Herrn und ein etwa 16-jähriges Girly war zum Glück kein weiterer Kunde in der Apotheke. Die Angestellte war gerade hinter einem Regal verschwunden, um ein Medikament zu suchen. Als sie hinter dem Regal hervorkam, war ich für einen Moment wie versteinert: Es war die junge, große Angestellte mit den roten Haaren von unserer Apotheke um die Ecke!

„Was machen Sie denn hier?", entfuhr es mir ziemlich dämlich.

„Na, Sie haben sich aber wohl auch verirrt", bemerkte sie lächelnd und fügte hinzu: „Samstags arbeite ich immer in unserer Filiale hier in der Geiststraße."

Ich bin ja nun wirklich nicht prüde, aber sie hatte mir den Test jetzt schon drei Mal verkauft und jedes Mal ausführlich erklärt. Während ich noch überlegte, ob ich nicht lieber eine Packung Fencheltee kaufen sollte, sagte sie: „Sie wünschen sicherlich einen Schwangerschaftstest." Der Herr und die Diskoschnecke musterten mich offen. Meine Schweißdrüsen arbeiteten auf Hochtouren. Ich nickte schnell und stammelte: „Aber bitte, bedienen Sie doch erst die anderen Kunden." Beide bekundeten jedoch eifrig, sie hätten Zeit und wollten sich noch ein bisschen in der Apotheke umsehen – als wenn es in einer Apotheke etwas gäbe, nach dem man sich „umsehen" könnte!

„Den Gleichen wie letztes Mal oder ist Ihre Frau damit nicht zurechtgekommen?", fragte die blöde Kuh. Entweder sie war wirklich so naiv oder sie hatte gerade von ihrem Chef einen Rüffel bekommen und brauchte jetzt jemanden, an dem sie ihren Frust ablassen konnte.

„Den Billigsten, den Sie haben!", entfuhr es mir giftig.

Wenn sie jetzt noch gesagt hätte: „Wird ja auch auf die Dauer ziemlich teuer", hätte ich mich bei ihrem Chef beschwert.

Sie gab mir den Test und sagte frech: „Sie kennen sich ja damit aus." Ich zahlte schnell und ging. Das junge Ding und der Opa glotzten mir ungeniert hinterher.

Britta wartete zuhause schon nervös. „Mach den Test doch heute Abend", sagte ich zu ihr, „heute Abend haben wir mehr Ruhe. Sonst kommen wir heute gar nicht mehr in die Stadt." Wir wollten heute noch zu C&A, eine neue Hose für mich kaufen.

„Nein! Auf der Packung steht ausdrücklich, dass man für den Test den Morgen-Urin verwenden soll – wegen der höheren Hormonkonzentration", protestierte Britta.

„Dann mach hin!", gab ich schließlich nach.

Britta verzog sich ins Badezimmer und ich begann zu frühstücken. Als sich nach einer halben Stunde noch nichts tat, ging ich ins Badezimmer um nach Britta zu sehen. Britta saß auf der Toilette und es schien so, als hätte sie bereits ihre ersten Presswehen.

„Was ist?", fragte ich sie. „Wenn das noch länger dauert, ist das Kind da, bevor wir das Testergebnis haben."

„Ich bin ja so nervös!", jammerte Britta. „Es kommt einfach nichts!" „Dann trinken wir erst einmal in Ruhe Kaffee", beschwichtigte ich sie. „Kaffee treibt."

Britta hatte Bedenken: „Hier steht: Nehmen Sie 2 bis 3 Stunden vor dem Test kein Getränk mehr zu sich. Eine zu geringe Hormonkonzentration im Urin könnte sonst das Ergebnis negativ beeinflussen."

Als Britta nach einer Dreiviertelstunde immer noch keinen Drang verspürte, überredete ich sie, eine halbe Kanne Kaffee zu trinken. Endlich war der Druck auf der Blase groß genug. Wir standen beide vor der Toilette, ich zog den Teststreifen aus der Packung und hielt ihn etwa eine halbe Minute in den Urin. Kontrollstreifen und Teststreifen färbten sich oliv.

„Und wie geht's weiter?", fragte Britta aufgeregt. Nach 5 Minuten sollte es sich entscheiden. War der Test positiv, würde der Teststreifen sichtbar bleiben, war er negativ, würde er sich bis dahin entfärbt haben. Wir warteten nervös sieben Minuten. Der Kontrollstreifen verdunkelte sich noch ein bisschen stärker. Der Teststreifen entfärbte sich langsam.

Britta las noch einmal in der Anleitung.

„Da!" Sie deutete auf die Comic-Zeichnung. „Nur drei Sekunden reinhalten, länger nicht! Das ist schließlich Morgen-Urin mit besonders vielen Hormonen. Die brauchen nicht so lange!"

Nach zehn Minuten war nur noch der Teststreifen sichtbar.

Britta heulte: „Du hast den Test kaputt gemacht! Du hast ihn viel zu lange reingehalten. Bestimmt hat der Kaffee im Urin den Test zerstört."

Nach einer Viertelstunde blieb auf dem Testfeld ein hauchdünner gelber Streifen zurück. Oder war es nur Einbildung? Je länger ich hinsah, desto unsicherer wurde ich mir.

„Positiv!", schrie Britta hysterisch auf.

Ich hielt den Streifen noch einmal prüfend ins Licht. Möglich war es schon. Aber von Morgen-Urin hatte ich eigentlich eine stärkere Reaktion erwartet. Vielleicht war das Haltbarkeitsdatum des Tests bereits abgelaufen.

„Nun sag doch endlich was!", fuhr mich Britta an.

„Schon möglich", sagte ich vorsichtig.

„Freust du dich denn auch so?", Britta war ganz aus dem Häuschen.

Ich hielt den Teststreifen noch einmal prüfend unter die Lampe.

„Also ich würde schon ganz gerne ein Kind haben wollen...", sagte ich langsam.

Nun war es aber mit Brittas Beherrschung vorbei. Sie schrie mich an: „Also bin ich nun schwanger oder nicht?"

„Frag Gundula", seufzte ich. Von jetzt an würde ich jede Einschätzung der Sachlage nur unter seriösen Zeugen und mit anwaltlicher Unterstützung von mir geben.

„Der Test ist doof! Und diese Anleitung einfach unmöglich!", heulte Britta.

Sie rief Gundula an. Eine Dreiviertelstunde wurde nun noch einmal die Testanleitung und das Ergebnis diskutiert. Am Ende einigten sie sich darauf, einen neuen Test zu kaufen. Aber diesmal den echten B-Test. Der Test sollte gleich morgen um 6:00 Uhr im Beisein von Gundula gemacht werden. „Ja keinen Alkohol am Abend zuvor!", schrie Gundula durch die Leitung.

Ich gab Britta eindeutig zu verstehen, dass ich mich eher sterilisieren lassen würde, als noch einmal wegen eines Tests eine Apotheke zu betreten.

Wir waren mit dem Frühstück noch nicht fertig, da klingelte es an der Haustür. Es war Gundula. Sie war doch zu neugierig, um nicht wenigstens einmal einen Blick auf den Teststreifen zu werfen.

Mit einer kleinen Kosmetiklupe fixierte sie den Teststreifen kritisch und bekundete nach einer Weile mit der Feierlichkeit einer ARD-Glückslotteriefee: „Schwangerer geht's nicht!"

Dann lagen wir uns alle in den Armen. Gundula und ich tranken Sekt und Britta nippte stolz an ihrem Mineralwasser. „Ich glaub, ich habe auch schon ein bisschen zugelegt", sagte Britta stolz und streichelte zärtlich ihren Bauch.

In Wirklichkeit waren wir am Vorabend beim Griechen gewesen und noch immer vollgefressen bis oben hin.

28. Nur wer anhält fällt auf

Heute war Freitag. Das merkte man besonders zur Frühstückszeit in der Kantine. Um 9:00 Uhr waren schon die Eier und alle Fleischsalat-Brötchen weg. Das lag daran, dass um 8:55 Uhr die etwas in die Jahre gekommenen Kollegen aus der Körperschaftsteuerstelle und den anderen Tagesunterbringungen für höher dotierte Dienstposten sich aus ihren warmen Nestern aufrappelten und in die Kantine krochen. Die brauchten dann alle ihren Cholesterinschub, weil sie ganz genau wussten: Am Wochenende zuhause bei Muttern gab es nur Deli-Reform-Diätmargarine, Putenaufschnitt von Gutfried und vorweg Apfelschnittchen mit Leinsamen.

Herr Schulte war mit seinem Frühstück schon fertig. Er ging gerade an unserem Tisch vorbei. Heute hatte er wieder die ganze Palette verspeist. An seiner Backe klebte noch ein Croissant-Krümel.

Neulich hatte die Frau von Herrn Schulte zuhause auf seinem grauen Dienstpulli einen Ei-Fleck identifiziert. Er konnte sich auch nicht damit herausreden, dass der Kollege neben ihm immer so kleckerte. Frau Schulte hatte gleich die Lebensversicherung für ihren Siegurd aufgestockt und gekeift, wenn er so weitermache, könne er auch gleich Rattengift zu sich nehmen. Dann käme sie wenigstens schneller zu ihrer lang ersehnten Kreuzfahrt.

Unsere Frühstücksrunde war heute komplett vertreten. Ich überlegte noch, ob ich heute erzählen sollte, dass wir Nachwuchs erwarteten?

Frau Stöhr würde mich bestimmt als Erstes fragen, ob bereits eine Fruchtwasseruntersuchung durchgeführt worden ist. Und dann würde sie von den Missgeburten in Verwandtschaft und Freundeskreis berichten: „Der Sohn von Noltes, der hatte nur einen Arm! Eigentlich war das auch gar kein richtiger Junge. Hatte ja nicht mal einen Strullermax. Im Grunde ein Monster. Schlimm! Und nur, weil sie vorher keine Fruchtwasseruntersuchung haben machen lassen. Schlimm!"

Nein, die Kommentare der Kollegen wollte ich mir heute noch ersparen. Ich wollte erst einmal den nächsten Besuch beim Frauenarzt abwarten. Wenn alles in Ordnung war, konnte ich immer noch berichten.

Selbst Elke hatte sich trotz ihrer Migräne in die Kantine geschleppt. Herr Goller meinte, sie solle doch zu Hause bleiben. Ihren Einsatz würde doch keiner würdigen.

Frau Stöhr schlug ihr vor, sie solle mit ihrem Chef vereinbaren, an den Tagen, an denen sie mies drauf ist, sich einfach ein rotes Tuch halbmastig um den Hals zu binden. Dann wusste er: heute keine Sonderaufträge, einfach nur in Ruhe lassen.

Ich sagte dazu: „Mit solch menschlichen Regungen versaut man sich nur die Beurteilung!"

Die wichtigste Regel lautet: Nur nicht anhalten! Wer anhält, fällt auf. Es ist wie im Kreisverkehr: Solange man immer schön im Kreis fährt, sagt keiner etwas. Da kannst du unermüdlich deine Runden drehen. Man darf nur nicht auf die Idee kommen, anzuhalten. Das nehmen sie dir richtig übel. Dann wirst du ehe du dich versiehst aus dem Verkehr gezogen.

Das war auch mein Rezept. Und im Grunde dachte mein Chef das Gleiche: Die Galeere darf nur nicht anhalten! Am liebsten saß er doch auch nur in seinem großen sonnigen Büro mit dem Laserdrucker, den er nie benutzte, und um den ihn jeder beneidete, las ausgiebig die Zeitung und bohrte heimlich in der Nase.

Nach der Frühstückspause fiel mir beim Aufräumen meines Schreibtisches ein Einspruch in die Hände, der unter einen Prospekt vom Reisebüro gerutscht war. Seit fast einem halben Jahr musste er dort schon gelegen haben. Es konnte somit nichts Wichtiges sein, denn sonst hätte sich schon irgendjemand über die lange Bearbeitungsdauer beschwert. Aber mein Chef würde bestimmt aufjaulen, wenn er wüsste, dass ich in der Angelegenheit noch keinen Finger gekrümmt habe. Wenn ich jetzt sofort zurückschrieb, würde mein Chef sehen, wie lange der Antrag bei mir gelegen hat. Dann hätte er ein Problem – von mir mal ganz zu schweigen.

Aber ich war ein guter, braver Mitarbeiter, der begriffen hatte. Und weil ich begriffen hatte, steckte ich den Wisch erst einmal in eine Umlaufmappe und schickte das Schreiben eine Runde durchs Amt: von der Finanzkasse in die Bewertungsstelle und von der Bewertungsstelle in die Betriebsprüfung. Und mit ein bisschen Glück kam der Antrag nie wieder zurück...

29. Mein erster Frauenarztbesuch

Damit ich nicht all zu spät ins Büro kam, hatte Britta sich von ihrem Frauenarzt gleich morgens früh um 7:30 Uhr einen Termin geben lassen. Deshalb war das Wartezimmer noch recht leer. Britta drückte meine Hand und war ziemlich aufgeregt. Heute sollte das erste Mal ein Ultraschall gemacht werden. Ich wäre eigentlich lieber ins Büro gefahren. Aber als Britta mich fragte: „Du willst doch heute mit zum Frauenarzt, Hartmut?", wusste ich, was ich zu antworten hatte: „Ja, aber natürlich, Britta! Ich kann es gar nicht mehr erwarten, einmal deinen Frauenarzt kennen zu lernen!"

Nun saß ich hier. Meine Verklemmtheit löste sich ein wenig, als nach einer Weile ein weiterer Mann das Wartezimmer betrat – ohne eine Frau an seiner Seite! Ich musterte ihn so unauffällig wie möglich. Ob Männer, die eine Geschlechtsumwandlung vornehmen lassen wollen, auch zum Frauenarzt gehen müssen?

Mein Gedankenfaden riss ab, als sich eine Hochschwangere mir direkt gegenüber setzte.

Mein lieber Schwan! So ein Gerät hatte ich bislang noch nie gesehen! Brust und Bauchumfang betrugen bestimmt 160 cm! Britta war ein schlanker sportlicher Typ und hatte einen Taillenumfang von 59 cm – vorausgesetzt, sie war nicht gerade schwanger oder wir waren nicht bei unserem Griechen gewesen. War ja auch kein Wunder, sie aß kaum ein Gramm Fett, stattdessen nur Salat und Körnerfutter in Massen – wie ein Meerschweinchen. Ab und zu brauchte allerdings auch Britta eine ordentliche Portion Fleisch. Dann gingen wir zusammen zum Griechen. Sie sagte immer, sie täte es nur mir zuliebe. Aber seit sie mich betrogen hatte, wusste ich es besser!

Als wir noch nicht lange verheiratet waren, kam ich mittags einmal zufällig bei einem griechischen Restaurant vorbei. Und was erblickte ich da auf dem Parkplatz: unser Auto!

Blinde Eifersucht packte mich. Ich stürmte in das Lokal und wollte mir den Kerl vorknöpfen. Zuerst sah ich Britta nicht. Sie saß abseits an einem kleinen Tisch – allein, wenn man einmal von dem üppigen Fleischberg auf ihrem Teller absah. Mit seligem Blick verspeiste sie das knusprige Gyros.

Seitdem mich Britta mit diesem Fleischberg betrogen hatte, wusste ich Bescheid. Es soll mir kein Vegetarier erzählen, dass er das Zeug gerne ist!

Nicht mal vernünftige Zeitschriften hatten sie im Wartezimmer. Und die Fotomontage an der Wand über Heilungschancen früh erkannter Melanome hatte ihre Wirkung auch nicht verfehlt: der Leberfleck auf meinem rechten Unterarm, den ich seit 20 Jahren für harmlos gehalten hatte, fing tückisch an zu jucken und schien sich in der letzten halben Stunde unheilvoll verdunkelt zu haben.

Endlich, nach gut einer Stunde kamen wir in ein Zimmer, welches ich im Finanzamt als „Zwischenablage" bezeichnet hätte. Von da aus ging es nach einer Weile in einen Raum, in dem die Ultraschallaufnahmen gemacht werden sollten. War das aufregend!

Die Assistenzärztin, Frau Sodann, schmierte Brittas Bauch mit einem Gel ein und untersuchte ihn anschließend mit dem Ultraschallkopf. Das Bild auf dem Monitor glich immer noch einem Fernsehtestbild: Bis auf graue Nebelschwaden und hin und wieder weiße Streifen war nichts zu erkennen.

Da! Es bewegte sich plötzlich etwas! Frau Sodann schien nervös zu werden.

„Eigenartig! Das muss sich der Chef mal anschauen", murmelte sie und ging ohne ein weiteres Wort aus dem Behandlungszimmer.

In Britta machte sich bereits Panik breit. „Hartmut, wenn das Kind nun behindert ist – vielleicht lebt es ja gar nicht mehr!"

„Wird schon nichts sein", murmelte ich nicht besonders überzeugend.

„Hartmut!", fuhr sie mich jetzt an, „jetzt guck doch mal, ob du auf dem Ultraschall etwas erkennen kannst!"

„Aber Britta, ich kann doch nicht..."

„Natürlich kannst du!"

Wenn Britta diesen Tonfall auflegte, wusste ich, dass mir keine andere Wahl blieb. Und ich konnte noch froh sein, dass sie von mir nicht auf der Stelle einen Kaiserschnitt verlangte.

Gehorsam nahm ich also den Ultraschallkopf in die Hand und kurvte damit auf Brittas Bauch herum. Plötzlich erschien wie aus dem Nichts eine rundliche Eierpflaume auf dem Monitor.

„Was ist das?", rief Britta aufgeregt.

„Sieht aus wie eine Kaulquappe", bemerkte ich.

In dem Moment kamen Herr Dr. Körner und Frau Sodann ins Behandlungszimmer. Mir gelang es gerade noch rechtzeitig den Ultraschallkopf unauffällig beiseite zu legen.

„Dann wollen wir uns mal das Kinderzimmer anschauen", sagte Dr. Körner und legte den Ultraschallkopf auf Brittas Bauch.

Die Kaulquappe war wieder untergetaucht, stattdessen waren zuckenden Verwirbelungen zu sehen. Herr Dr. Körner stupste Frau Sodann mit dem Ellbogen an und murmelte: „Schauen Sie sich das nur an... Ganz schön viel Action!"

Britta war mittlerweile schweißgebadet. Der Arzt legte ihr beruhigend seine Hand auf den Arm: „Alles in Ordnung, Frau Schminke, das sieht alles kerngesund aus."

„Kann man denn schon erkennen, was es wird?", fragte ich neugierig." Das Bild auf dem Monitor glich nun einem Kameraausschnitt von der Milchstraße.

Dr. Körner schwieg eine Weile. Dann sagte er: „Warten Sie, ich muss es mir auch erst genau ansehen."

Endlich sagte er freudig: „Ich glaube, ich weiß, was es wird!"

„Ein Mädchen?", fragte ich aufgeregt.

„Ein Junge natürlich!", sagte Britta, die ihre Fassung wieder gewonnen hatte.

„Vielleicht haben Sie ja beide Recht!", grinste Dr. Körner.

Erst im Auto begriff ich, was er damit hatte sagen wollen.

„Heißt das, wir bekommen Zwillinge?", flüsterte ich entsetzt.

Zum Glück hatten wir noch eine Flasche Fernet Branca im Kühlschrank. „Ist das nicht wunderbar!", hauchte Britta selig und streichelte ihren Bauch.

Damit war unser sozialer Abstieg also endgültig besiegelt. Ich kalkulierte vorsichtig mit mindestens 200 Euro im Monat für Pampers. Je länger ich über die bevorstehenden unausweichlichen Investitionen nachdachte, desto auswegloser erschien mir unsere Lage. Ich sah mich bereits frierend vor Karstadt sitzen und mit zittriger Stimme die Leute fragen: „Haste mal 'nen Euro für mich?"

30. Bestens vorbereitet

Mann, war der Krimi wieder aufregend! Dieser junge Kommissar mit dem Milchgesicht war aber auch zu dämlich!

Doch immer dann, wenn es gerade richtig spannend wurde, musste ich mein Bier wegbringen. Als ich von der Toilette zurückkam, ballerte der Kommissar immer noch umher. Britta hatte ihre Bluse geöffnet und streichelte ihren nackten, vollschwangeren Bauch.

Jetzt! Gleich hatten sie ihn aber. Noch lachte der Killer, dabei war das Spiel eigentlich schon aus.

„Hast du gesehen, wie sie strampeln?" Britta deutete aufgeregt auf ihren Bauch, der sich wie ein aufgeblasener Luftballon wölbte.

„Ja ja", sagte ich kurz angebunden und hoffte, dass sie nun Ruhe geben würde.

Jetzt hatte der Killer einen üblen Streifschuss abbekommen, er krümmte sich vor Schmerz. Ob er es noch zu seinem Wagen schaffen würde?

„Fühl mal", forderte mich Britta auf, „die strampeln heute aber wieder wie verrückt!"

Ich langte zu ihrem Bauch. Alle zwei Sekunden linste ich zum Fernseher. „Nichts", sagte ich, während ich geistesabwesend Brittas Bauch abtastete. Ich wollte die Hand schon wieder wegziehen, aber Britta sagte mit einem Unterton, der mir keine Wahl ließ: „Du musst die Hand länger drauf lassen. Stell doch mal den Fernseher ab, ich glaube, die mögen das Geballere nicht."

So in etwa liefen in den letzten Wochen vor der Niederkunft die sonst so friedlichen Fernsehabende ab. Hoffentlich blieb Britta nach der Entbindung noch ein paar Tage im Krankenhaus, dann könnte ich wenigstens ein paar Tage ungestört fernsehen. Vielleicht lief auch was Nettes im Nachtprogramm...

Freitagabend war Fernsehen auch gestrichen, weil uns Britta bei einem Geburtsvorbereitungskurs angemeldete hatte.

Die alte ungarische Hebamme verstand es wirklich, den Frauen Mut zu machen: „Wenn jemand zu euch sagen: Die Wehen gar nicht schlimm, ich kann sagen: Wehen sind schlimm! Ganz schlimm!", verkündete sie überzeugend mit rollenden Augen.

Wie Frauen solche Schmerzen aushalten konnten, war mir unbegreiflich. Bei meinem letzten Zahnarztbesuch hatte ich den Zahnarzt angefleht, mir zum Zahnsteinentfernen eine Spritze zu geben. Der Arzt wollte mir die Spritze nur geben, wenn ich sie privat bezahle – und das war mir die Sache wert gewesen!

Britta würde das mit der Geburt schon schaffen. Mann, was war Britta für eine starke Frau!

In den letzten vier Wochen hatte sie noch einmal richtig zugelegt. Und es war geschehen, was ich mir immer gewünscht hatte: Ihre Brüste wuchsen und wuchsen! Ihr Bauch zwar auch, aber schon im Büro, wenn ich über einer knochentrockenen Steuererklärung saß, schwirrten meine Gedanken immer öfter ab und fanden sich in unserem Schlafzimmer wieder.

Zu meiner großen Bestürzung blockte Britta ungefähr drei Wochen vor dem Entbindungstermin jeden Annäherungsversuch kategorisch ab, und so lautete das Motto der nun folgenden Abende: Portwein statt Petting! Wobei mir Britta die letzten Abende vor dem errechneten Termin Portwein auch nur noch bedingt gestattete, denn ich sollte jederzeit fahrtüchtig sein.

Die Fruchtblase platzte auf der Fahrt zu Tante Gesa. Es musste bei dieser tückischen Bodenwelle vor der Aral-Tankstelle passiert sein. Kurz darauf spürte Britta, dass es auf dem Sitz feucht wurde.

„Du, ich glaub die Fruchtblase ist geplatzt!", stammelte sie erschrocken.

„Das kann gar nicht sein!", entgegnete ich, „schließlich ist der Termin erst in einer Woche."

„Das hat nichts zu sagen", sagte Britta unbeirrt, „fühl mal, wie feucht der Sitz ist."

Ich tastete mit einer Hand nach dem Sitz: klitschnass! Schon etwas unsicherer vermutete ich: „Sicherlich ist das Schiebedach wieder undicht."

Britta leckte an ihrem Zeigefinger: „Schmeckt süßlich. Hartmut, das ist Fruchtwasser! Wir müssen sofort ins Krankenhaus!"

Im ersten Moment überlegte ich nur, wie ich die durchtränkten Polster unseres Granadas wieder trocken bekommen könnte. Dann besann ich mich aber auf den Ernst der Lage und die dritte Lektion des Geburtsvorbereitungskurses.

Ich hielt sofort den alten Granada an: „Britta, bist du wahnsinnig! Wir können jetzt nicht einfach so zum Krankenhaus weiterfahren. Wir wissen doch gar nicht, ob der Kopf festsitzt! Du weißt doch, nur wenn der Kopf von den Kindern festsitzt, besteht beim Transport kein Risiko."

„Du bist gut!", sagte Britta. „Hartmut, ich bekomme Zwillinge! Meinst Du etwa, dass *beide Köpfe* im Geburtskanal festsitzen! Ich hab doch nicht das Becken einer Elefantenkuh!"

Der Kopf oder besser die Köpfe saßen also nicht fest, hämmerte es in meinen Gedanken und die grausamsten Bilder kamen mir in den Sinn. Ich hielt nach einer Parkbank Ausschau, konnte aber nur eine voll belegte Bushaltestelle ausmachen.

„Da!" Ich deutete auf die Sitzbank, auf der ein paar Kids qualmend vor sich hinlungerten. „Da ist eine Bank. Du legst dich da jetzt hin und ich suche eine Telefonzelle." Unser Handy hatten wir natürlich vergessen.

„Das ist doch nicht dein Ernst!", schnaubte Britta entrüstet. „Warum legst du mich nicht gleich da vorne auf die Verkehrsinsel. Du fährst jetzt sofort zum Krankenhaus!"

Britta war immer so eigensinnig! Dass Frauen nie *das eigentliche Problem* verstanden!

Irgendwie schafften wir es zum Krankenhaus. Im Kreißsaal wimmerte Britta bei jeder sich anbahnenden Wehe.

Hebamme Hilde, die mich an eine hartgesottene Tierärztin erinnerte, versuchte Britta richtig Mut zuzusprechen: „Das ist noch gar nichts! Weißt du, was richtige Schmerzen sind? Nein! Weißt du natürlich nicht. Woher auch? Es wird noch viel schlimmer! Viel schlimmer! Es muss schlimmer werden! Irgendwie müssen die Blagen ja rauskommen."

Je länger es dauerte, desto heftiger schrie Britta.

Es war die Hölle! Ein Alptraum.

Doch plötzlich waren sie da! Ein Junge und ein Mädchen.

Ein Junge? Wo war denn der Schnippel? Er hatte ja gar keinen Schnippel!

Ich kam nicht mehr dazu, darüber weiter nachzudenken. Als ich das ganze Blut sah, verlor ich mein Bewusstsein.

Als ich wieder aufwachte, saß Britta neben mir an einem Krankenhausbett und streichelte meine Hand. Mein Kopf schmerzte.

Britta lächelte mich an und fragte: „Na, war es denn so schlimm?"

Sie erzählte mir, dass ich ohnmächtig geworden und auf den Fußboden aufgeschlagen bin. Am Kopf hatte ich eine Platzwunde, die genäht werden musste.

„Ich liege zwei Stockwerke tiefer", sagte Britta.

„Und wie geht es Lutz und Luisa?", fragte ich Britta.

„Denen geht's prima", sagte Britta. Plötzlich stutzte sie und fragte zurück: „Wieso Lutz? Du meinst Lucy!"

Richtig! So langsam dämmerte es mir wieder. Da war doch diese Sache mit dem Schnippel... Aus Lutz war also Lucy geworden. Noch im Krankenbett nahm ich mir vor, meinen Zehnjahresplan gründlich zu überarbeiten.

„Der Arzt hat mir versprochen, dass wir alle zusammen am Freitag entlassen werden", sagte Britta und streichelte meine Beule.

Es würde für mich also keine Ruhe vor dem Sturm geben.

31. Familienvorsorge

Die Kollegen sind gerade in meinem Büro gewesen und haben zur Geburt von Lucy und Luisa gratuliert. Korrekter ausgedrückt: Die Frauen haben gratuliert und beim Anschauen der Fotos Schreianfälle bekommen, die Männer haben den Sekt und die Chips vertilgt und mich getröstet: „Irgendwann denkst auch du nicht mehr darüber nach, was man alles mit dem schönen Geld anstellen könnte, das für die Pampers drauf geht", und: „Die Zeit geht so schnell ins Land, schon sind sie wieder aus dem Haus, und dann kannst du wieder machen was du willst, es sei denn, ihr schafft euch einen Hund an." Sie sprachen aus Erfahrung.

Nun schlug ich mich mit den Formularen herum. Ich hasste Formulare: Antrag auf Elterngeld, Kindergeld, Krankenkasse. Es galt zu retten, was zu retten war. Asozial war man zwar erst ab dem vierten Kind, aber ein gewisses Unverständnis konnte man in seinem Umfeld auch schon mit zwei Kindern ernten. Bei Zwillingen war das gewissermaßen noch entschuldbar. Kann sich schließlich niemand aussuchen, wenn die Spermien sich nicht an die Abmachung halten.

Der Antrag auf Elterngeld war endlich ausgefüllt – zumindest die Fragen, die ich verstanden hatte. Eine geschlagene halbe Stunde hatte ich mich mit Vordruck F Block B3 beschäftigt. Als ich bei Blatt 4 angekommen war, sah ich plötzlich im Kleingedruckten, dass dieser Vordruck nur von alleinerziehenden Aussiedlern zu beantworten war.

Da klopfte es an der Tür. Schnell verteilte ich auf den ausgebreiteten Formularen zwecks Tarnung einige Steuerakten.

Es erschien jedoch nicht wie befürchtet Herr Axthammer, sondern Herr Hacke, der Vertreter der Beamten-Überversorgungskasse, der BÜVK. Er war groß und sein Grinsen reichte von einer Zimmerwand bis zur anderen. Es wäre unrichtig zu sagen, er würde gute Laune ausstrahlen. Er strahlte so etwas wie eine „Überlaune" aus. Sie war weder ansteckend noch angenehm. Sie hemmte mich viel eher, ihn sofort an die Luft zu setzen. Und das wusste Herr Hacke ganz genau. Seine Überlaune war nämlich nicht seine Gabe, sondern seine Waffe.

Frau Hoppe-Reitemüller hatte sich leider auch gerade verdrückt. So nutzte Herr Hacke die Gunst der Stunde, und ehe ich mich versah, hatte er bereits auf dem freien Platz mir gegenüber sein Büro eröffnet. Ich antwortete ihm nur einsilbig und nur dann, wenn es sich nicht vermeiden ließ.

Der oberste Grundsatz bei Kontakt mit einem Versicherungsvertreter lautet: Sich auf gar keinen Fall auf ein Gespräch einlassen! Es ist wie mit der Schlange im Garten Eden: Sobald Adam und Eva sich auf die Überlegungen der Schlange eingelassen hatten, war das Spiel auch schon vorbei.

Zwei Minuten gelang es mir durchzuhalten. Nur widerwillig ließ ich mir zur Geburt der Zwillinge gratulieren. Herrn Hackes Hand war fleischig und triefte vor Schweiß. Verstohlen wischte ich mir meine Hand an meiner Hose ab.

Hoffentlich rief Britta jetzt an oder meinetwegen auch Herr Axthammer – genügend Mist hatte ich ja heute schon verzapft.

Aber nichts geschah. Keiner störte uns. Nicht einmal ein Kollege guckte herein. In diesem Sauhaufen konnte man von einem Reptil bei lebendigem Leibe verschlungen werden und keiner würde davon Notiz nehmen!

Ich saß vor Herrn Hacke wie das kleine Kaninchen vor der Schlange. Mit kalten, starren Augen, in denen sich die Worte: „Versicherungsabschluss 234" spiegelten, fixierte er mich. Im Grinsemaul sah ich gefährlich den – nicht beihilfefähigen – Giftzahn blitzen und doch konnte ich mich nicht mehr dagegen wehren: „Herr Schminke, und wer trägt dann ein Leben lang die Kosten, wenn Ihre Luisa die Treppe herunterfällt und sich den Rückenwirbel anbricht? Was glauben Sie denn! Das geht schneller als Sie sich das vorstellen können! Jetzt denken Sie doch einmal nach! Stürzen Sie sich und Ihre Familie nicht ins Unglück! Das ist doch das Mindeste, was Sie Ihrer Familie schuldig sind!" Eine Horrorvorstellung! Der Mann hatte Recht. Ich musste mich dazu zwingen, jetzt nicht sofort zu Hause anzurufen um zu klären, ob in meiner Familie alle noch am Leben sind und die Rückenwirbel noch zusammenhalten.

Als ich den letzten der fünf Verträge unterschrieben hatte, fühlte ich mich richtig befreit. Ich wollte noch sagen: „Herr Hacke, gut, dass Sie gerade noch rechtzeitig gekommen sind!", aber Herr Hacke war schon aus meinem Büro verschwunden.

Erleichtert lehnte ich mich in meinem Stuhl zurück. Mit der BÜVK war man wirklich in einer starken Gemeinschaft. Schulter an Schulter – was sollte einem da noch passieren?

32. Wenn du müde wirst, geh nicht in den Keller!

Wer Zwillinge für „süß" hält, der hat noch keine Nacht mit ihnen erlebt. Heute Nacht wurde wieder keine Facette des Szenariums ausgelassen. Der Abend begann eigentlich ganz friedlich. Gegen 20:00 Uhr sagte Britta: „Ich lege die beiden jetzt noch einmal an die Brust, mache sie frisch und dann legen wir uns alle hin."

Lucy wollte aber nicht so recht trinken und bei Luisa saß ein Pups quer. Gegen 22:00 Uhr waren Brittas Nerven dann verbraucht. „Ich kann nicht mehr!", heulte sie, „seit 4:00 Uhr morgens habe ich keine Minute Ruhe!"

„Ich habe dir doch gesagt, du sollst dich schonen!", tadelte ich sie. Den Hinweis hatte sie zur Erbauung jetzt gerade gebraucht. Der erste Brockhaus-Band, Buchstabe A bis C, sauste haarscharf an meinem Kopf vorbei.

„Dir ist das ja alles egal!", schrie Britta. Egal war mir das natürlich nicht. Ich wollte nur auch einmal wieder meine Ruhe haben und schlafen. Ich kombinierte jedoch, dass ich nun handeln musste, um die Situation nicht vollkommen zum Entgleisen zu bringen.

Es war eine schreckliche Nacht. Nicht nur in Nordkorea, sondern auch in westeuropäischen Schlafzimmern wurden unschuldige Männer mit unvorstellbaren Foltermethoden gequält. Schlafentzug lautete in meinem Falle schaurig das Urteil.

Zur Vollstreckung des Urteils wurden in der nachfolgend genannten Zeitfolge etwa folgende Befehle gegeben:

22:34 Uhr: „Koch mal die Schnuller aus!"

22:59 Uhr: „Hol mir mal die kleine Wärmflasche!"

23:17 Uhr: „Ach, zieh doch noch mal die Spieluhr auf!"

23:26 Uhr (sehr unbeherrscht): *„Hartmut! Die Spieluhr!"*

00:17 Uhr: „Hartmut! Ich höre sie gar nicht mehr atmen. Guck mal nach, ob sie noch leben."

00:45 Uhr: „Sie können doch noch gar nicht wieder Hunger haben! Hartmut, versuch es mal mit Fencheltee. Aber nur 50 ml und nicht zu heiß machen!"

Irgendwann, so gegen 5:00 Uhr, klingelte der Wecker. Ich weiß nicht mehr genau, ob ich in dieser Nacht geschlafen habe oder eine Art Trancezustand eingetreten war.

Jetzt saß ich hier in meinem Büro im Finanzamt. Ich durfte bloß nicht einschlafen! Was danach zu Hause auf mich wartete, wusste ich nicht. Ich wagte auch nicht daran zu denken. Ich war keine Kämpfernatur. Vielleicht ließ ich mich auch auf dem Weg zur Apotheke, wenn ich die Stillkompressen holte, von einem Schwertransporter überrollen. Ich weiß, das wäre feige, aber irgendwann zählte nur noch eines: Ruhe!

Zum Glück hatte Frau Hoppe-Reitemüller heute fast den ganzen Tag Frauen-Sprechstunde und guckte nur ab und zu einmal herein. Sie sagte auch schon, ich sähe schlecht aus und solle doch nach Hause gehen. Aber wer weiß, was für Aufträge mir Britta erteilen würde. Wahrscheinlich würde sie sich sofort ins Bett legen und ich könnte stundenlang mit dem Kinderwagen durch die Gegend schieben. Nee, da blieb ich lieber hier im Amt.

Optisch sah mein Schreibtisch so aus, als würde er vor Arbeit nur so dampfen. Auf der Anzeige des Taschenrechners glühte eine imaginäre fünfstellige Zahl. In Wirklichkeit fragte ich mich, wie ich die nächsten acht Stunden überstehen sollte. Jede noch so heimtückische Erkältung wäre erträglicher gewesen.

Nicht nur ich war müde. Es sprach niemand von den Kollegen darüber, aber die bleierne Müdigkeit war allgegenwärtig.

Sie hatte die junge Registratorin übereilt. Sie ging jetzt schon zum fünften Mal auf die Toilette und stellte anhand ihrer dunklen Augenränder fest, dass umfangreiche Restaurierungsarbeiten an ihrem Make-up fällig wurden, um für die Disko heute Abend wieder knusprig auszusehen.

Von bleierner Müdigkeit wurde auch mein Chef übermannt, der sich von dem fetten Eisbein heute Mittag in der Kantine verführen ließ. Es wäre jetzt eigentlich an der Zeit, Frau Stöhr, dieses Arbeitshindernis, einmal mit rhetorischer Schlagkraft so in den Hintern zu treten, dass es nur so krachte, und sie in den nächsten drei Monaten bis zur Beurteilung die Schlagzahl bestimmt verdoppelte. Das hatte er sich immer schon mal vorgenommen – wenn er nicht so unglaublich müde wäre.

Eigentlich müsste er, als Vorgesetzter, auch die wiehernde Kaffeerunde in dem Büro über ihm auflösen – oder hatten die Kollegen vielleicht noch eine Tasse Kaffee für ihn? Schließlich war er vor seiner Metamorphose zum Sachgebietsleiter auch einmal einer von ihnen gewesen...

Ich stützte meinen schweren Kopf mit meinen Händen ab und schloss die Augen. Dabei hielt ich meinen Kugelschreiber in der rechten Hand. Wenn jetzt ein Kollege hereinkäme, sähe es so aus, als würde ich gerade angestrengt nachdenken. Ich durfte jetzt nur nicht einschlafen. Das machte die Sache so anstrengend und schwierig.

Ich könnte mir auch von der Registratorin den Schlüssel für die Aktenverwahrung im Keller besorgen und mich hinter ein Regal legen. Wenn mich dort allerdings jemand finden würde, könnte ich ab morgen wirklich lange ausschlafen.

Neulich hat man im Keller einen Betriebsprüfer mit einer Praktikantin beim Vögeln aufgeschreckt – nein, der Keller war zu riskant. Im Keller vermutete man all solche Sauereien. In einer finsteren Ecke hatte ich einmal ein gutes Dutzend leere Wodkaflaschen entdeckt und unter Steuernummer 142/... steckte der „Intimreport". Im Keller geschieht so Manches, wenn aus Beamten plötzlich Menschen werden. Deshalb: Geh nicht in den Keller, wenn du müde wirst!

Warum wird mit der Müdigkeit nicht so natürlich und menschlich umgegangen, wie mit einer plötzlichen Durchfallerkrankung oder Zahnschmerzen? In der Praxis könnte sich das in etwa so abspielen: Ich gehe zu meinem Chef und sage ihm: „Ich bin so unglaublich müde!" Er sieht mich mitfühlend an, geht zum Schrank und gibt mir eine warme Decke. „Jetzt nur nicht kalt werden", sagt er fürsorglich und fügt hinzu: „Wann wollen Sie denn geweckt werden, ist 16:00 Uhr recht? Ich sage gleich der Geschäftsstelle Bescheid, dass sie um 16:00 Uhr bei Ihnen anrufen."

„Das ist nett von Ihnen", bedankte ich mich. „Ach, und könnten Sie bitte noch meine Frau anrufen. Sie soll schon mal das Bad vorheizen", füge ich hinzu.

So harmonisch könnten Mitarbeiter-Vorgesetzte-Gespräche ablaufen und selbst ein Arbeitstag wie dieser brauchte nicht so qualvoll zu sein.

Kurz vor dem Mittagessen klopfte es an meiner Bürotür. Ich schreckte hoch, weil ich schon wieder dachte, es wäre Herr Axthammer. Es war aber nur Giesbert, mein Kumpel aus dem Arbeitnehmerbereich. Der Arbeitnehmerbereich war die einzige Stelle im Amt, in der Steuergerechtigkeit noch wirklich praktiziert wurde: Allen Steuerpflichtigen wurde gleichmäßig und ohne lange Diskussionen die Sahne vom Gehalt abgeschöpft. Selbst Lehrer konnten nicht mehr alle Werbungskosten gnadenlos übers Arbeitszimmer absetzen (hihihi).

Giesbert musterte mich kritisch und bemerkte: „Hartmut, du siehst aber gar nicht gut aus! Hast du schlecht geschlafen?"

„Ich habe nicht *schlecht* geschlafen, ich habe *überhaupt nicht* geschlafen! Und zwar seit Britta mit den Zwillingen zu Hause ist!", jammerte ich leise. Giesbert schaute mich verständnisvoll an.

Das Telefon klingelte. Notgedrungen nahm ich den Hörer ab. Es war ein Steuerpflichtiger, der nach dem Stand der Bearbeitung seiner Steuererklärung fragte. Giesbert flüsterte mir zu: „Ich komme nachher noch mal vorbei...", und huschte aus dem Büro.

Ich brauchte einige Minuten, ehe ich die Steuererklärung von Herrn Schmeißer gefunden hatte.

„Vor zwei Monaten habe ich die Erklärung schon abgegeben und noch immer ist kein Geld auf dem Konto!", schnaubte Herr Schmeißer. Das stimmte allerdings nicht! Die Erklärung war erst letzten Montag eingegangen. Am liebsten würde ich jetzt zurückgiften: „Dran bist du noch lange nicht!" Aber ich schwenkte auf eine andere Taktik um. „Kleinen Moment bitte, Herr Schmeißer", säuselte ich betont freundlich in den Hörer. „Ich verbinde Sie mal mit dem zuständigen Sachbearbeiter." Dann verband ich die lästige Schmeißfliege mit unserem Aktenlagerraum der Steuerfahndung.

Warum in diesem Raum ein angeschlossener Telefonapparat existierte, wusste wahrscheinlich nicht einmal unser Geschäftsstellenleiter. Und der müsste es eigentlich wissen. Schließlich hatte er die Installation dieses Apparates in Zimmer 309 mittels amtlichem Vordruck T27 genehmigt. Eine derartige Genehmigung hatte ähnlich bindenden Charakter, wie ein Urteil des Bundesverfassungsgerichts. Sie ließ sich faktisch nicht rückgängig machen, selbst wenn keine logische Notwendigkeit mehr bestand.

20 Minuten später stand Giesbert wieder in meinem Büro. In der Hand hielt er einen Schlüssel. Er schaute mich besorgt an und sagte in einem mütterlichen Tonfall: „Hartmut, ich habe mir etwas überlegt: Du musst dringend eine Auszeit nehmen, sonst bekommst du am Ende noch einen Nervenzusammenbruch oder Schlaganfall!"

Er hielt mir den Schlüssel dicht vor die Nase: „Das ist der Schlüssel zu meinem kleinen Appartement in der Genf-Allee. Die Wohnung hatte ich für Yvonne und mich angemietet". Giesbert seufzte tief. „Ich hätte wissen müssen, dass sich so ein Luxusweibchen auf Dauer nicht halten lässt – trotz eigenem Appartement. Im Moment brauche ich die Wohnung jedenfalls nicht. Geh mal nach Feierabend für ein, zwei Stunden hin und schlaf dich aus."

Ich zögerte im ersten Moment, aber dann nahm ich ihm doch den Schlüssel aus der Hand. Neben Horst war Giesbert im Grunde der einzige echte Kumpel im Finanzamt. Wir erzählten uns fast alles. Und so wusste ich natürlich auch um seine Verhältnisse. Für Giesberts Verhältnisse war es unnormal, wenn er gerade kein Verhältnis hatte.

Als Giesbert gegangen war, schloss ich meine Augen und atmete tief ein. Mein Schicksal hatte eine unerwartete Wendung genommen. Heute noch nicht, aber morgen nach Feierabend würde ich in die Genf-Allee fahren! Morgen würde ich es tun.

Anfangs fuhr ich nur alle zwei bis drei Tage nach Feierabend in die Genf-Allee. Irgendwann hatte ich mich aber so an diese Annehmlichkeit gewöhnt, dass es die Ausnahme wurde, wenn ich gleich nach Hause fuhr.

Die Wohnung lag in einem großen anonymen Appartementhaus im dritten Stock. Es war eine kleine gemütliche Zwei-Zimmerwohnung mit einem riesigen, runden Wasserbett. Eine richtige Spielwiese. Schade, dass ich Britta nicht mal mitbringen konnte.

Am ersten Tag verschlief ich glatt. Britta war sauer, dass ich so spät nach Hause kam. Aber ich revanchierte mich mit guter Laune und außergewöhnlicher Hilfsbereitschaft. Ich ging sogar freiwillig mit dem Zwillingskinderwagen eine Runde spazieren und murrte auch nicht, als Gundula Britta abends zu einem Glas Wein einlud.

Von nun an nahm ich immer einen Wecker mit und gönnte mir maximal zwei Stunden.

Die Lage zu Hause entspannte sich zusehends und auch Britta wurde ausgeglichener. Natürlich hatte ich ein schlechtes Gewissen, weil ich Britta davon nichts erzählte, aber ich beruhigte mein Gewissen mit dem Gedanken, der Zweck heilige schließlich die Mittel.

Ausgeschlafen und gut gelaunt kam ich an einem Dienstag gegen 18:00 Uhr nach Hause. Brittas Studienfreundin Hannelore war zu Besuch. Gundula war ja schon eine Heimsuchung, aber Hannelore war selbst nach vier Schnäpsen nur leidlich zu ertragen.

Hannelore war eine richtige Heulsuse. Diesmal ging es zum tausendsten Mal darum, dass immer noch kein Mann bei ihr angebissen hatte. Hannelore sollte mich mal fragen, woran das lag. Hannelore war im Grunde selbst Schuld an ihrer Situation. Ihr objektiv einziger Reiz für Männer war ihre schon fast abnorme Oberweite gewesen. Und ausgerechnet ihre Brüste hatte sie sich von der letzten Steuererstattung – zu der ich Dussel ihr auch noch verholfen hatte – wegoperieren lassen. Wann begriff Hannelore endlich, dass Männer nur über ein eingeschränktes Wahrnehmungsvermögen verfügten! Solange nicht Britta und Hannelore ihre tiefenpsychologischen Aufarbeitungen vergaßen und sich der Realität stellten, würde sich für Hannelore nichts ändern. Punkt.

Hannelore plärrte: „Sie sagten immer, sie wollten mit mir schlafen. In Wirklichkeit wollten diese beschissenen Typen gar nicht mit *mir* schlafen, sondern mit meinen Titten!"

Ich wäre beinahe ins Zimmer gelaufen und hätte applaudiert. Gut, Hannelore! Du hast es erkannt! Hannelore, du bist ja noch intelligenter, als du aussiehst! Das Leben ist schon brutal. Aber man kommt zurecht, wenn man der Realität ins Gesicht sieht.

Da ich zu Hause überflüssig schien, fuhr ich mit dem Wagen zur Selbstwaschanlage.

Als ich wieder zurückkam, war Hannelore zum Glück gegangen. Britta hatte äußerst schlechte Laune. Sie schnauzte mich gleich wegen einer Lappalie an. Und auch in den folgenden Tagen besserte sich ihre Laune nicht. Zudem machte es mich langsam stutzig, dass sie immer ganz genau wissen wollte, wann ich denn nach Hause käme. Ich fuhr daher nur noch jeden zweiten Tag zu Giesberts Appartement. Nächste Woche würde ich Giesbert den Schlüssel wieder zurückgeben. Obwohl mir der zusätzliche Schlaf sehr gut tat, konnte das ja kein Dauerzustand werden. Im Übrigen hatte ich bereits ernsthafte Schwierigkeiten mit meinem Stundenkonto im Finanzamt. Maximal zehn Stunden Miese waren erlaubt. Und ich lag bereits mehr als einen Tag im Rückstand.

Es war Freitag. Um das Wochenende zu überstehen würde, ich mir noch einmal nach Feierabend zwei schöne Stündchen auf der Spielwiese gönnen, einmal noch Kraft schöpfen.

Um 13:00 Uhr fuhr ich in die Genf-Allee. Ich musste gerade eingeschlafen sein, da wurde ich plötzlich von einem Geräusch geweckt. Es musste noch jemand in der Wohnung sein!

„Giesbert, bist du es?", fragte ich angespannt und zitternd am ganzen Leib.

Im nächsten Moment wurde die Schlafzimmertür aufgerissen und in der Tür standen: Hannelore und Britta!

„Wo kommt ihr denn her?", stammelte ich benommen.

„Wo ist sie?", schrie Britta und begann die Türen vom Kleiderschrank aufzureißen.

„Wer denn?", fragte ich hilflos zurück.

„Na, die Schlampe!", keifte Hannelore.

Als sich weder Kondom, BH noch andere Indizien finden ließen, die auf ein Liebesnest hindeuteten, wurde die Unterhaltung wieder ein bisschen sachlicher. Britta musterte mich argwöhnisch und fragte langsam: „Was machst du eigentlich hier?"

„Das siehst du doch!", entgegnete ich, „Schlafen! Endlich mal wieder ein bisschen schlafen!"

Dann erklärte ich alles.

Vom Appartement aus rief ich bei Giesbert an. Giesbert war stocksauer. „Das ist Hausfriedensbruch! Woher hat Hannelore den Schlüssel zu meiner Wohnung?"

Nach einigem hin und her rückte Hannelore damit heraus, dass ihre Freundin Kerstin ab und an mit dem Hausmeister der Wohnanlage einen Quickie hatte. Und bei ihrem letzten Date, hätte sie sich den Generalschlüssel mal für einen guten Zweck ausgeliehen.

„Das gibt noch ein Nachspiel!", knurrte Giesbert.

Hannelore ließ sich jedoch in ihrem missionarischem Eifer von Giesbert nicht beirren und redete weiter auf Britta ein: „Glaub Hartmut kein Wort! Männer sind Schweine!"

Ich sah mich schon ohne Frau, Kinder und Eigentumswohnung in einem dieser elendigen Ein-Zimmerappartements in den Betonsilos bei der Müllkippe hausen. Neben mir in den Grotten Aussiedlerfamilien in Warteschleife und sogenannte „Geheilte" aus dem Hochsicherheitstrakt der Nervenheilanstalt.

Aber dann sagte Britta bestimmt: „Ich glaube Hartmut!" Hannelore hatte zwar schon wieder ihr Maul geöffnet und wollte etwas Vernichtendes von sich geben, aber Britta fuhr ihr über den Mund und sagte heftig: „Du kannst denken, was du willst, Hannelore, aber ich glaube Hartmut! Wenn ich es mir recht überlege, war das alles in letzter Zeit doch ein bisschen viel für ihn. Du kennst den Hartmut nicht! Wenn er seinen Schlaf nicht bekommt, ist er zu allem fähig!"

Dann lagen Britta und ich uns in den Armen. Hannelore ging, ohne ein Wort zu sagen, aus der Wohnung.

33. Krank

Ich wurde von einem Kratzen im Hals geweckt. Beim Schlucken wurde der Schmerz noch stärker. Es war 5:20 Uhr, ich war hundemüde und erkältet. Es wurde 5:25 Uhr, ich war immer noch hundemüde und so allmählich wurde mir bewusst, wie erkältet ich eigentlich war. Ich zwang mich dazu, meine Beine unter der mollig warmen Decke hervorzuziehen und in die Latschen zu gleiten.

Im Bad schaute ich mich im Spiegel an und stellte fest, dass ich sogar glaubwürdig erkältet war. Langsam zeichnete sich eine Lösung für diesen Tag ab.

Schnell kroch ich wieder in mein Bett zurück, damit es nicht auskühlte. Nun kamen so langsam die Gewissensbisse hoch: War ich denn auch erkältet genug, um zu Hause bleiben zu können? Ja, eigentlich schon. Man musste ja nicht gleich tot im Bett liegen, um einmal krank zu machen! Außerdem machte ich nicht krank, ich war krank! Beunruhigend krank sogar. War ja auch kein Wunder! In den vergangenen Nächten war wieder die Hölle los. Kaum war das eine Gör eingeschlafen, plärrte das andere los. Und dann immer nachts barfuß auf den kalten Fliesen! Im Übrigen machte es sich jetzt wirklich bemerkbar, dass mir die Stunde Schlaf am Nachmittag in Giesberts Appartement fehlte. Ich fühlte mich völlig entkräftet. Jeder Arzt würde mich sofort von oben bis unten mit Antibiotika vollpumpen.

Und außerdem hatte ich diese Erkältung mal wieder verschleppt. Schon seit Tagen spürte ich dieses Kribbeln im Hals. Da konnte man mir den einen Tag mal gönnen.

Was heißt hier „gönnen"! Als wenn es mir Spaß machen würde, zu Hause zu bleiben. Diese Kamillendampfbäder, die mir Britta wieder aufnötigen würde, waren wie lebendig gegart zu werden. Und dann den ganzen Tag zu Hause herumsitzen. Nicht mal schwimmen gehen oder zum Eis essen in die Stadt fahren war drin.

Das Schlimmste aber: Ich musste bei der Arbeit anrufen, um mich krank zu melden!

Mein Chef glaubte mir sowieso nicht. Der Tag würde auf seiner internen Statistik rot angekreidet und darunter vermerkt: Verrechnet wird später!

Vielleicht rief ja Britta für mich an. Das machten ja andere Frauen auch manchmal für ihre Männer. Bei Frau Hoppe-Reitemüller rief immer ihr Norbert an, um sie krank zu melden.

Überhaupt: Es riefen immer alle bei mir an, um sich krank zu melden. Ob ich es dem Chef weitersagen könne. Als ob der Chef noch nicht da wäre und man sich nicht persönlich bei ihm hätte melden können. Aber sie wussten alle: Ich stelle keine dummen Fragen und sage nur ordnungsgemäß und ohne höhnischen Unterton: „Gute Besserung."

Wenn Norbert bei mir anrief, um seine Rita krank zu melden, legte er jedes Mal eine Nummer hin, die sich sehen lassen konnte.

Der erste Satz ließ die Tragik seiner Nachricht schon erahnen. Dann schilderte er kurz aber bewegend, wie das Opfer von den Viren gekrallt und zu Boden geworfen wurde.

Nicht erst einmal habe ich für Frau Hoppe-Reitemüller einen möglichen Beerdigungstermin in meinem Terminkalender vorgemerkt und ernsthafte Überlegungen angestellt, wie ich Tina dazu bringen könnte, in mein Büro einzuziehen.

Aber ich würde mich wohl schon selbst krank melden müssen, wenn ich heute zu Hause bleiben wollte. Für eine derart glaubwürdige Inszenierung fehlte Britta einfach die Phantasie.

Da fiel mir ein: Britta wollte heute den ganzen Tag mit den Zwillingen zu einer Freundin fahren. Das würde bedeuten, den ganzen Tag einmal Ruhe, Schlafen, Glotzen bis zum Abwinken und sich einfach mal rumräkeln.

Ich stöhnte: „Britta, mir geht es überhaupt nicht gut!"

Britta war selbst noch hundemüde und sagte nur: „Dann bleib doch zu Hause."

Ich liebe dich, Britta! Oh ja, Britta, es muss heute wirklich sein. Du hast ja so recht.

34. Schnorrer

Eben rief Britta bei mir im Büro an. Frau Hoppe-Reitemüller war zum Glück gerade in der Materialausgabe. So konnte ich eine Weile ungestört mit Britta reden.

Unser Konto war mal wieder mit 6.000 Euro überzogen. Seit die Zwillinge da waren und Britta die Löcher in der Haushaltskasse nicht mehr durch Kurse im Fitnessstudio stopfen konnte, kam das ständig bei uns vor, um nicht zu sagen, es war schon zur Normalität geworden. Nicht auszudenken, wenn Britta nun plötzlich unseren Granada in den Graben setzen würde! Bei ihrem Fahrstil rechnete ich eigentlich bei jeder Fahrt damit, vor allem, wenn sie schlechte oder besonders gute Laune hatte. Frühestens nächste Woche Donnerstag war mein Gehalt auf dem Konto. Bis dahin durften wir nichts mehr abheben, sonst würde die Karte gleich eingezogen werden.

Mir kam ein Gedanke: Ich könnte an zwei verschiedenen Geldautomaten in der Stadt jeweils 20 Euro abheben. Wenn ich ganz schnell zum anderen Automaten sprinten würde, bestand vielleicht die Chance, dass der andere Kumpel nicht so schnell gemerkt hat, dass ich seinen Kollegen gerade etwas erleichtert habe. Und die 40 Euro müssten zumindest für diese Woche reichen.

Britta fand meine Taktik nicht überzeugend und gab mir mit auf den Weg: „Morgen musst du mit dem Fahrrad ins Finanzamt fahren. Tanken ist zu teuer. Und unser Brot ist auch alle!"

Keine Viertelstunde später rief Britta wieder an: „Hörst du die Waschmaschine? Moment, ich halte mal den Hörer an die Trommel." Was ich da zu hören bekam, klang nicht sehr vertrauenerweckend.

„Hörst du, wie sie röchelt? Das macht sie seit ihrem letzten Schlaganfall vor zwei Wochen. Ich fürchte, das geht nicht mehr lange gut." Ich gab Britta die Anweisung: Laufen lassen bis zum Exitus, denn die Privatliquidation von Elektro-Plotzke war im Moment beim besten Willen nicht drin. Und was ich von Elektrogeräten verstand, hatte ich ja eindrucksvoll bei unserem kaputten Föhn bewiesen.

„Ich wollte immer eine von Miele!", beschwerte sich Britta.

Ich legte lieber schnell den Hörer auf.

Nur Augenblicke später rief Britta wieder an: „Der Granada springt nicht an!"

„Im Kofferraum liegt der Hammer. Einfach mal auf den Anlasser kloppen!", sagte ich kurz angebunden. „Den Rest des Tages habe ich wichtige Besprechungen", versuchte ich weiteres Unheil abzuwenden.

Drei Minuten später wieder Britta: „Der Motor läuft jetzt, klingt aber irgendwie unrund." Meine Nerven lagen blank. Ich flehte jetzt in den Hörer: „Britta, egal was heute noch passiert, bitte ruf mich nicht mehr an!"

Auf Krisensituationen wie diese war ich mittlerweile gut vorbereitet. Kantine war heute nicht drin, sondern Schnorren angesagt. Ich hatte mir aus unserer Geschäftsstelle eine Liste mit den Geburtstagen aller Bediensteten besorgt. Das waren immerhin fast 200 Beamte und Angestellte. Dann hatte ich noch die „Special-List" – die hatte nicht jeder! Auf dieser Liste standen sämtliche Jubiläen.

Ich studierte mit knurrendem Magen die Listen. Ich hatte Glück! Birgit aus unserer Abteilung hatte Geburtstag und Herr Koch feierte heute sein 25-jähriges Dienstjubiläum. Außerdem war Herr Oberdieck befördert worden. Mit Herrn Oberdieck verband mich eigentlich nur der Fall Hohlbaum. Und wie es der Zufall wollte, lag die Akte Hohlbaum gerade bei Herrn Oberdieck auf Wiedervorlage. Also ein guter Vorwand, um die Akte und natürlich eine gut gefüllte Serviette mit Pralinen zu entführen.

Herr Oberdieck war eigentlich ein friedliebender Mensch. Darauf konnte ich heute allerdings keine Rücksicht nehmen – fressen oder gefressen werden!

Ich war der Erste, der Herrn Oberdieck gratulierte. Auf dem Tisch war kein üppiges Büfett aufgebaut, wie es bei Beförderungen so üblich ist, sondern auf dem Aktenbock stand eine einzige schmale Pralinenschachtel. Im Kollegenkreis war allseits bekannt, dass Herr Oberdieck die Pralinen vorher abzählte. Zwei Stück bekam jeder in der Abteilung: Eine zur Begrüßung und eine als Rausschmeißer. Ich war natürlich nicht eingeplant.

Nachdem ich ihm gratuliert hatte, sagte ich mit einem Blick auf die Pralinen: „Aber Herr Oberdieck, Sie haben sich ja mal wieder ins Zeug gelegt! War das denn wirklich nötig?"

Er überlegte jetzt fieberhaft, wie er mich wieder los werden könnte. Ich sagte zu ihm: „Die Kollegen wollen Ihnen bestimmt gleich gratulieren. Damit es nicht zu voll wird, nehm ich mir einfach ein paar Pralinchen mit auf die Hand." Und dann langte ich gnadenlos zu. Ich erwischte zwei Krokantstäbchen, drei Mokkakugeln und fünf Weinbrandbohnen. Herr Oberdieck war den Tränen nahe als ich sein Büro verließ. Hoffentlich bearbeitete er nie meine Steuererklärung...

Ich kam an der Tagesunterbringung von Frau Dinkel und Frau Gatze-Geißblatt vorbei. Da fiel mir ein: Frau Gatze-Geißblatt hatte am Wochenende Silberhochzeit gefeiert! Da ließe sich ein Glas Sekt abstauben. Aber selbst wenn ich elendig verhungern müsste, würde ich dieses Büro nie, aber auch niemals freiwillig betreten. Es gab für jede persönliche Katastrophe noch eine Steigerung. In der Gülle stehen zu müssen, war immer noch besser als in Gülle zu tauchen. An mein kleines Büro neben der Besuchertoilette gemeinsam mit Frau Hoppe-Reitemüller gefesselt zu sein, war immer noch besser, als mit Frau Dinkel oder Frau Gatze-Geißblatt ein Büro teilen zu müssen. Neulich hing an ihrer Bürotür eine Postkarte mit zwei Mumien, die in einer spinnenumwobenen Amtsstube zusammensaßen. Auf der Karte hatte gestanden: „Auch vor 12:00 Uhr darf hier schon gelacht werden!" Die Mumien hatten umgehend von Frau Hoppe-Reitemüller verlangt, ein Disziplinarverfahren gegen männlich unbekannt in die Wege zu leiten.

Ich bekam jetzt langsam Hunger auf etwas Handfestes. Zum Glück hatte ja unsere Birgit auch noch Geburtstag. Vielleicht gab es da ein paar Sattmacher.

Kurz nach 9:00 Uhr ging meine Abteilung zu Birgit. Birgit ließ die Gratulationsinvasion artig über sich ergehen. Dann standen wir alle steif im Zimmer herum und begutachteten das aufgebaute Buffet: Es war enttäuschend: nur Süßigkeiten von Aldi. Das Zeug hing uns schon zum Halse heraus! Nicht mal ein Teller mit Mettbrötchen. Jeder kaufte für seinen Geburtstag die Süßchen bei Aldi ein. Warum Perlen vor die Säue werfen? Mir war von Herrn Oberdiecks Pralinen noch ganz schlecht und ich könnte jetzt wirklich was Handfestes vertragen. – Die Orangenstäbchen schienen bei Aldi neu zu sein. Die könnte man mal probieren.

Endlich fiel Birgit ein, „Bitte!" zu sagen und mit einer einladenden Handbewegung auf die Süßchen zu deuten.

Frau Stöhr griff sofort zu. Sie war einem leckeren Schokoladenschmankerl nie abgeneigt. Ihre Hüften wussten das zu schätzen und hatten für diese Zuwendungen ein extra Depot angelegt. Aber sieh an, was war nur in die Gute gefahren: Frau Stöhr griff zur Salzstange und starrte anschließend provokativ auf meinen Bauch.

„Salzstange hat 20 Mal weniger Kalorien als Weinbrandbohne!", zischte sie mir bissig zu.

Es war unangenehm still im Büro. Jeder war froh, dass er sich mit seinem Süßchen beschäftigen konnte.

Frau Stöhr konnte als Erste die Stille nicht mehr ertragen und brach heraus: „Gestern habe ich Hartmuts Frau im Supermarkt gesehen!"

Alle schauten mich jetzt wach und interessiert an. Es wurde spannend. Mein Puls beschleunigte sich.

„Und?", fragte Birgit ungeniert.

„Die ist richtig fesch!", fuhr Frau Stöhr fort. „Ein richtig sportlicher Typ. So eine Frau hätte ich ihm gar nicht zugetraut!"

Alle lachten. Das war jetzt genauso gemein wie ungehobelt charmant. Frau Stöhr war in solchen Runden beliebt, weil sie alles, was sie dachte, ohne Verpackung aussprach. Das schaffte Stimmung.

Frau Droste, die eigentlich immer schwanger war, wenn ich sie mal sah, schaute mich mit einem Mal ganz eigenartig an. Ihr Blick verriet eine gewisse Neugier und ich las ihre Gedanken: Konnte es sein, dass in diesem kleinen, dicklichen Mann mit weichen Armen und diesem albernen dünnen Oberlippenbart ein Tiger steckte, eine explosive männliche Potenz, die nur darauf lauerte, dass die Lunte gezündet wird? Sie zweifelte noch, aber ihr Interesse war geweckt.

Ich fragte Frau Stöhr genauso direkt zurück: „Wie soll ich das denn jetzt auffassen?"

Die Frage hätte ich mir lieber verkneifen sollen, denn damit hatte ich das Thema erst so richtig angeheizt.

Birgit, die sich gerne in bedenkliche Theorien verstieg, dozierte nun: „Das ist doch völlig logisch: Es finden sich immer einander ähnliche Partner. Und wenn sie sich anfangs überhaupt nicht ähneln, dann gleichen sie sich aufgrund ihrer Lebensgewohnheiten und Gespräche mit den Jahren immer mehr an. Das sieht man doch schon bei Hunden und ihren Herrchen."

Frau Stöhr widersprach vehement: „Aber Hartmut sieht seiner Frau bestimmt nicht ähnlich! Sie ist auch mindestens einen Kopf größer als er – und *sportlich*!"

Alle starrten auf meinen Bauch. Zwischen meinem mittleren und oberen Rettungsring saß breit grinsend Balu der Bär auf meinem orangefarbenen T-Shirt und sang: Versuchs mal mit Gemütlichkeit! Ich hasste dieses T-Shirt. Britta hatte es mir zum letzten Geburtstag geschenkt und gemeint, ich sähe darin so knuddelig aus. Morgen würde ich es unauffällig der Kochwäsche beimengen und es zu Waschlappengröße verkochen lassen!

Die Bürotür flog auf und Birgits ehemalige Kollegen aus der Finanzkasse stürmten ins Zimmer. Wie die Piranhas stürzten sie sich auf die restlichen Negerküsse – für mich ein idealer Zeitpunkt, unauffällig den Absprung zu schaffen.

Bei Lachshäppchen und Sekt anlässlich Herrn Kochs 25-jährigem Dienstjubiläum ließ ich den Vormittag ausklingen.

Britta kam erst um 19:00 Uhr nach Hause. Sie war mit den Zwillingen bei Tante Gesa gewesen. Die fünfjährige Lilli feierte ihren Kindergeburtstag und Britta durfte beim Abendbrot die restlichen Fingerwürstchen und Pommes aufessen.
Für diesen Tag waren wir alle noch einmal satt geworden.

35. Warme Mahlzeit garantiert

Einen Monat lang hatte ich den Gedanken an unseren Kontostand erfolgreich verdrängt. Heute Mittag zwang ich mich dazu, zum Auszugsdrucker zu gehen. Britta zog nie Kontoauszüge. Nur gut, dass es anonyme Auszugsdrucker gab! Die Zeiten, in denen aalglatte Bankangestellte mit schadenfrohem Grinsen die roten Zahlen servierten, waren zum Glück vorbei.

Banker haben, wenn es ums Geld geht, noch weniger Gefühle als Finanzbeamte. Banker behandeln ihre Kunden wie Zahnpastatuben. Sie wissen ganz genau: Selbst wenn über eine Zahnpastatube ein Walze gefahren ist, bekommt man mit etwas Druck noch ein kleines Portiönchen heraus.

Magensäure stieg in mir hoch, als der Auszugsdrucker zirpte. Er wollte gar nicht mehr aufhören zu drucken. Jetzt wurden bestimmt die Darlehensabbuchungen gedruckt. Danach folgten Brittas Lastschriften vom Otto-Versand.

Gleich heute nach der Arbeit würde ich zuhause eine gründliche Razzia durchführen und den Otto-, Hess- und sonstige Kataloge vernichten. Auf jeden Fall musste ich den bei Britta besonders beliebten Impressionen-Katalog finden. Wenn ich sah, wie Britta mit gezücktem Kuli darin herumblätterte, bekam ich regelmäßig Depressionen.

Endlich spuckte der Auszugsdrucker einen dicken Packen Kontoauszüge aus. Meine schlimmsten Erwartungen wurden noch übertroffen: Wir hatten uns der Staatsverschuldung schon ordentlich angenähert. Das Weib war schuld und der galoppierende Anstieg der Energiepreise würde uns das Genick brechen! Eines stand fest: Wenn es kein ganz großes Unglück geben sollte, durften wir diesen Monat keinen Cent mehr abheben.

Britta hatte die Versandhauskataloge schon längst versteckt. „Wie viel Geld hast du denn fürs Wochenende abgehoben?"

„Gar nichts!", erwiderte ich tonlos. „Wir haben kein Geld mehr!"

Britta wurde jetzt sauer. Ihre Augen funkelten und sie baute sich gefährlich vor mir auf. Angeblich werden ja weitaus mehr Männer von ihren Frauen geschlagen (und vermutlich auch erschlagen) als umgekehrt. Deshalb war ich sichtlich erleichtert, als sie das Brotmesser, das sie eben noch in der Hand gehalten hatte, in den Korb des Geschirrspülers steckte.

„Hartmut, es ist Freitag! Sag mir mal, wovon wir morgen deine Leberwurst und die Fernsehzeitung bezahlen sollen!", fauchte sie. „Und die Hipp-Gläschen für die Kinder sind auch schon wieder alle!" Es kam mir eine rettende Idee: „Ich verspreche dir, Britta, ihr bekommt morgen alle etwas Warmes zu essen!"

Am Samstag holte ich schon um 7:00 Uhr die Tageszeitung. Das Geld dafür hatte ich in einer Sofaritze gefunden. Britta und die Zwillinge schliefen noch. So hatte ich genügend Zeit, die Zeitung in aller Ruhe zu durchforsten. Nach fünf Minuten wurde ich schon fündig: Autohaus Menke präsentierte heute den neuen Familien-Van! Das hieß: Bratwurst bis zum Abwinken, ein kaltes Buffet, das sich sehen lassen konnte und Sekt mit Orangensaft bis zum Rotieren der Pupillen. Abends veranstaltete Hyundai einen Lampionumzug mit zünftiger Schweinshaxe.

Lucy fing jetzt an zu brüllen. Luisa gab ihrer Schwester nur wenige Sekunden später stimmgewaltig Schützenhilfe.

Britta kam verschlafen aus dem Schlafzimmer: „Das hast du nun davon! Deine Kinder können vor Hunger schon nicht mehr schlafen."

Obwohl uns der Hunger bereits eine halbe Stunde vor Eröffnung zu Autohaus Menke getrieben hatte, kloppte sich bereits eine Menschentraube wie bei einem Popkonzert an der Eingangstür um die besten Plätze. Ich blinzelte durch die Schaufensterscheiben, um die Lage des Buffets zu orten. Mir war schon ganz schlecht vor Hunger.

Endlich wurde die Tür von einem älteren Verkäufer in einem eleganten dunklen Anzug geöffnet. Er versuchte vergeblich, eine kroatische Großfamilie mit Kindern in den gängigsten Altersstufen am Betreten seines Tempels zu hindern.

Als wir durch die Tür schlüpften, lächelte er uns wohlwollend zu. Das Konzept schien aufzugehen, denn für eine Familie mit zwei Kindern war das neue Modell wie maßgeschneidert.

Obwohl ich dem laut Prospektangaben „innovativem Design" nichts abgewinnen konnte, stellte ich mich höflich staunend vor den Wagen. Den Kindern der kroatischen Großfamilie war das Karussell bereits zu langweilig geworden. Sie saßen zu sechst in einem der Vorführwagen, spielten auf der Hinterachse Trampolin und fummelten ohne Hemmungen an allen beweglichen Schaltern herum. In meinem Hirn brannte sich die Erkenntnis ein: Kaufe niemals einen Vorführwagen!

In dem anderen Wagen wechselte auf der Kofferraum-Ladekante gerade eine Mutter eine abartig stinkende Windel.

Nachdem ich das neue Modell angemessene zwei Minuten bestaunt hatte, wollte ich endlich meinen Hunger stillen und mich dem Buffet zuwenden. Da tippte mir ein hagerer großer Verkäufer mit Blaumetallic-Brille auf die Schulter. Wie ein Trüffelschwein hatte er die Fährte aufgenommen.

„Gestatten: Stolze!" Er gab mir seine Hand und tat ganz geschickt so, als wäre ihm mein Name entfallen: „Herr, Herr, äh..."

Ich sagte schnell: „Schminke." Wenig später hatte er nicht nur unsere Personalien, sondern wusste auch, dass ich Beamter war und damit im Falle einer Finanzierung mein Gehalt eine sichere Pfändungsgrundlage bot. Als ich durch das Schaufenster auf unseren armseligen, rostigen Ford Granada deutete, sah ich, wie ihm bereits das Wasser im Mund zusammen lief. Beim Anblick von Lucy und Luisa in ihren Babysitzen säuselte er: „Süß – Zwillinge!" (Ich kann´s nicht mehr hören!!!)

Mit den Worten: „Herr Schminke, ich kann Sie zu Ihrem neuen Van wirklich nur beglückwünschen!", schob er mich in Richtung einer in der Nähe aufgebauten Beratungsecken und gab mir ein randvolles Glas Sekt.

Britta stieß Mettbrötchen kauend zu uns. In ihrem ärmellosen, kurzen Kleid, in dem ihre schlanken, durchtrainierten Beine besonders zur Geltung kamen, stahl sie selbst der Dame am Empfang die Show. Als Herr Stolze Britta bemerkte, wurde ich für ihn sofort uninteressant. Er sprang so behände wie ein Känguru mit ihr zu einem knallroten Van in Highline-Ausstattung. Er nötigte sie auf den Fahrersitz und begann ihr die Funktion insbesondere der Schalter zu erklären, die es ihm erlaubten, sie von allen Seiten zu begaffen. Besonders der Blickwinkel aus dem Fußraum hatte es ihm besonders angetan – er wollte gar nicht wieder auftauchen.

Mir war im Moment alles egal. Ich spürte nur noch Hunger und wurde wie durch einen Sog zum Buffet gezogen. So hatte ich mir das vorgestellt: Mit spanischem Sekt und Lachsbrötchen ließ es sich bei Autohaus Menke gut aushalten.

Plötzlich wurde ich auf zwei Verkäufer aufmerksam, die nervös an mir vorbeiliefen. „Wem gehören denn die zwei Scheißerchen?", raunte der Drahtige mit Bürstenschnitt dem Milchbubi im Nadelstreifenanzug zu. Ich ahnte etwas! Mit den zwei Scheißerchen konnten nur unsere Mädchen gemeint sein! Wo hatte ich sie eigentlich zuletzt gesehen?

Britta saß immer noch in dem Vorführwagen und ließ sich von dem Trüffelschwein begaffen. In dem anderen Vorführfahrzeug saß eine türkische Familie mit Oma und sieben Kindern und probte gerade „Reise nach Ankara".

Ich ging auf eine große Menschentraube zu, die sich neben dem Kasperletheater gebildet hatte. In der Mitte standen zwei Babysitze. Lucy und Luisa waren in bester Laune und schienen besonders die älteren Herrschaften prächtig zu amüsieren.

Eine gepflegte ältere Dame in einem engen, italienischem Kostüm und teuren Klunkern am Hals rief entzückt: „Wie reizend! Man kann sie wirklich nicht voneinander unterscheiden. Wie kleine Engelchen!" Die Dame beugte sich zu Luisa herunter. Plötzlich zog Luisa mit einem unerwartet kräftigen Ruck an der Halskette. Die Dame war genötigt, sich noch weiter nach vorne zu beugen. Da platzte die Naht ihres engen Satinrocks. Eine hässliche Frau in mittleren Jahren mit ausgeprägter Adlernase schrie schadenfroh auf.

Ich half der Dame auf. Sie war völlig aus der Fassung geraten. Die zwei Verkäufer lösten die Gruppe auf, indem sie die Babysitze nahmen und vor das Kasperletheater stellten. Der Darsteller hinter dem Kasperletheater war im Begriff die zweite Flasche Sekt zu leeren und mittlerweile schon so betrunken, dass er begann, schmutzige Lieder zu singen.

Der drahtige Verkäufer mit dem Bürstenschnitt schob die Türken unsanft aus dem Auto. Sie wechselten mit ihrem Gepäck in einen VW-Bus und waren nicht mehr zum Aussteigen zu bewegen. Der Verkäufer lief daraufhin zum Geschäftsführer, um Verstärkung anzuheuern. Zu seiner Überraschung wurde er jedoch von seinem Chef zurückgepfiffen: Heute sei Präsentation! Solange niemand die Scheiben einschlüge, würde nichts unternommen. Es sei Presse im Haus, er könne sich keine negativen Schlagzeilen leisten!

Später sah ich, wie die Bürste selbst an die kroatischen Kinder Luftballons verteilte und sie zur Eselreitbahn delegierte.

Endlich war ich bei Lucy und Luisa angelangt. Der angetrunkene Kasper hatte sie in den Schlaf gesungen, friedlich waren sie eingedöst. Nur gut, dass Britta von alledem nichts mitbekommen hatte. Ich roch an den Windelpaketen. Sie rochen noch angenehm nach Penaten-Creme mit nur ein ganz bisschen Pippi.

Ich nahm die beiden Kindersitze und suchte Britta. Sie winkte mir aus einem schwarzen Golf Kombi mit Sportfelgen zu. Als sie mich sah, ließ sie die Fenster elektrisch herunterschnurren und rief mir zu: „Hartmut, du *musst* dich einfach mal hineinsetzen!" Ich setzte mich auf den Beifahrersitz. Auf der Rücksitzbank ließ sich Herr Stolze nieder. Die Sitze waren wirklich gut. Hart, aber nicht zu hart. Anders als die völlig ausgenudelten und an den Nähten aufgeplatzten Ohrensessel in unserem Ford Granada. Nur das Cockpit gefiel mir nicht: grau/schwarz und emotionslos praktisch wie eine Steuererklärung.

„Gibt es für die Innenausstattung auch noch freundlichere Farben?", fragte ich Herrn Stolze.

Britta antwortete für ihn: „Die sind heute alle grau oder schwarz – selbst bei Mercedes und BMW!"

Die Lektion hatte Britta begriffen. Herr Stolze konnte mit seiner Arbeit zufrieden sein. Er nickte anerkennend und ergänzte: „Wir halten unsere hochwertigen Fahrzeuge in betont gedämpften Farben, um dem Fahrer die Sinne für die Fahreindrücke zu öffnen."

Sein Pfefferminz-Atem mit einem Hauch von kaltem Zigarettenqualm stieg mir unangenehm in die Nase.

„Ist aber eintönig und wirkt irgendwie stumpf!", bockte ich stur.

„Aber Herr Schminke", ließ sich Herr Stolze nicht beirren, „sehen Sie sich doch mal die freundlichen, hellen Veloursbezüge an. Das Auge liebt Kontraste! Es braucht zum Ausgleich auch etwas Beruhigendes." Etwas Beruhigendes konnte ich vertragen, als er mir den Preis der Grundausstattung nannte. Nur auf mein hartnäckiges Drängen erfuhr ich den Endpreis, um den Wagen wenigstens einen Meter auf der Straße fortbewegen zu können. Eines stand fest: Dieses Fahrzeug würden wir uns nicht mal leisten können, wenn ich zweimal hintereinander befördert würde.

Luisa wachte auf und fing kräftig an zu schreien. Sie konnte locker mit jeder Sirene mithalten. Lucy schlummerte noch, aber das war nur die Ruhe vor dem Sturm. Britta nahm Luisa aus dem Tragesitz und roch an dem Windelpaket.

„Hartmut, hast du denn wieder nichts gemerkt?", fragte sie mich entrüstet. „Voll bis oben hin!"

Sie sah sich suchend nach einem Raum zum Wickeln um. Ich stieg aus dem Wagen und wollte mir noch rasch ein Mettbrötchen vom Buffet einverleiben. Wer weiß, ob die Haxen bei Hyundai schon gar waren, wenn wir kamen.

Herr Stolze sah seine Felle davonschwimmen und begriff, dass er nur noch eine Chance hatte, den Vertragsabschluss zu retten. Er riss die Heckklappe von dem Kombi auf und deutete auf die große Ladefläche: „Wozu haben wir denn so einen praktischen Kofferraum! Schauen Sie, da könnten Sie sogar Drillinge nebeneinander wickeln." Ängstlich sah er zu Lucy, die aber zum Glück noch nicht drückte, sondern noch friedlich schlief.

„Machen sie doch das kleine Püppchen hier fertig", sagte er aufmunternd lächelnd zu Britta. Das ließ sich Britta nicht zweimal sagen. Sie riss die Windel auf – die Heidelbeergläschen hatten ihre durchschlagende Wirkung voll entfaltet. Als die Wolke Herrn Stolzes Nase erreichte, warf es ihn schier zurück. Angeekelt hielt er sich ein Taschentuch vor die Nase und bemerkte mit sichtlicher Selbstbeherrschung „Ganz schön streng!"

Ein junges Pärchen auf den Vordersitzen sah zu, dass es ins Freie kam. Ich ging Britta mit Kleenex-Tüchern zur Hand. Herr Stolze holte eilig einige Servietten. Trotzdem ließ es sich nicht vermeiden, dass ein kleiner, brauner Klecks auf das helle Polster tropfte. Britta versuchte vergebens, ihn wegzuwischen. Doch je mehr sie wischte umso größer wurde der Fleck.

Um Herrn Stolze abzulenken, begann ich mit ihm zu fachsimpeln: „Wann lernen die Autohersteller endlich, dass Veloursbezüge in einer Familienkutsche nichts zu suchen haben?" Herr Stolze schwieg eisern. Endlich war der kleine Hintern mit der unzurechnungsfähigen Öffnung krisensicher verpackt. Herr Stolze holte flink eine Flasche Raumspray der Duftnote „Zaubergartenmischung" hervor und nebelte den Innenraum des Wagens gnadenlos ein. Dann legte er schnell eine große Gummimatte über den braunen Fleck. Ängstlich musterte er Lucy, die langsam wach wurde. Noch so eine Aktion und der Wagen ließe sich nur noch für einen Crash-Test verwenden. Zumindest ließ sich für den Wagen sicherlich eine ordentliche Teilwertabschreibung rechtfertigen.

Herr Stolze beeilte sich, uns mit Sack und Pack in die Beratungsecke zu treiben. Er war Profi und klemmte uns, als wir auf der Couch Platz genommen hatten, so geschickt mit seinem Stuhl ein, dass ein Fluchtversuch unmöglich wurde.

„Wann wollen Sie ihn denn haben?", fragte er Britta.

„Im Juni wollten wir schon in den Urlaub fahren", antwortete Britta spontan. Dass diese Frau im Nebenfach Verkaufspsychologie studierte, durfte ich niemandem erzählen! Kein Wunder, dass sie nie mit ihrem Studium fertig wurde.

„Ja, das ließe sich mit etwas Glück gerade noch machen", sagte Herr Stolze und schob Verträge zurecht. Der unverschämte Kerl schien mit seiner Taktik bei Britta tatsächlich Erfolg zu haben. Selbst ein Rattenfänger musste sich mehr einfallen lassen.

Jetzt sprang ich aber in die Bresche: „Herr Stolze, wir haben im Moment eine andere größere finanzielle Disposition im Auge…", versuchte ich die beiden auszubooten. Britta sah mich fragend an. Da kannte ich aber Herrn Stolze schlecht! Er tätschelte meine Schulter und sagte vertrauensvoll: „Herr Schminke, wenn das das Einzige ist, was wir regeln müssen…! Lassen Sie uns erst einmal auf ihren schicken neuen Wagen anstoßen!"

Wie die Kelle eines Verkehrspolizisten blinkte in meinem Hirn „Nein, nur über meine Leiche!" auf.

Diese Zahlenspielchen waren doch allseits bekannt: Da wurde der alte Wagen zu einem unverschämt guten Preis in Zahlung genommen. „Einen Bonus können wir Ihnen dann natürlich nicht mehr geben. Wir können unsere Autos ja nicht ganz verschenken!", würde Herr Stolze sagen. Dazu gab es Monatsraten, die noch vom Flaschenpfand finanzierbar waren.

Aber das dicke Ende kommt, wenn die zwei Jahre herum sind! Dann erwartet dich nämlich nicht mehr der freundliche Onkel Stolze von Autohaus Menke, sondern der gefühlskalte Kontokiller. Entweder du frisst ihm dann brav aus der Hand oder er säbelt dir beide Ohren ab.

In den wenigen Augenblicken, die mir verblieben, versuchte ich Britta die Augen zu öffnen. Es gelang mir nicht. Stattdessen erweckte sie in mir Schuldgefühle: „Wenn ich mir überlege, dass ich jahrelang in einem Wagen ohne einen einzigen Airbag und ohne ESP gefahren bin, dann läuft mir ein kalter Schauer den Rücken herunter. Ich komme mir ja vor wie ein Crashtest-Dummy! Aber dir ist das natürlich egal! Eines sage ich dir: In unserem Ford Granada fahre ich keinen Meter mehr!" Sie hatte ihre Stimme zu einer unangenehmen Lautstärke erhoben. Um sie zu beschwichtigen, beeilte ich mich zu sagen: „Wir können es uns ja mal anhören."

Also eines muss man Autohaus Menke wirklich lassen: Die bieten für Gebrauchte, die nicht einmal mehr in Ostblockstaaten geklaut würden, noch richtig sattes Geld! Und die Monatsraten: Also wenn wir wirklich nicht mehr in der Lage sein sollten, die paar Cent aufzubringen, sollten wir uns lieber gleich nach einem Bestattungsdiscounter umsehen.

Wir hatten gerade angesetzt zu unterschreiben, da stellte sich bei Lucy jene unverwechselbare dunkle Gesichtsfarbe ein, die Schwerstarbeit und unmittelbar bevorstehenden Erfolg verriet. Da Herr Stolze keine Anstalten machte, die Kofferraumklappe für einen weiteren Einsatz zu öffnen, schnappte sich Britta Lucy und verschwand auf der Toilette. Ich ließ Herrn Stolze, der schweißnass in seiner Verkäufer-Trickkiste grub, zurück und eilte mit Luisa im Arm Britta hinterher.

Auf der Toilette angekommen, öffnete Britta Lucys Windel. Alle Achtung, das Erbsenpüree hatte es noch mehr in sich als die Heidelbeergläschen! Als die Wolke mich erfasste, wurde ich schlagartig wieder nüchtern. Dieser Rattenkopf wollte uns einwickeln! Wenn Britta das nicht begriff, musste ich handeln. Im Krieg, in der Liebe und beim Autokauf sind alle Mittel erlaubt, rechtfertigte ich das, was jetzt geschah: Ich nahm die volle Windel, tat so, als wolle ich sie im Mülleimer entsorgen. „Zufällig" glitt sie mir jedoch aus der Hand und streifte Brittas Kleid in Taillenhöhe.

„Scheiße!", schrie ich laut.

Britta starrte verdutzt auf den großen braunen Fleck. Sie war zu entsetzt, um mir Vorwürfe machen zu können: „So kann ich doch unmöglich hinaus gehen!", stammelte sie.

„Meinst du?", erwiderte ich scheinheilig.

Ich besorgte schnell ein paar Prospekte, hinter denen Britta den Fleck verstecken konnte. Dann flüchteten wir Richtung Ausgang.

Herr Stolze hatte uns zu spät gesehen. Er konnte uns nicht mehr aufhalten. Drohend rief er uns hinterher: „Wir sehen uns bald wieder! Mit ihrem Ford Granada kommen Sie jedenfalls nicht mehr durch den TÜV!"

36. Das Schnäppchen

Das war noch einmal gut gegangen – wir hatten uns in letzter Sekunde aus den Klauen von Autohaus Menke befreien können.

Von Weitem sah ich schon unseren guten, alten Ford Granada an der Straße stehen. Abgesehen von dem Granada mochte kaum ein anderes Auto in dieser Straße älter als drei Jahre alt sein. Sage und schreibe 17 Vorbesitzer hatten sich bereits ihre Hintern auf seinen Polstern wund gerieben. Mit seinen 34 Jahren hatte er die meisten seiner Gattung überlebt. Ich war wahrscheinlich sein letzter Besitzer und hatte ihn damals gerade noch vor der Schrottpresse retten können.

Für eine Tankfüllung und einen Sechser-Träger Bier hatte ich ihn an unserer Esso-Tankstelle einem armen Studenten abgekauft. Die 15 bis 16 Liter Super, die sich der Granada auf 100 km genehmigte und wahrscheinlich größtenteils in den porösen Bodenblechen versickerten, hatten den Studenten in den Ruin getrieben.

Ich war gerade zufällig an der Tankstelle und bekam mit, wie sich der Student mit dem Tankwart stritt. Der Student behauptete, er habe nur für 4 Euro tanken wollen, da er mit dem Wagen gerade auf dem Weg zum Schrottplatz sei. Er habe den Zapfhahn in den Tank gesteckt und der Zapfhahn sei festgeklemmt. Ein anderer Autofahrer habe ihn nach dem Weg zur Autobahn gefragt und so sei der Tank halt voll gelaufen. Und er denke gar nicht daran, die Tankfüllung zu bezahlen. Die Geschichte klang so unwahrscheinlich, dass man sie ihm einfach abnehmen musste. Nicht so der Tankwart.

„Sie zahlen den Sprit und damit Basta!", schrie er wütend.

„Zapfen Sie den Sprit doch einfach wieder ab", schlug der Student vor.

„Gegen eine Aufwandsentschädigung von 50 Euro will ich das gerne tun, junger Mann", entgegnete der Tankwart grimmig.

Wie der Student so dastand, mit seiner albernen Bommelmütze mit den beiden Zipfeln, die ihm um seinen Po herumbaumelten und den wie zufällig aus seinem Kinn sprießenden Barthaaren, die mit Vorliebe in den kleinen Kratern ausgequetschter Eiterpickel wuchsen, tat er mir irgendwie leid.

Gerade eben hatte ich im Finanzamt einem Lateinlehrer die Hälfte der Steuererstattung gekürzt. Lehrer können das überhaupt nicht leiden, wenn man ihre Unfehlbarkeit anzweifelt.

Ich gebe es ja zu, mir graute oft vor mir selbst, wenn ich den Traum von einer dicken Steuererstattung, wie mit einem Nadelstich in einen prall gefüllten Luftballon, platzen ließ. Ich sehnte mich deshalb jetzt danach, ein bisschen Liebe zu schenken. Ohne lange zu überlegen, übernahm ich für den Studenten die Tankrechnung und löste damit den Granada aus. Als ich ihm noch einen Sechser-Träger Bier in die Hand drückte, gab er mir wortlos die Fahrzeugschlüssel und die Papiere und verabschiedete sich mit dankbarem Hundeblick. Von diesem Blick zehrte ich noch 15 Arbeitstage bis zu meinem Jahresurlaub und konnte manch lieblose Unterstellung von Steuerpflichtigen verkraften, ohne daran zu zerbrechen.

Vor dem Ford Granada sah ich beim Näherkommen polierten Chrom in der Sonne glänzen. Da stand ja noch so ein altes Schätzchen! Ich beschleunigte meinen Schritt und wollte meinen Augen kaum trauen: Da stand ein erstklassig gepflegter, alter Daimler! Er hatte den seinerzeit typischen himmelblauen Lack.

Neugierig ging ich um den Wagen herum und bestaunte ihn. Es war ein Mercedes 200 Diesel mit Automatikgetriebe. Ich liebte diese Autos, auch wenn ich eigentlich überhaupt nichts von ihnen verstand; ich konnte gerade so ohne fachmännische Hilfe den Ölstand kontrollieren. Aber das tat meiner Liebe keinen Abbruch. Je älter desto besser.

Ich hatte Glück: In dem Moment, in dem ich den Wagen gerade gebührend bestaunte, kam der Besitzer zurück.

„Na, so etwas sieht man nicht alle Tage! Erste Hand!", prahlte er, „Erbstück von meinem Opa Erwin."

Obwohl Britta maulte, sie wolle jetzt sofort nach Hause, um sich umzuziehen, waren wir bald fachsimpelnd ins Gespräch vertieft.

„Leider kann ich ihn nicht behalten", seufzte der junge Mann.

Er hieß Sven und sagte, er habe den Wagen gerade im Internet eingestellt. Mein Jagdtrieb war geweckt. Der veranschlagte Kaufpreis ließ mich zwar im ersten Moment schlucken, aber bei dem Zustand des Wagens war das immer noch ein super Schnäppchen. Ich sagte zu Britta, sie solle schon mal die Zwillinge verstauen, der junge Mann und ich wollten nur rasch unsere Adressen austauschen.

Sven kam es entgegen, dass ich nicht viel Zeit hatte. Auf einer ausgerissenen Seite seines Notizblocks machten wir einen provisorischen Kaufvertrag.

Als ich den Wisch gerade einstecken wollte, zog ihn Sven noch einmal flink zu sich herüber und kritzelte unter meine Unterschrift: „Gekauft wie gesehen, unter Ausschluss jeglicher Gewährleistung." Nur im Unterbewusstsein nahm ich wahr, wie locker ihm der Zusatz von der Hand ging.

Ich sah den Fahrzeugbrief ein. In dem Brief stand auch wirklich nur ein Name, allerdings war es nicht der Name vom selig im 89. Lebensjahr verstorbenen Opa Erwin, sondern der Name von Sven Grumme. Nach näherem Hinsehen bemerkte ich, dass es sich um einen Ersatzfahrzeugbrief handelte.

Ohne zu stottern erklärte mir Sven: Die Oma habe doch die Sachen von Opa Erwin ausgemistet und alles weggeschmissen, was für sie keinen Wert mehr besessen habe. Mit dem Fahrzeugbrief habe sie nichts anfangen können und so sei er im Altpapier gelandet. Deshalb habe er den Ersatzbrief ausstellen müssen.

Ich gebe zu, spätestens jetzt hätten bei mir alle Wecker rasseln müssen. Aber ich war blind verliebt in diesen Wagen und hätte Sven noch phantasievollere Geschichten abgenommen.

Zu Hause angelangt heulte ich Britta die Ohren voll: „Dieser Wagen ist ein Glücksgriff! 38 Jahre alt und aus erster Hand!"

„Wie schnell fährt er denn?", wollte Britta wissen, die eigentlich auf einen Alfa Spider scharf war. Mit dieser Frage hatte ich nicht gerechnet. Ich versuchte zu blocken.

„Hartmut, wenn du mir nicht auf der Stelle sagst, wie schnell er fährt, ist die Sache ohnehin gestorben!", drohte sie mir.

Ich flüsterte es, wie das Geständnis eines Verhältnisses: „130 km/h, vielleicht sind auch 135 km/h drin. Er hat doch nur 55 PS – die hatten früher alle nicht mehr..."

Und bevor sie noch aufschreien konnte, fügte ich schnell hinzu: „Ich habe den Vertrag übrigens vorhin schon unterschrieben!"

Ich kam nicht mehr dazu, ihr in Ruhe zu erklären, dass man bei so einem Schnäppchen wirklich schnell sein müsse und dass eine Fügung wie diese in etwa so selten vorkomme wie eine totale Sonnenfinsternis oder das Parmesan-Sonderangebot bei Aldi.

Am liebsten hätte mich Britta für diese Tat auf der Stelle entmündigt. Ich weiß bis heute nicht, warum sie mir half, das Geld aufzutreiben.

Gundula hatte uns das Geld geliehen. Das zeigte mir, dass jedes Lebewesen – selbst Gundula – eine Existenzberechtigung besaß.

Am Freitag holte ich den Wagen ab. Er war wunderschön. Nur der Motor lief etwas unrund. Als ich den Motor anließ, stand über dem Wohngebiet für drei Minuten eine Dunstglocke wie über Athen bei schlechter Wetterlage. Wenn ich keinen Ärger mit den Nachbarn riskieren wollte, konnte ich nur zusehen, dass ich mich schnellstens entfernte – wobei der Ausdruck „schnell" im Sprachgebrauch der Mercedes-Diesel-Gemeinde der siebziger Jahre natürlich ein unübersetzbares Fremdwort war.

Ich machte mit Britta sofort eine Probefahrt. Ich wollte ihr beweisen, dass er immer noch seine 132 km/h laut Fahrzeugschein auf den Tacho brachte.

„Ist er nicht ein Traum?", schwärmte ich und strich zärtlich mit den Fingern über das elfenbeinfarbene Lenkrad. „Eine echte Wertanlage!"

„Bei der Ausgeburt an Temperament kannst du ihn jedenfalls immer noch fahren, falls du 80 Jahre alt werden solltest."

Britta vergaß immer, dass ich Beamter war. Positiv ausgedrückt gehörte dieser Wagen zu meinem Lifestyle. Mochten andere ruhelos und gehetzt ihr Leben verbrauchen, mich sollten sie bitte schön damit in Ruhe lassen! Meine Bestimmung war es, im Unterholz geduldig auf mein Opfer zu warten, um mich im richtigen Moment einfach nur fallen zu lassen.

„Hartmut, wenn du mich fragst, wollte dieser sogenannte Enkel nur eines: Nämlich so schnell wie möglich Kohle sehen! Und ich wette, sein Opa liegt noch nicht einmal kalt unter der Erde", sagte Britta düster.

Der Wagen zog aber auch wirklich nicht besonders gut. Sicher, von einem Mercedes Diesel mit 55 PS und Automatik-Getriebe konnte man nicht die Beschleunigungswerte eines Golf GTI erwarten. Aber rein subjektiv empfand ich: Ein bisschen mehr musste doch drin sein! Selbst eine Ente hängte uns an der Ampel ab und der Lodderbast am Steuer, dessen Haargestrüpp noch aus dem aufgeklapptem Verdeck herausquoll, hob siegessicher seine Faust und die Achtundsechziger-Braut auf dem Beifahrersitz mit den blauen Haaren und dem Hängebusen, schrie vor Vergnügen – so leicht kann man Freude schenken!

Ich fuhr mit Britta auf die Autobahn. Ich wollte ihr beweisen, dass immer noch eine gute Reisegeschwindigkeit möglich war. Ab 122 km/h wurde es wirklich kritisch. Ich musste den alten Daimler bestimmt erst richtig einfahren. Wahrscheinlich kannte der Wagen nur den Weg zum Hausarzt und zum Friedhof.

Jetzt trat ich das Gaspedal voll durch. Der Motor röhrte erbarmungslos auf und signalisierte mir, dass der Herztod nun unmittelbar bevorstand. Schneller wurde der Wagen allerdings nicht. Britta fing dennoch panisch an zu schreien und wollte gar nicht mehr aufhören. Endlich begriff ich, was los war: Eine winzige Spinne war im Begriff, sich vom Rückspiegel abzuseilen.

Wir mussten die Probefahrt abbrechen, weil sie nicht bereit war, auch nur noch einen Meter mitzufahren.

Nach einer Woche hatte ich mich an die Grundgeräusche des Wagens gewöhnt. Ich war mir allerdings bald sicher, ein merkwürdig singendes Geräusch im Motorraum deutlich zu vernehmen.

Deshalb fuhr ich am Montag nach der Arbeit zu Rüdiger. Rüdiger hatte die übelste Schraubergarage, die ich bis heute kennen gelernt habe. Kaum hatte Rüdiger ausgelernt, unterkellerte er die Scheune seines Vaters und richtete sie als Werkstatt ein. Im Keller murksten Tag und Nacht Polen und Schwarzarbeiter aller gängigen Bürgerkriegsregionen Osteuropas.

Irgendwann hatte er sie natürlich alle auf dem Hals: Das Arbeitsamt, die Steuerfahndung, die Berufsgenossenschaft und sogar das Gesundheitsamt, weil nämlich der geschäftstüchtige Rüdiger wartenden Kunden Omas selbstgebackenen Streuselkuchen verkaufte.

Heute macht er alles genauso wie früher, aber er hat dazugelernt: Er schmeißt immer alle Belege weg und wenn dann die Steuerfahndung kommt, kann man ihm nichts nachweisen.

Ich fuhr gern zu Rüdiger. Nicht nur, weil er mindestens 19 % günstiger war als die übrigen Werkstätten. Nein, Rüdiger war Vollblut-Kfz-Mechaniker. Er verstand nicht nur was von Autos, viel wichtiger: Er verstand vor allem was von Autobesitzern. Ausdauernd konnte er zuhören, wenn sich ein leidgeprüfter Renault-Besitzer seinen Kummer von der Seele weinte: „… Und was meinst du, Rüdi, nach einem halben Jahr war der Auspuff wieder durchgerostet! Hör mir auf mit der Zündanlage! Renault sagt, dass sei nur bei dem Jahrgang Mai bis Juli 1996 ein Problem, aber ich sage dir: Die Franzosen verstehen vielleicht was von Rotwein und schönen Frauen, aber nichts von Autos!"

Außerdem hatte ich bei Rüdiger einen Stein im Brett. Ich hatte ihn einmal in letzter Minute vor der Steuerfahndung warnen können. Als die Steuerfahnder kamen, lagen in dem Ölabscheider nicht nur die Ölfilter und die Polen spielten auf dem nahe gelegenen Spielplatz in den Beton-Röhren Verstecken.

Zugegeben, ein bisschen Eigennutz war auch dabei im Spiel gewesen, denn wenn die Steuerfahndung den Laden hops genommen hätte, wäre aus der Auspuffreparatur so kurz vor dem Urlaub nichts mehr geworden.

Rüdiger zeigte bereits mit dem Daumen nach unten, als ich mit dem Daimler in die Halle fuhr. „Lagerschaden! Da kannst du dich gleich nach einem neuen Motor umsehen. Bei Mercedes kostet der mindestens 5.000 Euro." Ich war schockiert! Dann konnte ich den Wagen gleich wegschmeißen.

„Na, wenn ich dir einen guten gebrauchten Motor besorge, zahlst du vielleicht auch nur 2.000 Euro", fügte Rüdiger schnell hinzu, als er sah, wie ich leichenblass wurde. Aber auch das war eine Summe, die ich im Moment nicht aufbringen konnte.

Zitternd vor Zorn rief ich bei Sven Grumme an.

„Gemeiner hinterlistiger Betrüger! Ich will mein Geld zurück!", schrie ich ihn an.

Mit der Gelassenheit des Gewinners sagte er mir, ich solle mal im Kaufvertrag nachschauen: „Ohne Gewährleistungen" – tja, das täte ihm wirklich waaahnsinnig leid. Da steckt man halt nicht drin. Aber der Wagen sei selbst als Teileträger zum Ausschlachten noch eine schöne Stange wert. Ich könne ihn ja im Internet in Einzelteilen verscherbeln.

Rüdiger riet mir: „Hartmut, fahr ihn bis der Motor verreckt. Das kann noch eine ganze Weile dauern. Und vielleicht fährt dir ja hinten jemand in den Wagen – oder er wird geklaut."

Auf dem Nachhauseweg ging mir Rüdigers letzter Satz nicht aus dem Sinn. Hinter mir fuhr ein nervöser Audi-Fahrer. Er blinkte mich wütend an. Es gelang mir, ihn so richtig schön hinzuhalten und einmal, als er ganz dicht auffuhr, wäre es mir fast geglückt, ihn so auszubremsen, dass er mir hinten draufgerauscht wäre.

Lange würde ich ihn nicht mehr hinhalten können. Gleich fuhren wir aus der Stadt hinaus auf die Landstraße. Da würde er mich schnell überholt haben.

Bei der letzten Ampel im Ort witterte ich noch eine Chance für einen soliden Auffahrunfall. Ich gab so viel Gas, wie die Mühle hergab. Es war einfach genial: Die Ampel schaltete von Grün auf Gelb um und alles deutete darauf hin, dass ich noch bei Gelb durchfahren würde. Aber ich vollzog abrupt eine Vollbremsung, die sich sehen lassen konnte. Ich duckte mich schnell und erwartete den Aufprall. - Und der Aufprall kam! Zwar nicht so heftig, wie ich es angenommen hatte. Und auch nicht von hinten – sondern von vorne!

Ich war auf die Kreuzung gerutscht und mitten in den kleinen Stau, der sich auf der Kreuzung gebildet hatte.

Der Audi-Fahrer, der mit seinem Fahrzeug souverän zum Stehen gekommen war, stieg aus seinem Wagen und ging zu meinem Daimler. Er öffnete meine Fahrertür und sagte: „Mann! Ist Ihnen was passiert? Ich hab' das kommen sehen! Ich dacht' noch: Sieht der Idiot denn nicht den Stau auf der Kreuzung? Immerhin haben Sie ja noch ganz gut abgebremst. Kommen Sie, wir schauen mal bei dem Golf nach, was passiert ist."

Ich hatte einen älteren Golf am Heck erfasst. Der Golf war schon ziemlich übel zugerichtet. Beim Mercedes war nur die Stoßstange etwas verzogen.

Die Sache hatte ich mir wirklich leichter vorgestellt.

Am nächsten Samstag fragte ich Britta morgens beim Frühstück: „Sag mal, hast du die Prämie für die Diebstahlversicherung für den Daimler schon überwiesen?"

„Klar!", bestätigte Britta, „schon vor zwei Wochen."

Das passte gut. Ich schlug Britta vor, an diesem Wochenende einen kleinen Ausflug nach Frankfurt/Oder an der deutsch-polnischen Grenze zu machen. „In Frankfurt/Oder", schwärmte ich Britta vor, „klauen sie bundesweit die meisten Autos. Und Daimler sind da immer gefragt! Das hat Horst jedenfalls erzählt. Sein Bruder arbeitet dort als Streifenpolizist. Zu seiner Kundschaft zählen nur Nutten und Autoschieber."

Lucy und Luisa wurden bei Oma und Opa Schminke abgegeben. Bei der Information an unserem Bahnhof, erkundigten wir uns nach der Bahnverbindung für die Rückfahrt: Um 17:53 Uhr fuhr in Frankfurt/Oder der letzte Zug in unsere Richtung. Wenn wir den nicht mehr bekämen, müssten wir uns in Frankfurt ein Hotelzimmer nehmen. Aber ich war optimistisch, dass nach zwei bis drei Stunden unser Daimler auf einem Autoanhänger bis ins tiefste Polen unterwegs sein dürfte.

Zu Hause hatte ich das Formular mit den Angaben für die Versicherung schon fix und fertig vorbereitet; am liebsten hätte ich die Schadensmeldung schon weggeschickt, aber Britta stoppte meine überschäumende kriminelle Energie und meinte, der Wagen müsse wirklich erst weg sein.

In Frankfurt/Oder klapperten wir die dunkelsten Ecken ab und entschieden uns letztlich für ein Parkhaus. Wir stellten unseren Daimler direkt zwischen einen nagelneuen Audi A6 und einen 7-er BMW. Während der Daimler geklaut werden sollte, durfte sich Britta ein paar neue Schuhe aussuchen.

Mit drei Schuhkartons beladen, kamen wir nach zwei Stunden zu dem Parkhaus zurück. Von Weitem sahen wir schon zwei Polizeiautos und eine Gruppe aufgeregter Leute herumstehen. Ich sah Britta triumphierend an. „Na, Schatz, die schwarzen Pumps hättest du aber auch noch mitnehmen können", flötete ich spendabel.

Beim Näherkommen verflog meine Hochstimmung schnell: Unser himmelblauer Daimler mit dem tückischen Motorschaden hatte sich keinen Millimeter von der Stelle bewegt. Dafür standen dort, wo der Audi und der BMW geparkt hatten zwei ältere Pärchen und ein halbes dutzend Polizisten.

Die Frau des A6-Fahrers, ein Frauchen in einem teuren, aber unscheinbaren grauen Kostüm, Typ Steuerberatergattin, jammerte:

„Wir haben ihn gestern erst aus Ingolstadt abgeholt! Drei Monate Lieferzeit!"

Na, die hatte Probleme! Ich war richtig sauer. Den Daimler hätten die Polen ja wenigstens auch noch mitnehmen können – und wenn sie ihn dem gerade volljährigen Sohn geschenkt hätten. Das ist bei uns in Deutschland schließlich auch so üblich. Wenn sie schon zur EU gehören wollen, dann sollen sie sich gefälligst auch an die Spielregeln gewöhnen!

Die andere Frau mit lila Stola und grauem hochgestecktem Haar war augenscheinlich am Rande eines Nervenzusammenbruchs. Sie weinte hemmungslos. Ihr Mann, der vollkommen hilflos neben ihr stand, wollte ihr ein Taschentuch reichen aber sie stieß ihn grob zurück: „Du hast gesagt, die paar Minuten kann er auch mal allein im Auto bleiben!" Eine einfühlsame junge Polizistin versuchte die Wogen zu glätten: „Ich bin überzeugt, die Diebe haben Ihren Pudel an der nächsten Kreuzung freigelassen."

Aber auch diese Bemerkung löste wiederum nur einen heftigen Weinkrampf bei der älteren Dame aus: „Ewald war in der Stadt noch nie von der Leine los! Der weiß doch gar nicht, wo er was zu fressen findet", schluchzte sie.

Tatsächlich war es wahrscheinlicher, dass der zur Schlachtreife gemästete Ewald in einem China-Imbiss gerade zu Chop-Suey verarbeitet wurde.

Ich ging zu der Politesse und sprach sie an: „Entschuldigen Sie, ich habe gerade mitbekommen, dass hier zwei Autos gestohlen wurden. Das muss hier ja richtig schlimm sein mit der Klauerei! Haben Sie einen Tipp für uns, wo wir unser Auto auf gar keinen Fall abstellen sollten?"

Die Politesse sah mich verständnisvoll an und meinte: „Meiden Sie vor allem die großen unbewachten Parkplätze am Rande der Stadt, wie zum Beispiel den Schützenplatz."

Britta war ungeduldig und genervt. „Und jetzt? Wo willst du jetzt hin?"

„Na, das ist doch wohl klar: Wir fahren zum Schützenplatz!", entgegnete ich siegessicher.

Der Schützenplatz war wirklich ein super Tipp! Überall standen abgewrackte Wohnwagen mit roten Gardinen. Finstere ausländische Gestalten standen grüppchenweise diskutierend vor geöffneten Motorhauben. In einer besonders üblen, dunklen Ecke, die als öffentliche Toilette und für Quickies genutzt wurde, stellten wir unseren Wagen ab. Dann versteckten wir uns hinter einer Dönerbude, aus der es widerlich nach altem Frittierfett stank.
Gerade war von einem jungen Pärchen ein alter VW Passat Kombi abgestellt worden.
Die beiden waren kaum außer Reichweite, da fuhr ein Jugendlicher – fast noch ein Kind – mit einem Mofa an dem Passat vorbei, machte sich ein paar Sekunden an dem Wagen zu schaffen und fuhr dann wieder davon.
Eine Minute später ging ein Mann mit Jeans und Lederjacke bekleidet zielsicher zu dem VW Passat, öffnete die Tür und fuhr davon. So machten die das also!
Ich stupste Britta ermutigt an: „Hast du gesehen, wie schnell der Passat weg war? Und unser Daimler sieht optisch wesentlich besser aus. Das ist doch ein Leckerbissen!"
Wir schöpften also neue Hoffnung. Innerhalb der nächsten zwei Stunden wurden wir Zeuge, wie vor unseren Augen ein Mercedes 260, ein Golf GTI und ein Mitsubishi Pajero geklaut wurden.
Trotz der drei Hoffnungsträger wurde Britta immer ungeduldiger. „Wenn nicht bald was passiert, fahre ich nach Hause!", maulte sie.

Mein Hunger war mittlerweile so groß geworden, dass ich das stinkende Frittierfett der Dönerbude nicht mehr wahrnahm und mir einen Döner-Spezial bestellte. Gerade, als ich zubeißen wollte und mir das Zaziki schon am Handgelenk herunter rann, bemerkte ich, dass sich etwas in der Nähe unseres Daimlers tat.

Der Jugendliche, den wir vorhin beobachtet hatten, fuhr mit seinem Mofa ganz nahe an den Daimler heran.

Ich hatte das Fenster einen Spalt breit offen gelassen, um den Aufbruch zu erleichtern. Mein Puls raste vor Aufregung! Der Jugendliche warf die Bierdose, die er in seiner Hand hielt, durch den Fensterschlitz. Unglaublich! Bevor er wegfuhr, machte er vor der Motorhaube halt und brach den Mercedesstern ab.

Britta sah mich vorwurfsvoll an: „War wirklich eine tolle Idee mit dem Parkplatz! Gut gemacht, Hartmut!"

Wir wollten gerade zum Wagen gehen, da hielt neben dem Daimler ein Kleinlaster mit polnischem Kennzeichen. Zwei langhaarige Gestalten inspizierten den Wagen.

„Jetzt passiert es!", flüsterte ich Britta aufgeregt zu.

Sekunden später war die Fahrertür offen und ein riesiger Bulle mit dunkler Lederjacke machte sich im Wageninneren zu schaffen. Es dauerte wiederum nur einen kurzen Moment, dann stieg der Mann aus dem Daimler und in der Hand hielt er mein schönes elfenbeinfarbenes Lenkrad!

Britta hatte sich zuerst wieder gefangen und schrie mich an: „Hartmut, steh nicht so rum, tu doch etwas!!"

Die Jungs waren in der Lage, mich wie einen Dönerfladen von oben bis unten aufzuschlitzen, wenn ich 'rummuckte. Deshalb murmelte ich: „Warte noch einen Augenblick, vielleicht nehmen sie ihn ja doch noch mit." Natürlich nahmen sie ihn nicht mit. Wie auch – ohne Lenkrad! Bevor sie wegfuhren, traten sie noch einmal respektlos gegen die Fahrertür.

Eine kleine Hinterhofwerkstatt brachte es fertig, dem Daimler ein Lenkrad eines uralten Wartburgs zu verpassen. Ich sollte vorsichtshalber nicht schneller als 80 km/h fahren, gab mir der Meister mit auf den Weg.

Im Auto sagte Britta erleichtert: „Zum Glück haben wir ja die Teilkaskoversicherung abgeschlossen. Ich werde gleich morgen den Schaden am Auto melden."

„Wir haben allerdings eine Selbstbeteiligung von 600 Euro", wandte ich vorsichtig ein.

„Weißt du was, Hartmut", sagte Britta schon wieder ganz versöhnlich gestimmt, „wir fahren jetzt den Daimler, bis er auseinander fällt. Vielleicht hält der Motor ja doch noch ein paar Jahre."

Wir schwiegen eine Weile. Dann fragte mich Britta: „Wie hoch schätzt du denn den entstandenen Schaden?"

„Wenn wir es bei Rüdiger machen lassen, könnten wir mit 600 Euro gerade so hinkommen", murmelte ich düster.

37. Schleichender Abstieg

Unser Konto rutschte jeden Monat tiefer in die roten Zahlen. Schon seit Tagen fürchtete ich den Anruf von Herrn Göbel verbunden mit einer Einladung zu einer kleinen Privataudienz. Herrn Göbel juckte es bestimmt schon in den Fingern, uns unschädlich zu machen, aber ihm waren ja leider die Hände gebunden. Die Geschäftsordnung seiner Bank schrieb ihm genau vor, wie er die Schlinge um unsere Hälse langsam und ganz diskret zuzuziehen hatte. Und ich war machtlos, denn das Weib machte weiter Schulden.

In dieser Woche hatte Britta mich schon dreimal genervt, ich müsse mir endlich einen neuen Wintermantel kaufen, sonst würde sie mit mir nicht mehr gemeinsam aus dem Haus gehen.

Als ich heute nach der Arbeit nach Hause kam, fing sie schon wieder damit an: Sie habe bei „Dressmen" einen Mantel im Angebot gesehen, der mir sicherlich stehen würde. „Für nur 250 Euro!", fügte sie hinzu.

„250 Euro?", rief ich entsetzt.

„299 Euro.", verbesserte sie sich.

Ich war sofort bereit, den Winter über den alten, gefütterten Regenmantel aus dem Keller zu tragen.

Am nächsten Morgen verabredeten wir uns zur Mittagszeit bei „Dressmen". Ich hatte gedanklich kostbare sieben Minuten von meiner Mittagspause eingeplant, um einen höflichen Blick in den Laden zu werfen und das auch nur, um bei Britta wieder ein paar Pluspunkte zu sammeln.

Ich musterte flüchtig und unbeteiligt die ausgestellten Klamotten und stellte schnell fest, dass für mich nichts Passendes dabei war: alle Mäntel lagen preislich jenseits der von mir veranschlagten 80 Euro. Das waren vor noch gar nicht langer Zeit verdammt noch mal 160 harte Deutsche Mark – dafür konnte man doch schließlich was Vernünftiges erwarten!

Für einen Augenblick waren wir allein. Britta riss einen Mantel vom Bügel und rief begeistert: „Genau das, was ich mir vorgestellt habe! Ist der nicht klasse?"

Das konnte ich erst beurteilen, als ich das Preisschild sah: 449 Euro! Wie einen stinkenden Öl-Lappen schmiss ich den Mantel auf den nächsten Stuhl. Sofort war eine gepflegte Verkäuferin zur Stelle und sicherte das gute Stück.

Britta hatte schon das nächste Attentat auf mich vor: Sie zwängte mich in einen senffarbenen, halblangen Mantel. Die Verkäuferin stand mit breitem Pferdegrinsen neben mir, zupfte an mir herum wie an einem Kindergartenkind und bekundete begeistert: „Einmal etwas ganz anderes!"

Ich sah aus wie ein fetter Brummer, der in ein Glas Aprikosenmarmelade gestürzt war!

Zwei Verkäufer, die gerade nichts zu tun hatten, lächelten mich ebenfalls an – wie gepflegt und modisch sie gekleidet waren! Ich fühlte mich neben ihnen plötzlich wie Oskar aus der Tonne: ungeputzte Schuhe, ausgebeulte Cordhose und dazu mein Lieblingsstrickpulli mit roten Streifen – ein Weihnachtsgeschenk von Mutti.

Je aufgeschlossener und selbstsicherer Britta mit der Verkäuferin umging, desto fester klammerten sich meine Finger um mein Portemonnaie mit der EC-Karte. Ich sah allerdings nur eine Möglichkeit, diesem Ort wieder zu entkommen: sich so schnell wie möglich für das kleinste – und günstigste – Übel zu entscheiden.

Schließlich nickte ich resigniert. Die Verkäuferin durfte unter dem Namen Schminke auch noch zwei reduzierte Sakkos zurückhängen – aber in den eigenen vier Wänden würde ich Britta mit vorgehaltenen Kontoauszügen schon wieder zur Vernunft bringen!

Als ich Britta nach dem Abendbrot die noch druckfrischen Kontoauszüge zeigte, wurde sie kreidebleich – und das sollte bei ihr schon etwas heißen!

Eines war klar: Mit Göbels Drohungen war nun wirklich nicht mehr zu spaßen! Wir mussten uns jetzt ganz schnell eine Lösung einfallen lassen. Auf jeden Fall mussten wir mit unserer Angewohnheit, von der Hand in den Mund zu leben, radikal brechen. Deshalb ordnete ich an, ab Beginn der neuen Woche ein Kassenbuch zu führen und jeden Sonntagabend Bestandsaufnahme zu machen.

Am Sonntagabend, als die Kinder bereits im Bett waren, wollte Britta eine Flasche spritzigen Weißwein köpfen. Ich kam ihr jedoch zuvor und stellte dem Ernst der Lage angemessen eine Flasche Gerolsteiner und zwei Wassergläser auf den Tisch.

Auf unserem Esstisch tummelten sich die unterschiedlichsten Quittungen der letzten Woche. Ein Ausflug in die Konsumwelt eines durchschnittlichen Beamtenhaushalts.

Lidl-Markt: Kloreiniger, Pommes frites, Zahnpasta und billiger chilenischer Rotwein, der so schön in die Birne geht.

Aldi: Apfelsaft, Schmand und drei Dosen Parmesan aus dem Sonderangebot – den musste ich einfach mitnehmen, denn Parmesan gibt es nur einmal im Jahr im Angebot.

Britta tippte die Summen der Belege in einen Taschenrechner. Laut Summensaldo unseres Kassenbuches hätten wir für den Rest der Woche noch genau 94,17 Euro zur Verfügung haben müssen. Auf dem Tisch lagen jedoch sehr übersichtlich zwei Fünf-Euro-Scheine und ein paar unbedeutende Cent-Stücke. Sei's drum, wir mussten uns eben erst einspielen. Ich nahm noch einmal die Belege, um zu prüfen, ob Britta auch keinen Zahlendreher eingebaut hatte.

Was war denn das? Ich stutzte: Schuhhaus Tolle, 59,90 Euro! Das war ja nirgendwo vermerkt!

Britta nörgelte schon: „Was guckst du denn noch? Du willst mich doch nicht etwa kontrollieren? Traust du mir etwa nicht?"

„Schuhhaus Tolle!", sagte ich steif.

„Sehr bequeme Laufschuhe, runtergesetzt von 147 Euro! Die brauchte ich sowieso. Ich wäre schön blöd gewesen, wenn ich sie nicht mitgenommen hätte!"

Britta sah mich mit dem trotzigen Blick einer Dreijährigen an. Da hatten wir es wieder: Das Weib ruinierte mich!

Unbarmherzig durchforstete ich die restlichen Belege. Wenn der Rüssel eines Finanzbeamten erst einmal Blut geleckt hat, hilft kein Flehen um Gnade. Dann zählt nur, was herzlose Registrierkassen erfasst und ausgespuckt haben.

Es fanden sich noch diverse Quittungen über Wohlstandsmüll wie zum Beispiel eine Libelle aus Draht oder ein absolut funktionsloses Windlicht. Nicht einmal eine Kerze konnte man hineinstellen, weil das Material nicht hitzebeständig war. So etwas kaufen nur Frauen.

„Wer trägt denn dazu bei, dass es bei uns zu Hause ein bisschen gemütlich aussieht?", maulte Britta beleidigt, als ich ihr die Quittungen vor's Gesicht hielt. „Und außerdem liegt das nur an der Finanzkrise, das weißt du ganz genau!"

Es war eine Tatsache: Britta warf das Geld ohne mit der Wimper zu zucken zum Fenster hinaus. Und was gönnte ich mir? Gewissensbisse peinigten mich, wenn ich mittags der Versuchung erlag mir zwei Stücke Streuselkuchen zu spendieren! Zur Strafe schossen mir dann hässliche Eiterpickel aus dem Kinn. Wenn ich nicht aufs Mark geizig wäre, hätte ich mir gleich am Montag die schicken Schonbezüge für den Daimler gekauft und dazu noch das Lipidspray für das Armaturenbrett. Aber was heißt geizig?! Ich war überhaupt nicht geizig! Im Gegenteil: Ich wäre sogar von Natur aus ausgesprochen großzügig! Mir fehlte leider nur das nötige Kleingeld, um großzügig sein zu können. Aber das würde Britta ja nie begreifen.

Ganz langsam gedieh in mir die Erkenntnis: Für das verschwenderische Leben dieser nicht ganz unattraktiven Studentin im 17. Semester nebst ihrer zwei Bälger konnte ich nur aufkommen, wenn sich unsere Einnahmen drastisch erhöhten.

38. Statistikdruck

Es war schon wieder der 30. des Monats und meine Monatsstatistik sah äußerst mager aus. Mit Schrecken stellte ich fest, dass ich sieben Tage noch überhaupt keine Eintragung vorgenommen hatte! Was hatte ich die ganze Zeit eigentlich getan?

Wahrscheinlich über einen Weg aus unserer Finanzmisere nachgedacht. Zusätzlich musste der Schaden am Daimler auch noch geregelt werden. Halb Deutschland hatte ich abtelefoniert, um ein original elfenbeinfarbenes Lenkrad aufzutreiben. Das hatte ganz schön Zeit gefressen. Zu Hause hätte ich die Zeit gar nicht gehabt. Und Britta hatte auch noch ständig wegen irgendeinem Quatsch angerufen. Das war mir vor Frau Hoppe-Reitemüller schon richtig unangenehm. Obwohl, Frau Hoppe-Reitemüller hatte auch den ganzen Freundeskreis rauf und wieder runter telefoniert, sie war bestimmt nicht besser als ich. Neulich konnte ich zufällig einen Blick in ihre Monatsstatistik erhaschen. Eines muss ich schon sagen: Eine derart blühende Fantasie hätte ich ihr gar nicht zugetraut!

Statistiken gehören zu den volkswirtschaftlich wirklich sinnvollen Errungenschaften. Nicht, dass sie eine ernstzunehmende Aussage über die Masse oder das Ergebnis der erledigten Arbeit abgeben würden. Nein, sie sind noch um ein Vielfaches wertvoller: Sie regen in einer so realitätsfremden Arbeitswelt wie einem Finanzamt wirklich zum Nachdenken an. Eine gutgemachte Statistik ist nämlich immer ein Zeugnis der vorhandenen Fantasie und Kreativität der Mitarbeiter. Wenn ich Herrn Axthammer morgen meine Statistik in ihrem augenblicklichen Zustand in die Hände drücken würde, wäre mein Weg in die Hölle schon vorgezeichnet. Nicht, dass er mir einen Vorwurf dafür machen würde, dass ich so wenig Fälle bearbeitet habe. Ganz und gar nicht! Ich könnte den lieben langen Tag auf dem Klo verbringen und zwei Stunden in der Kantine hocken – aber eine gänzlich unfrisierte Statistik abzugeben, wäre wirklich ein Skandal! Deshalb musste ich meine Statistik bis morgen unbedingt noch ein bisschen aufpumpen. Steuererklärungen durchwedeln war also heute angesagt. Jeder Steuerpflichtige, dessen Steuererklärung ich heute bearbeitete, hatte sozusagen die Green-Card gezogen.

Es wurmte mich allerdings, wenn ich daran dachte, was meine Steuerpflichtigen denken würden, wenn sie ihren Steuerbescheid mit der dicken Steuererstattung in den Händen hielten. Für superschlau werden sie sich halten. Dabei ist alles ergaunert! Und sie sind mächtig stolz auf ihre kriminelle Energie, haben nicht begriffen, dass sie auf einer Stufe mit Kindern stehen, die abends alleine zu Hause sind, während Mama und Papa im Kino sitzen: Sie glauben, die Eltern merken es nicht, wenn sie trotz ausdrücklichen Gebots der Nachtruhe fernsehglotzen auf verbotenen Kanälen, dabei alle Chipstüten leerfressen und am aufgesetztem Johannisbeerschnaps nippen.

Ich arbeitete mich tapfer durch einen Stapel Steuererklärungen und stempelte fleißig mit meinem Lieblingsstempel: „Belege geprüft. Keine Beanstandungen." Dieser Stempel machte mich über alle Zweifel des Rechnungshofes erhaben. Hauptsache der Rechnungshof sah, dass ich mir bei meiner Entscheidungsfindung etwas gedacht hatte. Was sich da genau in meinen Gehirnwindungen abgespielt hatte, war wurscht.

Eines muss man mir schon abnehmen: Ich sah mir wirklich jede Bilanz an! Das machte ich schon deshalb, weil ich ein höflicher Mensch bin und mir vorstellen konnte, wie viel Mühe mit der Erstellung so einer Bilanz verbunden war.

Wenn ich daran dachte, wie viel Geld man für so einen unnützen Jahresabschluss hinlegen musste... ui, ui, ui – dafür könnte man jeden Monat ein paar Mal schick Essen gehen! Ich würde für so einen Unsinn nicht so viel Geld ausgeben – nur damit ein schwachsinniges Beamtentier einen höflichen Blick hineinwirft und ihn anschließend abheftet. Ich würde mich immer schätzen lassen. Machten ja viele Steuerberater auch so. Die wussten schon, warum. Manchmal schätzte das Finanzamt ja auch zu niedrig. Diese Chance durfte man sich auf keinen Fall entgehen lassen! Ich war auch fest davon überzeugt, dass es noch viel mehr Steuerhinterzieher gäbe, wenn alle wüssten, wie einfach es geht und wie wenig einem passieren kann.

Ich hatte erst sechs Steuererklärungen bearbeitet. Zehn musste ich mindestens noch schaffen. Das schaffte ich nie! Eigentlich brachte der Schluss-Sprint auch nichts mehr. Diesen Monat musste ich mir für Herrn Axthammer ganz schön was einfallen lassen.

Dann rief auch noch Britta an. Ob ich denn heute einen freien Nachmittag nehmen könnte? Luisa hätte so einen heißen Kopf und sie könnte das Fieberthermometer nicht finden. Ich sollte mal fühlen, ob Luisa Fieber hat. Mich fragte nie jemand, ob ich einen heißen Kopf hätte und es machte sich auch keiner Gedanken, ob ich heute schon das von Herrn Axthammer gesteckte Gipfelkreuz erklommen habe.

Gerade als ich den Hörer aufgelegt hatte, klopfte es an meiner Tür. Das konnte nur Herr Axthammer sein! Meine Kollegen klopften nie an. Sie rissen nur die Tür auf und grunzten: „Schminke, Kaffee!"

Herr Axthammer stand nicht alleine in der Tür. An seiner Seite stand ein dünnes, langes Mädchen mit artigem Lächeln und Pferdeschwanz. „Herr Schminke, das ist Frau Dorothea Horstmann. Sie wird uns in den nächsten drei Wochen als Finanzanwärterin unterstützen. Wenn Sie sich bitte ab Montag ein bisschen um sie kümmern würden..."

Schon war die Tür wieder zu. Das hatte mir gerade noch gefehlt! Aber bitte, er hatte es nicht anders gewollt. Ich würde das Mädchen schon ausbilden. Sie brauchte mir nur zuzusehen. Wenn sie ein bisschen Grips im Kopf hätte, würde sie begreifen, auf was es in einer Behörde wirklich ankam...

39. Die Anwärterin

Dorothea war heute schon vor mir da. Als ich um 6:45 Uhr die Tür zu meinem Büro aufschließen wollte, bemerkte ich überrascht, dass sie schon offen war.

Dorothea saß vor einem Stapel Fachliteratur und sah mich erwartungsvoll mit großen, dunkelbraunen Augen an. Es fehlte eigentlich nur noch, dass sie mit ihrem Pferdeschwanz wedelte.

Seit drei Tagen war sie jetzt schon bei mir. Ich dachte, sie hätte sich so langsam an den Rhythmus in meinem Büro gewöhnt. Aber nein, ich vermisste eine gewisse Anpassungsfähigkeit. Lag wohl am Elternhaus. Bestimmt waren beide Eltern Lehrer.

Ohne viel zu sagen nahm ich die Auto-Bild aus meinem Aktenkoffer und begann zu lesen.

Gestern hatte sie den ganzen Vormittag nichts gesagt – wirklich keinen Mucks! Irgendwann konnte ich die Stille nicht mehr ertragen und ich erzählte ihr meine halbe Lebensgeschichte. Kurz vor Feierabend fragte ich sie, ob sie heute auch noch ins Freibad gehe. Und siehe da: Sie antwortete mir mit einem vollständigen Satz. Sie sagte: „Nein, ich fahre gleich zu meiner Oma, die hat heute Geburtstag." Ein Wunder – das Mädchen konnte sprechen! In vollständigen Sätzen! Und es hatte sogar eine Oma! Folglich hatte sie sogar eine Mutter, vielleicht, ganz vielleicht sogar einen Vater – wirklich sehr gewagte Hypothese!

Ich konnte mich beim Lesen nicht richtig konzentrieren. Sie verbreitete schon wieder eine so unruhige Atmosphäre. Nach fünf Minuten fragte sie doch tatsächlich, ob sie etwas tun könnte.

Na gut, wenn sie unbedingt beschäftigt werden wollte! Ich gab ihr einen Riesenstapel Karteiblätter, den ich noch nicht einsortiert hatte. Ich sortierte allenfalls alle ein bis zwei Jahre Karteiblätter ein – und die zwei Jahre dürften jetzt bald um sein. Vielleicht war es sogar drei Jahre her, dass ich das letzte Mal eine Kartei einsortiert hatte. Ich schaute sowieso nicht hinein. Und wenn ich doch mal hineinschauen wollte, ging ich zu Herrn Goller ins Nachbarzimmer. Da wusste ich wenigstens, dass die Kartei auf dem Laufenden war. Ich mochte es nämlich überhaupt nicht, wenn ich mich mit einem Steuerberater herumzankte und plötzlich feststellen musste, dass das Karteiblatt, auf das ich mich bezog, von 1969 war.

Ich sagte der Anwärterin, sie solle zum Einsortieren in die Bibliothek gehen. Da wäre mehr Platz und Ruhe. Sie erwiderte, mehr Platz zum Arbeiten brauchte sie nicht!

Irgendwie gelang es mir dann aber doch, sie in die Bibliothek abzuschieben. Als sie weg war, atmete ich erst einmal auf. Jetzt konnte der Tag beginnen. Unter einem halb geöffneten Aktendeckel stöberte ich in meiner Auto-Zeitschrift. Auf der Hut musste man ja immer sein, falls irgendein Idiot sich so früh morgens doch mal zu mir verirrte.

Tatsächlich! Plötzlich ging die Tür auf – Dorothea war zurück und verkündete, sie sei nun fertig. Ich starrte sie fassungslos an. Für diese Arbeit rechnete ich mir in der Statistik normalerweise drei Tage an!

Diese Generation von Finanzanwärtern stellte eine echte Bedrohung für alle redlichen Finanzbeamten vom guten alten Schlag dar. Es waren nicht die Finanzkrisen, nicht das Ozonloch und auch nicht der internationale Terrorismus, der einem Sorgen bereiten musste, sondern jene von einem insektenhaften Fleiß besessenen Arbeitsmaschinen! Jedem Vorurteil zum Trotz, die Jugend verweichliche, hatten sich quasi aus den Eiern riesige Larven entwickelt, die uns kleine, armselige Zecken mit einem großen Schmatzer verspeisen wollten. Aber nicht mit mir! Dorothea würde das Leben schon kennenlernen...!

Herr Goller kam gerade in mein Büro, um mit mir Kaffee zu trinken. Machten wir meistens so, dass wir die dritte Tasse zusammen tranken. Laut und mit verärgertem Unterton sagte ich zu Dorothea: „Hat ja ganz schön lange gedauert!" Dorothea wurde rot und fing an zu stottern – das war schon mal gut. Ich fauchte sie an, ob sie denn wenigstens noch eine Kanne Kaffee aufgesetzt habe. Da sagte sie, sie könnte nicht Kaffee kochen!

Ich wiederholte laut: „Sie kann keinen Kaffee kochen! Mädchen, was kannst du denn mit deinen 20 Jahren überhaupt?"

Sie konnte keinen Kaffee kochen! Ich hätte eigentlich disziplinarische Maßnahmen gegen sie einleiten müssen! Wie sollen Kreaturen wie Dorothea in einer Behörde eigentlich überleben, fragte ich mich den ganzen Tag. Nun gut, sie war noch nicht lange dabei. Aber für ihre Beurteilung aus unserem Sachgebiet sah ich ganz, ganz schwarz...

40. Beurteilung

Dorothea war ab heute bei Herrn Oppermann in der Finanzkasse. Ich wusste zwar beim besten Willen nicht, was er ihr beibringen wollte, aber das war nicht mein Problem.

Ein Glück, dass sie endlich weg war. Viel länger hätte ich es mit ihr auch nicht ausgehalten. Die ganze Zeit über hatte ich mich von ihr genötigt gefühlt, zu arbeiten oder zumindest geschäftig zu tun. Fünf Fälle am Tag hatte ich mehr geschafft als sonst! Nur gut, dass sie weg war. Wer weiß, wo das noch hingeführt hätte.

Vorhin bin ich bei Herrn Siebert gewesen, um mir eine Tasse Kaffee zu holen. Wie zufällig lag seine Beurteilung mit der Note „gut" auf dem Schreibtisch. Dementsprechend „guter" Laune war er auch. Der Blödmann fragte mich natürlich gleich, ob ich denn schon meine Beurteilung eingesehen hätte. Ich sah zu, dass ich so schnell wie möglich aus seinem Büro kam.

Jetzt saß ich hier in meinem Büro, bohrte geistesabwesend in der Nase und dachte über meine anstehende Beurteilung nach.

Mit den Beförderungen lief es im Finanzamt ähnlich ab wie beim Schlachterstand im Supermarkt: Du ziehst eine Nummer und wartest, bis du aufgerufen wirst. Und: Immer schön unauffällig bleiben! Genügend abgehangen war ich ja bereits. Ja, dieses Mal hatte auch ich es endlich verdient, die Note „voll befriedigend" zu bekommen und in einem halben Jahr würden meine Bezüge eine üppige Aufrundung erleben. Rettung war also in Sicht. Ich wüsste sonst auch nicht mehr, wie lange ich Britta und die Mädchen noch über Wasser halten konnte. Unsere Schulden waren einfach zu hoch und zum 1.6. wurde auch noch die Instandhaltungsrücklage für unsere Wohnung um monatlich 100 Euro erhöht.

Zwei Stunden später klingelte das Telefon. Es war Frau Doggenfuß. Ich sollte mal zu Herrn Pieper kommen und meine Beurteilung abholen. Herr Pieper war stellvertretender Finanzamtsvorsteher.

Ich ahnte schon, was mich erwartete. Es war immer das gleiche Spielchen: Der Kopf höchstpersönlich verteilte nur die guten Noten. Anschließend verdünnisierte er sich zu einem „Kurzurlaub" oder aber er wurde krank. Herr Pieper war dann für den Volkssturm, all die angeschossenen Indianer, zuständig.

So war es auch diesmal. Hilflos wie in einem Lazarett, in dem die Medikamente ausgegangen waren, seufzte er: „Herr Schminke, was soll ich zu Ihrer Beurteilung sagen? Wir kennen uns ja eigentlich gar nicht." Er zögerte: „Doch, irgendwie kommen Sie mir bekannt vor: Gehen Sie nicht auch immer regelmäßig in die Kantine?"

Während er mir das Beurteilungsschreiben überreichte, zitierte er aus dem Text: „...gegenüber Vorgesetzten und Kollegen stets aufgeschlossen und bemüht... – na, das hört man doch gerne!"

In seinem Lächeln sah ich tatsächlich eine Spur von Mitleid aufblinken.

Ich schlug die letzte Seite der Beurteilung auf. Zuerst wollte ich nicht glauben, was dort stand: „befriedigend"! Das hieß soviel wie: Gehen Sie nicht über „Los", ziehen Sie nicht 4.000 Euro ein oder anders ausgedrückt: Bitte unauffällig am Ende der Schlange wieder anstellen! Und das bedeutete vor allen Dingen auch eines: Mein genialer Zehnjahresplan, den ich für unfehlbar gehalten hatte, war damit unwiderruflich gescheitert!

Ich konnte nichts mehr sagen. Ich quittierte lediglich, dass mir die Beurteilung ausgehändigt worden war.

Wieder zurück in meinem Büro, saß ich wie versteinert da und dachte nach. So eine Ungerechtigkeit! Hatte ich mich nicht immer redlich bemüht? Einmal bin ich sogar *nicht* während der Dienstzeit zum Zahnarzt gegangen, obwohl ich wirklich akute Zahnschmerzen hatte und Amtsverfügung V 04/00 Nr. 2a Buchstabe f ausdrücklich den Zahnarztbesuch bei „akuten Schmerzen" während der Dienstzeit gestattet! Morgens hatte ich *immer* pünktlich für die Kollegen Kaffee gekocht, sogar für Herrn Axthammer. Da konnte sich noch nie jemand beschweren.

Spontan kam mir in den Sinn, die Untergrundorganisation „Komm, wir sprengen unser Finanzamt!" ins Leben zu rufen. Ich war überzeugt, dass die Organisation aus allen Schichten der Bevölkerung regen Zulauf erhalten würde – aus dem Kreis resignierter Kollegen und Steuerberater sowieso. Wahrscheinlich wurde ich in einer Kartei bereits als potentieller Amokläufer geführt.

Wie sollte ich Britta, die mir in Geldangelegenheiten bislang immer uneingeschränkt vertraut hat, begreiflich machen, dass die Titanic nicht nur ein Leck hatte, sondern auch die Rettungsboote langsam ein bisschen knapp wurden. Gestern hatte sie noch zärtlich an meinem Ohrläppchen geknabbert und in mein Ohr geflüstert: „Mein kleines Finanzgenie!" Heute würde ich ihr mein Ohr nicht mehr freiwillig hinhalten.

Es klopfte an meiner Bürotür und Herr Axthammer kam herein. „Na, Herr Schminke, haben Sie schon Ihre Beurteilung eingesehen?" Axthammer war der allergrößte Verräter. Hatte sich vom mittleren Dienst zum Amtsrat hochgeschleimt, jammerte aber jedem vor, wie viel Pech er in seiner Beamtenlaufbahn gehabt hat.

Er sprach jetzt nur mit mir, weil er sich zu einem Nachgespräch moralisch verpflichtet fühlte. Vielleicht fürchtete er auch, dass ich aus dem Fenster sprang – und nicht nur aus dem Erdgeschoss! Aber diesen letzten Gefallen würde ich ihm nicht erweisen!

„Glauben Sie mir, wenn es nach mir gegangen wäre, hätten Sie wirklich eine bessere Beurteilung erhalten. Aber Sie wissen ja: Mir sind da leider die Hände gebunden! Und, Schminke, ein kleiner Tipp: Wenn Sie mal wieder zum Vorsteher gehen, dann ziehen Sie doch wenigstens keine Birkenstock-Latschen an. Wir sind schließlich in einer öffentlichen Verwaltung und nicht im Sanatorium!"

In Wahrheit war Herr Axthammer heilfroh, dass er einen Dummen gefunden hatte, dem er eine schlechte Note geben konnte. Ich wusste doch, wie diese Beurteilungsgespräche abliefen: „Schminke?", fragt Sachgebietsleiter 15 (S XV), „den Namen habe ich noch nie gehört. Was ist denn das für einer?"

S III erwidert: „Kennst du, das ist der Fette mit dem T-Shirt: 'Versuchs mal mit Gemütlichkeit', der morgens immer die Eier in der Kantine wegfrisst."

S V mischt sich ein: „Ach der, der in diesem winzigen Büro neben der Besuchertoilette sitzt. Da stinkt's doch so, weil die Treppenterrier immer daneben pissen!"

Herr Axthammer pflichtet ihm bei: „Ganz genau, das ist unser Schminke!"

Dann räuspert sich der Kopf respekteinflößend und wendet sich an Herrn Pieper: „Herr Pieper, wie viele 'befriedigend' müssen wir noch vergeben?"

„Dreiundzwanzig", sagt Pieper.

„Zweiundzwanzig", entgegnet der Kopf, „Sie haben Schminke nicht mitgezählt."

Und hinter vorgehaltener Hand raunt Herr Axthammer seinem Sitznachbarn zu: „Ist sowieso ein faules Schwein, dieser Schminke! Soll froh sein, dass er nicht in der freien Wirtschaft arbeitet! Da wäre er schon längst entlassen worden..."

Damit ich nicht platzte, musste ich meinen Frust irgendwie ablassen. Deshalb nahm ich das Beurteilungsschreiben und ging damit zum Kopierer. Von der Beurteilung fertigte ich eine Kopie an, die ich ordnungsgemäß in der Geschäftsstelle bezahlte. Zurück in meinem Büro, attackierte ich das Schreiben brutal mit einem Tacker. Dann zerriss ich es in winzige Schnipsel und spülte diese anschließend im Klo hinunter. Das tat gut! Jetzt ging es mir wieder ein bisschen besser.

Das Telefon klingelte: Frau Doggenfuß war wieder am Apparat. Was wollte die dumme Kuh noch von mir? „Herr Schminke, bedauerlicherweise habe ich Ihnen das Original mitgegeben. Das Original muss ich aber an die Oberfinanzdirektion schicken."

„Moment", sagte ich. Wo ist es denn...? Ich wurde immer hektischer. Nein! Das durfte doch nicht wahr sein: Aus Versehen hatte ich das Original im Klo heruntergespült!

Jetzt half nur noch die Flucht nach vorn: „Frau Doggenfuß", sagte ich um einen besonders gleichgültigen Tonfall bemüht, „die Beurteilung habe ich gerade durch den Schredder gejagt – mache ich immer so!"

Stille am anderen Ende der Leitung. Dann sagte Frau Doggenfuß tonlos: „Schminke, das wird ein Nachspiel haben!"

In der Mittagspause kam ein Gerücht auf. Es wurde von Elke in unsere Kaffeerunde getragen: „Hummer ist befördert worden!" Das war ein Stich in die offene Wunde für alle Kollegen, die mit „befriedigend" und schlechter beurteilt worden waren.

Edgar Hummer zeichnete sich nicht nur dadurch aus, dass er keinen grauen Dienstpulli trug, sondern jeden Tag mit weißem Hemd und Krawatte herumlief – sich also offenbar zu Höherem berufen fühlte. Er war auch der Einzige, der keiner Kaffeerunde angehörte. Zu aller Verärgerung konnte man ihm noch nicht mal gewisse Fachkenntnisse abstreiten, denn Hummer hatte es nicht nötig, seine Monatsstatistik zu frisieren. Aus diesen und noch ein paar viel schlimmeren Gründen rangierte Hummer am untersten Ende der Beliebtheitsskala.

Um 14:00 Uhr stand Herr Axthammer schon wieder in meinem Büro. Ich hätte einen Zettel mit der Aufschrift „Von Beileidsbesuchen bitte ich abzusehen!" an die Tür hängen sollen!

Fakt war jedoch, dass er die Sache mit meiner schlechten Beurteilung längst abgehakt hatte und zum normalen Tagesgeschäft übergegangen war: „Schminke, wir wollen Herrn Hummer gratulieren. Er ist eben gerade befördert worden..." Ich stand von meinem Schreibtisch auf, ging zur Tür und schaute demonstrativ den Flur entlang, nach weiteren gratulierfreudigen Kollegen hielt ich vergebens Ausschau. „Wer ist *wir*?" Ich blickte Herrn Axthammer provozierend an.

Er begann zu stottern und es dämmerte ihm, dass ich die Lage durchschaut hatte. „Mensch, Schminke!", stieß er hervor, „ich kann da doch jetzt unmöglich so alleine... Wenn Sie jetzt mitkommen, kann die Geschäftstelle über die Sache mit dem Schredder vielleicht hinwegsehen... Sie verstehen doch!"

Hummers Beförderung war am nächsten Morgen *das* Gesprächsthema in jeder Kaffeerunde. Hummers Erzfeind, Herr Goller, der genau wie ich nur mit „befriedigend" beurteilt worden war, hörte ich kurz vor Mittag schreiend über den Flur laufen: „Doof, doof, doof!" schrie er immer wieder, „einmal doof, immer doof!"
Wir befürchteten, dass er sich als nächstes in der Küche mit dem Kabel der Kaffeemaschine strangulieren würde. Deshalb gab Elke heimlich in Gollers Kaffee ein paar Valiumtabletten. Eine halbe Stunde später saß er so leblos da wie ein Hühnchen in einer Legebatterie.
Zur Wahrung des Betriebsklimas wurde Hummer zu einem einwöchigen Fortbildungslehrgang geschickt.

Die Beurteilung lag jetzt fast drei Wochen zurück. Heute Morgen nach dem Frühstück fing ich wieder an, leichten Schriftverkehr und sogar eine Steuererklärung zu bearbeiten.
Mir war vollkommen klar: Eigentlich hatte ich nichts davon, ich hätte es ebenso gut sein lassen können. Aber ich hatte die Langeweile einfach nicht mehr ausgehalten. Zudem musste ich mich ablenken. Heute Nachmittag hatten wir einen Termin bei Herrn Göbel, unserem Kreditsachbearbeiter.
Was heißt „Termin" – es war eine Vorladung! Und so wie ich die Dinge einschätzte, wollte er uns sicherlich nicht eine neue englische Teemischung vorstellen...

41. Gnadenfrist

Britta und ich saßen mit schwitzigen Fingern in den weichen Ledersesseln von Herrn Göbels Besprechungszimmer. Auf seinem Schreibtisch lagen nur eine Akte und ein Bleistift. So sah also der Schreibtisch eines Erfolgsmenschen aus. Der Schreibtisch in meinem Büro ähnelte immer einer Altpapiersammelstelle. Von Zeit zu Zeit schichtete ich alles um und legte die Schreiben mit den meisten Ausrufezeichen und den beleidigendsten Anreden nach oben. Weniger auffällige Schreiben schickte ich entweder noch mal in den Umlauf (in der Hoffnung, sie kämen nie wieder zurück) oder warf sie in den Papierkorb (das erzählte ich nicht einmal Britta!).

Herr Göbel verzog leicht das Gesicht, als ob es ihm leid täte: „Da sieht es ja gar nicht gut aus auf *unserem* Konto!"

Wenn Herr Göbel so etwas sagte, dann sah es wirklich nicht gut aus auf unserem Konto. Deshalb schaute ich ihn dem Ernst der Lage angemessen betreten an. Aus meiner beruflichen Erfahrung wusste ich: Nur ehrliche Reue konnte in einem Organismus, dessen Daseinsberechtigung darin bestand, anderen das Geld aus der Tasche zu ziehen, menschliche Triebe wecken. Wenn ich jetzt wütend wurde und herumschrie und ihn einen eiskalten Wucherer nannte, würde er nicht mehr „erhaltend" operieren, sondern sich des Geschwürs mit schnellen, tiefen Schnitten entledigen. Ich konnte mir Angenehmeres vorstellen, als den Feierabend bei der Schuldnerberatung zu verbringen.

Deshalb war ich artig, blickte Herrn Göbel reuevoll an und nippte höflich an dem Kaffee, den er uns angeboten hatte. Der Kaffee war so dünn, dass ich die Risse auf dem Tassengrund erkennen konnte. Es war ganz eindeutig: Die Bank wollte in uns nicht mehr als unbedingt nötig investieren.

Britta, die bis dahin stumm neben mir gesessen hatte, holte jetzt ein Taschentuch heraus und fing leise an zu schluchzen. Das war schon mal gut, denn Frauentränen können die meisten Männer überhaupt nicht ertragen...

Herr Göbel wippte bereits unruhig auf seinem Stuhl hin und her und begann an seinem Kuli zu spielen.

„Aber Frau Schminke", sagte er schnell, „so aussichtslos sieht es bei uns doch gar nicht aus! Sehen Sie mal, wir haben da doch noch die Eigentumswohnung. Die ist bestimmt 150.000 Euro wert. Und nach Abzug der Zinsen und Bearbeitungsgebühren, bleibt vielleicht auch noch etwas für Sie übrig. Man kann schließlich immer noch einmal von vorne anfangen."

Er beugte sich ein wenig zu Britta herüber und raunte: „Ich habe da einen ganz potenten Kunden an der Angel, dem es *wirklich nicht* darum geht, bei der Wohnung zu feilschen. Wenn ich den heute anrufe, könnten wir morgen schon zum Notar gehen. Sie kennen doch diese Münchner Geldsäcke... Für die sind 150.000 Euro so, als wenn unsereiner zu Karstadt ginge und sich eben mal ein Igluzelt kaufte." Er fand sich unglaublich witzig und gluckste wie ein pubertäres Schulmädchen. Langsam verwandelten sich meine Ängste in Wut und Kampfeslust. Ich wusste, damit ließ sich nichts erreichen, deshalb versuchte ich mich zu beherrschen. „Herr Göbel, bitte geben Sie uns noch eine Frist von einem halben Jahr!", bettelte ich, „Wir werden uns wirklich bemühen, irgendwie Geld aufzutreiben!"

Herr Göbel hatte nicht mit Widerstand gerechnet und wurde nun doch ein bisschen ungeduldig. Wahrscheinlich war der Münchner Geldsack sein Skatbruder – oder noch schlimmer: sein Vorgesetzter! Und Herr Göbel bekam eine schöne Provision, wenn er ihm die Wohnung zu einem günstigen Preis verschaffte. Wahrscheinlich hatte er sie ihm sogar schon versprochen!

Er fummelte eine Zigarre aus seinem Jackett und schlug jetzt einen anderen Ton an: „Ausgeschlossen! Ausgeschlossen!", knurrte er, „Wir haben ja gesehen, was dabei herauskommt. Und außerdem: Wenn ich Ihnen noch eine weitere Frist einräume, habe ich nächste Woche die Revision auf dem Hals und kann beim Vorstand Männchen machen! Herr Schminke, denken Sie doch *einmal* realistisch!"

Der Mut der Verzweiflung brachte mich auf eine Idee: „Herr Göbel, bitte geben Sie uns eine letzte Frist von einem Vierteljahr. Ich lege meine Hand dafür ins Feuer, dass wir in einem Vierteljahr saniert sind!" Das war nun wirklich ziemlich dick aufgetragen.

„Herr Schminke", seufzte Herr Göbel, „was soll sich denn bei uns in einem Vierteljahr positiv verändern? Wir machen es doch nur noch schlimmer! Glauben Sie mir, ich will Ihnen nur helfen!"

Aber noch gab ich nicht auf: „Herr Göbel", flehte ich, „um Ihre Revisionsabteilung milde zu stimmen, biete ich Ihnen für diese Frist eine Sicherheit von 10.000 Euro an. Und ich versichere Ihnen zudem, dass die Schulden nicht weiter ansteigen werden."

Britta starrte mich völlig überrascht und entgeistert an. Ich wusste, was sie jetzt sagen wollte und wahrscheinlich hatte sie damit auch recht. Aber ich entschied mich dafür, ihr als Warnung unter dem Tisch einen heftigen Fußtritt zu verpassen. Dabei verhakte ich mich allerdings irgendwie an der Schnalle ihrer Sandale. Als ich den Fuß zurückzog, riss das dünne Lederriemchen ihres Schuhs. Britta starrte auf ihren rechten Fuß, an dem die Sandale nun ohne Halt baumelte.

Herr Göbel hatte von unserer Konversation nichts mitbekommen. Er war gerade dabei, auf seinem Laptop einige Zahlen hin und her zu jonglieren.

Endlich, als meine Hoffnungen schon auf dem Nullpunkt angelangt waren und ich den Entschluss gefasst hatte, nach einem Leitfaden für die erfolgsversprechendsten Selbstmordpraktiken Ausschau zu halten, hob Herr Göbel den Kopf, schaute lächelnd über seine randlose Brille und sagte versöhnlich: „Also gut, Herr Schminke. Bei Zahlung einer Sicherheit von 15.000 Euro innerhalb einer Woche gebe ich Ihnen noch eine Frist von einem Vierteljahr, um Ihre finanziellen Angelegenheiten zu ordnen."

Überrascht starrte ich Herrn Göbel an. Mit einer positiven Wendung unseres Schicksals hatte ich überhaupt nicht mehr gerechnet. Am liebsten hätte ich ihn jetzt in den Arm genommen und abgeknutscht. Stattdessen verabschiedeten wir uns in aller Form.

Britta hatte ohnehin damit zu tun, das Büro mit der kaputten Sandale einigermaßen würdevoll zu verlassen.

Als wir wieder draußen waren, wurde mir erst richtig bewusst, was ich da angestellt hatte: Wie sollten wir innerhalb von einer Woche 15.000 Euro auftreiben? Und noch schlimmer: Wie sollten wir innerhalb von einem Vierteljahr unsere Finanzlage sanieren?
Ich wünschte mir jetzt, allein auf einer einsamen Insel in der Südsee zu sitzen, auf einem Baukran in 30 Meter Höhe oder in einer Einzelzelle in einem Hochsicherheitstrakt, aber ich saß jetzt im Auto neben Britta...

42. Klare Prinzipien

Frau Stöhr biss in ihr Fleischsalatbrötchen. Es war zu dick geschmiert. An ihren Mundwinkeln quoll die Mayonnaise wieder heraus, aber sie merkte es nicht. Alle starrten sie an. Elke leckte unwillkürlich an ihren Mundwinkeln.

Wenn Frau Stöhr über Geld sprach, merkte sie nichts. Dann hätte man vor ihren Augen die Kantine abfackeln oder ihr eine Vogelspinne in den Ausschnitt setzen können.

„Bei uns war das Konto noch nie überzogen! Das gäbe es einfach nicht", quakte Frau Stöhr, „eher würde ich mir die Hand abhacken!"

Elke und Herr Goller nickten brav und schauten nach unten, während sie ihre Fleischsalatbrötchen kauten.

Wenn alle eine so dogmatische Einstellung zu ihrem Konto hätten, müsste sich unsere Frühstücksrunde immer von Frau Stöhr füttern lassen.

Sie sagte zu mir, sie könne mir einen sehr rentablen Fonds empfehlen.

Ich sagte ihr, dass sie da leider zu spät käme, da wir uns gerade gestern mit unserer Bank über unsere nächsten geplanten Finanztransaktionen geeinigt hätten...

43. Fettige Aussichten

Seit Tagen zermarterte ich mein Hirn nach einer Lösung für unsere Finanzmisere. Die Kaution für Herrn Göbel hatte mir Mama von ihrem schwarzen Haushaltskonto geliehen, von dem Papa nichts wissen durfte. Sicher, ich könnte Zeitungen austragen oder Britta könnte putzen gehen, aber von den paar Kröten ließe sich das Ruder auch nicht herumreißen. Nein, mir musste etwas anderes einfallen. Aber dazu fehlte mir einfach die Fantasie.

Ich nahm mir eine Steuererklärung zur Bearbeitung aus meinem Aktenschrank und stellte fest, dass mich die Tätigkeit regelrecht entspannte – da brauchte man wenigstens nicht nachzudenken und vor allen Dingen: Man brauchte keine Fantasie. Obwohl, wenn ich es mir recht überlege, brauchte man dazu sehr wohl Fantasie, sogar eine gute Portion. Mich würde zum Beispiel interessieren, wie der Maler mit fünfköpfiger Familie, dessen Steuererklärung ich gerade bearbeitete, von einem Monatseinkommen von sage und schreibe 970 Euro den Bauplatz für 80.000 Euro finanziert hat! Ein kleiner Zauberkünstler! Bevor ich in die Kantine ging, meldete ich ihn für eine Betriebsprüfung an. Die Kollegen von der Betriebsprüfung hatten immer ein offenes Herz für kleine Zauberkünstler...

In der Kantine stand Susan vor mir in der Schlange. Susan hatte die längsten Beine, die mir je zu Gesicht gekommen waren. Ihr Körper bestand zu 80 % aus Bein. An der Stelle, an der mein Bauchnabel war, endeten ihre Oberschenkel und ihr voller Busen schwebte mir immer in Augenhöhe – da konnte ich gar nichts gegen machen. Susan war in unserem Finanzamt nicht nur irgendein nettes Girlie, kein Tinchen – sie war ein Phänomen! Ich möchte behaupten, jeder von den etwa 200 Beamten und Angestellten kannte Susan. Sie war nämlich nicht nur ein echter Hingucker, sondern hatte die seltene Gabe, ihre Lebensfreude wie ein Rasensprenger großzügig zu versprühen. In einer so lebensfeindlichen Atmosphäre wie sie in einem Finanzamt herrschte, konnte sich dem niemand entziehen. Eigentlich gehörte Susan gar nicht mehr richtig dazu. Sie arbeitete nur noch hin und wieder als Aushilfe im Finanzamt – wenn sie mal besonders pleite war.

Susan gehörte zu den Ausnahmen, die es gewagt hatten, als auf hoher See eine winzige Robinson-Insel in Sicht kam, einfach Hals über Kopf aus dem sicheren Boot zu springen, um sich auf die Insel zu flüchten. Susans Robinson-Insel hieß „Schauspielschule". Ihre Eltern waren natürlich entsetzt. Sie hatten bereits drei Kreuze gemacht, als ihr Flattergeist nach dem Abi die Ausbildung beim Finanzamt begann. Und dann das! Von heut auf morgen ging sie ohne Vorankündigung zum Geschäftsstellenleiter und legte ihm die Kündigung auf den Tisch! Frau Stöhr kommentierte, sie hätte gleich gewusst, dass sie kein Jahr nach der Ausbildung durchhalten würde.

Über Susans Einstellung hatte maßgeblich Herr Axthammer entschieden. Beim Personalrats-Vorsitzenden Axthammer hatte der Anblick von Susans Fahrgestell samt Aufsatz einen geradezu missionarischen Eifer ausgelöst. Es gelang ihm auch tatsächlich, zumindest die entscheidungsbefugten Herren davon zu überzeugen, dass Susan eine echte Bereicherung für das Finanzamt darstellte – womit er in gewisser Weise recht behalten hatte...

Wir waren mittlerweile ein gutes Stück weiter vorgerückt. Die Fleischsalatbrötchen kamen schon in Sichtweite. Gerade ging Herr Wellhausen mit seiner Kaffeetasse an uns vorbei. Herr Wellhausen hatte den apathischen Blick eines altersschwachen, überfressenen Cockerspaniels. Er konnte nichts dafür. Seine Tagesunterbringung in der Bewertungsstelle ließ ihm nur zwei Entwicklungsmöglichkeiten: entweder dem Wahnsinn oder einem dem Koma ähnlichen Zustand zu verfallen. Wäre er ein Cockerspaniel gewesen, hätte sich zumindest der Tierschutzbund für ihn stark gemacht – wenn es schon der Personalrat nicht tat – und ihn da rausgeholt. Jetzt kam er an Susan vorbei. Susan grüßte ihn auf eine Art, wie nur

Susan grüßen kann. Und Wellhausen? In seinen Spanielaugen blitzte plötzlich ein Lebenszeichen auf und dann – lächelte er. Wellhausen lächelte! Das hatte ich bei ihm noch nie gesehen. Susan war wirklich ein Phänomen! Am liebsten würde ich mich jetzt zu Susan setzen. Aber Susan gehörte einer anderen Kaffeerunde an. Einmal mit Susan zusammen frühstücken, das wäre mein Traum!

Ich ging mit meinem Tablett zu dem Tisch, an dem meine Kaffeerunde saß. Ich gehörte dieser Kaffeerunde bereits seit neun Jahren an. Der Stamm veränderte sich nur durch Tod oder Versetzung in eine andere Dienststelle. Eine andere Möglichkeit des Wechsels existierte faktisch nicht. Als neulich Frau Nullmeier in den Arbeitnehmer-Bereich versetzt worden war und sich dort einer anderen Kaffeerunde angeschlossen hatte, kommentierte Frau Stöhr böse: „Wir sind ihr ja jetzt nicht mehr gut genug!"

Ich wusste von Frau Nullmeier, dass sie schon seit Jahren den Absprung gesucht hatte – da war sie nicht die Einzige! Aber die meisten trauten sich nicht – und wer will seinen Kaffee schon alleine trinken? Ich orientierte mich auch schon eine ganze Weile um... Vielleicht lud mich mal die Petra zu ihrem Tisch ein. Da war es immer so lustig. Wenn mir Frau Stöhr mit ihrem Fleischsalatbrötchen gegenüber saß, verging mir jedes Mal der Appetit. Wenn ich dann mein zweites Ei halb aufgegessen liegen ließ und das Brötchen mit der Mortadellascheibe mit dem Grünschimmer angebissen auf meinem Teller lag, kommentierte sie sofort: „Na, heute keinen Appetit? Probleme zu Hause?" Dabei bemerkte ich, wie sich bereits Speichel in ihrem Mund ansammelte und sich an den Mundwinkeln kleine Bläschen zeigten.

Endlich sagte ich das, worauf sie die ganze Zeit gelauert hatte: „Wollen Sie meinen Teller übernehmen?" Und bevor ich es mir noch einmal anders überlegen konnte, schob sie hastig mein Tablett auf ihre Seite und biss mit dem größten Wohlbehagen in das Mortadella-Brötchen. Bei mir wäre vor Ekel sofort ein prächtiger Herpes in der Größe eines Blumenkohls aufgeblüht. Aber Frau

Stöhr schien es nicht im Geringsten zu stören, dass ich das Brötchen bereits angebissen und das Ei einmal umgegraben hatte. Solange sie bei uns zu Hause nicht in der grünen Tonne herumwühlte, sollte sie doch machen was sie wollte. Recycling war ja an und für sich auch eine gute Sache.

Dann passierte etwas Außergewöhnliches, ja Ungeheuerliches: Herr Glockemüller kam mit seinem Tablett zu unserem Tisch, deutete auf den freien Platz neben mir und fragte: „Ist hier noch frei?"

Was war nur in den armen Jungen gefahren? Alle hörten auf zu kauen. Frau Stöhr kleckerte vor Schreck Ei auf ihre rosa Bluse. Einerseits war das Verhalten von Herrn Glockemüller einfach unmöglich, geradezu skandalös, andererseits war Herr Glockemüller Betriebsprüfer und würde mit seinem Gastspiel zur Aufwertung des Ansehens der Kaffeerunde beitragen. Ja, mit Herrn Glockemüller hätte unsere Kaffeerunde schon beinahe das Flair des Sachgebietsleiter-Tisches!

Aber Frau Stöhr hatte eben ihre Prinzipien. Ich sah ihr an, was sie sagen wollte: „Was will denn ein Betriebsprüfer bei uns?" Ich kam ihr jedoch zuvor und sagte schnell zu Herrn Glockemüller: „Bitte, nehmen Sie doch Platz!"

Ich konnte diesen Kerl eigentlich nicht ab, er stank immer so widerlich nach kaltem Rauch und hatte 'ne große Klappe, alter Dröhnkopp eben. Aber darauf kam es jetzt nicht an.

Herr Glockemüller hatte kaum Platz genommen, da nahm Frau Stöhr auch schon eingeschnappt ihr Tablett und zog pikiert ab.

Sobald Herr Glockemüller saß, löste sich die Spannung. Endlich erfuhren wir mal was Neues. Alle hörten gespannt zu, wie Herr Glockemüller von einem dicken Fisch erzählte, der gerade an seiner Angel baumelte.

Eigentlich waren wir jetzt alle in Stimmung, Sekt und eine Flasche Jägermeister zu bestellen. Aber in der Kantine gab es neben Kaffee nur Multivitaminsaft und Fencheltee.

Herr Glockemüller erzählte von einem Imbiss, den er gerade geprüft hat: „... eine ordinäre Frittenbude, aber Sie glauben es nicht:

Nach drei Jahren hatte der Knabe sein Dreifamilienhaus bereits abbezahlt!" Er berichtete mit blitzenden Augen weiter, wie Steuerfahnder Hufemeier den Laden hochgenommen hatte. „Den habe ich totgeprüft!", lachte Glockemüller und rieb sich wiehernd die Hände.

Jetzt saß ich wieder in meinem Büro und las noch einmal in Ruhe den Lokalteil der Zeitung. Dazu trank ich meinen After-Breakfast-Kaffee. Bei den Kleinanzeigen stolperte ich plötzlich über eine Anzeige: „Umständehalber komplett ausgestatteter Imbisswagen zu verkaufen, 4.000 Euro, Verhandlungsbasis."

War das Zufall? Nein, das konnte kein Zufall sein. Das war schon ein Wink mit dem Zaunpfahl! Wir mussten eine Frittenbude aufmachen! Wie in Neonschrift blinkend sah ich es vor meinen Augen: Dreifamilienhaus in drei Jahren, Einfamilienhaus in einem Jahr!

Der einzige Kunstgriff bei der Sache: Der Imbiss müsste natürlich auf Brittas Namen laufen, denn ein Gewerbe in diesem Umfang würde mir die Geschäftsstelle in jedem Falle untersagen. Aber man konnte seiner Frau ja ein bisschen unter die Arme greifen...

Ich rief sofort den Besitzer an. Ein gewisser Bernie Kuddel meldete sich. Er sagte, er müsse leider verkaufen, weil er dem Gesundheitsamt aufgefallen sei. Er habe eine ansteckende Hautkrankheit und dürfe mit seinem Befund auf gar keinen Fall mehr in der Gastronomie tätig sein! Seine Hände sähen aus wie Streuselkuchen. Der Amtsarzt habe zu ihm gesagt: „Herr Kuddel, von mir aus können Sie Fritten noch essen, aber nicht mehr verkaufen."

Nach Feierabend sah ich mir den Verkaufswagen an. Ich war begeistert! Alles war noch gut in Schuss. Für 3.000 Euro hätte ich ihn sofort mitnehmen können. Es blieb nur noch abzuwarten, was Britta zu der Idee sagen würde. Eines war klar: Schneller konnten wir nicht zu Geld kommen. Unser Glück war zum Anfassen nahe und schwamm goldgelb in Frittierfett. Am Besten, ich bestellte für heute Abend einen Babysitter und lud Britta zum Griechen ein, um sie von meiner Idee zu überzeugen.

Als ich Britta abends bei unserem Griechen vorsichtig von meinen Plänen erzählte, war sie ganz aus dem Häuschen – leider nicht vor Begeisterung.

„Wie stellst du dir das denn vor?", zischte sie über ihren mächtigen Fleischberg hinweg, „hast du gedacht, *ich* stelle mich hinter die Friteuse?"

„Nein, nein", versuchte ich sie zu beschwichtigen, „wie kommst du denn darauf? – Na, höchstens mal im Notfall – oder auch samstags..." „Hartmut!", schrie Britta drohend auf – einige Gäste drehten sich bereits nach uns um, „du vergisst: Ich habe Abitur!"

„Ich glaube kaum, dass das jemanden stören würde", entgegnete ich. Aber mit Britta war im Moment nicht zu spaßen. Wenn ich ihr jetzt noch erzählte, dass der Wagen 3.000 Euro kostete, würde sie sich vom Koch bestimmt den elektrischen Fleischhobel besorgen und mich um einiges erleichtern.

Von dem Kaufpreis wollte ich ihr erst erzählen, wenn sie den Angelhaken verschluckt hatte. Will man eine Frau überzeugen, besteht der größte Fehler darin, einer Frau einen Sachverhalt sachlich, umfassend und objektiv vorzutragen. In meinen Ehejahren hatte sich dagegen eine Technik besonders bewährt: Ein oft wiederholter Gedanke wird zum Glaube. Daher wiederholte ich ständig in verschwörerischem Tonfall: „Britta, bedenke doch einmal: Ein Dreifamilienhaus in drei Jahren, ein Einfamilienhaus in einem Jahr!" Und noch bevor der Nachtisch serviert wurde, wiederholte sie schon artig: „Also, du meinst wirklich: ein Dreifamilienhaus in drei Jahren und ein Einfamilienhaus in einem Jahr...? Nicht schlecht."

Bei der Finanzierung des Kaufpreises zeigte sich Bernie Kuddel nicht kleinlich. Als ich ihm von unseren Zahlungsschwierigkeiten erzählte, meinte er nur: „Daran soll es nun wirklich nicht scheitern, da werden wir schon eine Lösung finden. Bei mir steht der Imbiss auch nur herum. Ich schlage Ihnen vor, den Wagen in Raten vom laufenden Umsatz abzuzahlen. Sie können mir glauben: In drei

Monaten gehört die Kiste Ihnen!" In drei Monaten! Ein wohliger Schauer lief mir den Rücken hinunter.

Eine Woche später holte ich den Imbisswagen ab.

44. Imbisshummel gesucht

Der Imbisswagen stand nun reisefertig vor unserem Haus. Wir brauchten nur noch eine „Imbisshummel" einzustellen und schon konnte es losgehen. Britta kam auf die Idee, ihre Cousine Karin zu fragen. Karin hatte mal eine Ausbildung zur Köchin angefangen. Ihren Abschluss hatte sie allerdings nie geschafft. Bei der letzten Prüfung war bei der französischen Flugente die Bratfolie gerissen, der Saft ausgelaufen und die Ente ausgetrocknet wie Tutenchamun. Ein paar Fritten würde sie wohl noch hinbekommen, meinte Britta. Im Übrigen wäre sie nun schon so lange Zeit arbeitslos und finanziell völlig ausgepumpt, da müsste sie mal wieder auf andere Gedanken kommen.

Mein Beruf brachte es mit sich, dass bei mir selten soziale Gedanken aufkamen. Karin ließ mich völlig kalt. Man konnte es ihr zwar nicht persönlich zurechnen, dass sie zu den Geschöpfen gehörte, die ich als ausnahmslos dumm bezeichnen würde. Ich konnte sogar rechtfertigen, dass sie immer fetter wurde, denn mit irgendetwas musste sie sich ja neben dem Fernsehglotzen beschäftigen. Aber für ihre Faulheit gab es weder eine Ausrede noch eine Entschuldigung. Sie lebte mit ihren 37 Jahren immer noch bei ihren Eltern und ließ sich von ihnen aushalten. Selbst die Fische im Aquarium ihrer Eltern hatten einen größeren Nutzen, denn sie waren wenigstens noch ein erfreulicher Anblick. Britta blieb aber hartnäckig bei ihrer Ansicht, man müsse jedem in seinem Leben eine allerletzte Chance einräumen.

Karin kam nachmittags zum Kaffeetrinken. Nachdem sie sich ohne Luft zu holen fünf Windbeutel einverleibt und anschließend ein Kaugummi eingeworfen hatte, gingen wir zum geschäftlichen Teil über. Sie hörte gelangweilt zu und grunzte nur einmal interessiert, als sie hörte, dass sie täglich eine Freimahlzeit ihrer Wahl bekommen sollte und auch die heruntergefallenen Pommes essen durfte. Irgendwann aber gab es in ihren Gehirnwindungen eine Zündung und sie begriff, dass dieser Job nicht nur für ihr Kauwerkzeug Arbeit bedeutete.

Britta war sichtlich enttäuscht als Karin ablehnte. Karin blies ihr Kaugummi zu einem dicken rosa Ballon auf. Als er Melonengröße angenommen hatte, gab es einen Knall und die klebrigen Überreste legten sich unappetitlich über ihr komplettes Gesicht. Bei diesem Anblick war selbst Britta leicht davon zu überzeugen, dass es noch qualifiziertere Arbeitskräfte geben musste.

Für Samstag gab ich im örtlichen Tageblatt eine Stellenanzeige auf. Nach einer Woche schickte uns die Redaktion drei dicke Briefumschläge zu. Sage und schreibe 132 Bewerber rissen sich darum, bei uns eine Anstellung zu finden. Mit diesem Aufgebot hätten wir eine ganze Fast-Food-Kette bestücken können.

Mit Kantinen hatten Britta und ich schlechte Erfahrungen gesammelt. Deshalb wurden die Bewerbungen aller ehemaligen Kantinenköche als Erstes aussortiert. Spitzenkräfte wie ehemalige Mitarbeiter von „Mc Donalds" und der „Nordsee" konnten wir uns nicht leisten. Am Ende verlangten sie von uns noch ein dreizehntes Monatsgehalt und freie Heilfürsorge! Unser Imbiss brauchte zähe Pioniere, die bereit waren, Opfer zu bringen. Das hieß im Klartext: Arbeiten wie ein Pferd und genügsam sein wie ein Mönch.

Am Ende der ersten Auswahlrunde blieben noch vier Bewerber übrig. Ein Kriterium war uns dabei besonders wichtig gewesen: Alle hatten sich – nach dem Lebenslauf zu urteilen – immer durchs Leben quälen müssen und würden für jeden Strohhalm dankbar sein, der ihnen entgegengestreckt wurde. Aber wir mussten auf der Hut sein und ihnen vorher gründlich auf den Zahn fühlen.

Britta kam auf die geniale Idee, ein Casting zu veranstalten. Jeder Kandidat sollte in unserer Küche einen Snack zubereiten.

Sie orderte die fette Karin als Jury-Mitglied für unser Casting. Nachdem Britta ihr am Telefon ihre Aufgabe ausführlich erklärt hatte, fragte Karin: „Und was soll ich jetzt machen?" Karin war ein hoffnungsloser Fall.

„Essen, einfach nur essen!", seufzte Britta entnervt.

Am Donnerstag um 18:00 Uhr sollte das Casting stattfinden. Bis dahin musste noch viel vorbereitet werden. Britta besorgte kiloweise Gehacktes, Pommes und Schnitzel und rührte eine riesengroße Schüssel gelber Spezialsoße an.

Markenzeichen und Aushängeschild der „Frittenschmiede" sollte die gelbe Spezialsoße werden. Das Rezept hatte in einer von Papas Gartenzeitungen gestanden und wurde dort als einzigartiges Mittel gegen Nacktschnecken empfohlen. Papa hatte die Flüssigkeit angerührt und aus Versehen in der Küche stehen lassen. Als ich mittags bei Papa und Mama zum Spargelessen eingeladen war, verwechselte ich sie mit der Sauce hollandaise. Wirkte der erste Löffel noch wie ein Schock auf die Geschmacksknospen, machte der zweite Löffel dieser eigenartig salzig-scharfen Soße bereits süchtig. Selbst Britta entdeckte ihre Vorliebe für den gelben, cremigen Extrakt.

Am Donnerstagabend installierte ich die letzte Kamera in der Küche. Aus einem Fernsehladen hatte ich eine Videoausrüstung mit zwei winzigen Kameras besorgt. Vom Schlafzimmer aus konnten wir somit das Treiben in der Küche in Ruhe beobachten.

Alles war perfekt vorbereitet: Auf der Arbeitsplatte in der Küche häuften sich Schalen mit Gürkchen und Salatblättern. In verschiedenen Schüsseln lagen Schnitzel, Würste sowie ein dicker Klumpen Hackfleisch bereit und an der Wand hing unsere zukünftige Speisekarte.

Obwohl wir die Bewerber für 18:00 Uhr geladen hatten, klingelte es bereits um 17:45 Uhr an der Tür. Ich hasste Unpünktlichkeit, und die unangenehmste Form der Unpünktlichkeit war in meinen Augen, wenn jemand zu früh kam. Die Person war mir deshalb von vornherein unsympathisch.

Nun klopfte die Person auch noch an der Tür! Kaum hatte ich die Tür geöffnet, wurde ein magerer, knochiger Arm ausgefahren und meine Hand wie ein Pumpschwengel geschüttelt.

„Erna Blume. Ich hoffe, ich habe mich nicht verspätet!" Krähenaugen äugten in die Wohnung. Erna Blume war etwas kleiner als ich – das war nicht besonders groß. Sie war ausgedörrt wie eine Trockenpflaume und hatte einen leichten Buckel.

Ich nahm die „Dürre Runde" – wie sie Britta später taufte – mit ins Wohnzimmer. Sie ließ sich pflegeleicht in einen Sessel setzen und sagte keinen Mucks mehr.

Um 18:10 Uhr klingelte es erneut. Ich cremte mir gerade die Hände mit Pflegebalsam ein und rief deshalb Britta zu, sie solle die Tür öffnen. Britta war allerdings gerade dabei, das Gehackte durchzukneten und hatte ebenfalls schmierige Finger. Also ging ich murrend zur Tür.

Es gibt Momente im Leben, die einen für alles Böse in dieser Welt entschädigen: Sabrina wirkte etwas abgehetzt und war ein wenig außer Atem. Sie war dabei aber nicht ekelig verschwitzt, sondern wirkte so belebend wie ein Model aus einer „Dusch-Das"-Werbung. Sie war nach dem Fitness-Kurs noch schnell in der Sauna gewesen. „Ja ja, das kenne ich. Das tut immer ganz gut...", murmelte ich mit trockener Kehle.

Vielleicht hatte sich Sabrina einfach in der Veranstaltung geirrt, sie hätte jedenfalls ohne weiteres Heidi Klum doubeln können – gut, ihr Hintern war vielleicht etwas voller. Sabrina ließ sich von mir ganz gerne ein wenig anglotzen. Sie fuhr sich mit der Hand durch ihr flachsblondes Haar und warf selbstbewusst den Kopf zurück – einfach toll!

Britta schrie in dem Moment völlig unpassend aus dem Bad, ich solle endlich den Grill anschmeißen. Federnden Schrittes geleitete ich Sabrina ins Wohnzimmer. Von mir aus hätten wir die Veranstaltung sofort abbrechen können.

Die Einstellung von Personal bedarf nicht nur eines psychologisch geschickten Kalküls, entscheidend ist vor allem die Intuition. Was meine Intuition anbelangte, so hatte der Pegel bereits bis in den hellgrünen Bereich ausgeschlagen. Ich tänzelte mit glänzenden

Augen in die Küche. „Wer ist denn gerade gekommen?", fragte Britta und musterte mich dabei argwöhnisch.

„So 'ne junge Frau", sagte ich nichtssagend, „Macht wirklich einen kompetenten und zuverlässigen Eindruck."

Zuverlässig war zumindest ihr Deodorant. Der süße Nebel überdeckte selbst den aufkommenden Fettgeruch der Friteuse.

„Wenn niemand mehr kommt, nehmen wir die 'Dürre Runde'!", sagte Britta in einem Tonfall, der keinen Widerspruch duldete. „Die sieht so aus, als wenn sie hart im Nehmen wäre."

Ich hatte Mühe, Britta davon zu überzeugen, dass die „Dürre Runde" eher einen kränklichen Eindruck machte. „Bedenke: Wenn sie krank wird, musst du hinter den Tresen!", drohte ich ihr. Das wirkte. Britta wurde tatsächlich etwas zurückhaltender mit ihrem Urteil.

Aber es blieb leider nicht bei der 'Dürren Runden' und Sabrina. Nacheinander trafen noch Mandy und Kurt Fleischer ein.

Mandy kam von Ex-Drüben und hatte in der „Ehemaligen" ein halbes Leben lang „Broiler" verkauft. Bei ihrem ausgeprägten Hallenser Dialekt, den sie nicht einmal bemühte zu verbergen, war es allerdings angebracht, ihr auf Betriebskosten einen Volkshochschulkurs Hochdeutsch zu spendieren.

Mandy hatte einen Busen wie zwei Sprengknöpfe. Im Bereich des Dekolletees hingen die Knöpfe ihrer Bluse nur noch an dünnen Fädchen. Mandy war mir sofort sympathisch als sie mit glänzenden Augen verkündete: „Für 'ne krosse Haxe oder 'nen Broiler würd' ich auch meinen Freund verkaufen!"

Mandy hatte die Begabung, Freude an einem guten Essen zu vermitteln und somit die beste Voraussetzung, unsere Imbisshummel zu werden.

Als Kurt Fleischer mir zur Begrüßung die Hand gab und zudrückte, knirschte es unangenehm und ich spürte einen stechenden Schmerz in meinem Ringfinger – Hände, wie die Greifer einer Schrottpresse! „Ich hatte früher eine eigene Schlachterei. Die beste

Mettwurst weit und breit!", gab er großkotzig an. Er stürzte direkt in die Küche und probierte das rohe Hackfleisch: „Kein gutes Fleisch! Es ist zu süßlich; die Schweine müssen auf dem Schlachthof 'ne Menge Stress gehabt haben." Wichtigtuer und Besserwisser Kurt war bei mir auf dem absteigenden Ast.

Britta scheuchte nun auch die anderen in die Küche. „So, Kinder, hier hängt die Speisekarte! Bis auf Hähnchen mit Pommes ist alles drin." Sabrina studierte mit Argwohn die von uns aufgestellte Speisekarte: „Schweineschnitzel ist mir zu ungesund. Wer isst denn noch Schweinefleisch?", sagte sie und verzog ihr Gesicht.

Ich wollte Sabrina gerade eifrig zustimmen, da fuhr Britta barsch dazwischen: „Ohne Schnitzel läuft hier gar nichts! Dann kannst du dir gleich 'ne Stelle im Reformhaus suchen!"

Kurt Fleischer grabbelte die Schnitzel nacheinander ab und grummelte: „Viel zu wabbeliges Fleisch..., besteht ja nur aus Wasser und im Übrigen ist nicht mal ein bisschen Fett dran. Ich sag's euch: Die füttern die Schweine mit Fischfutter, bis ihnen Kiemen wachsen!"

Mandy stand Kaugummi kauend mit glänzenden Augen vor der Arbeitsplatte und jubelte: „Das sieht alles so gut aus, ich kann mich gar nicht entscheiden!"

Sabrina verkündete: „Dann mache ich eben einen bunten Salatteller." Um es mir mit Britta nicht ganz zu verderben, wandte ich ein: „Den Fitnessteller kannst du ja als Bonus machen, aber Jägerschnitzel und Fritten mit gelber Spezialsoße sind Pflicht!"

Sabrina sah mich betroffen an: „Ich habe bei Karstadt nur Frühstücksbuffet und einmal stündlich Klo putzen gemacht."

„Kloputzen ist immer gut", bemerkte Britta schon etwas freundschaftlicher.

Die „Dürre Runde" quakte Sabrina von der Seite an: „Mädchen, du wirst doch wohl noch ein paar Pommes hinkriegen!"

„Wir lassen euch jetzt allein und in einer halben Stunde beginnt das Probe-Essen", sagte Britta und wir verzogen uns ins Schlafzimmer.

Karin räkelte sich auf unserem Bett und warf sich pausenlos Chips ein. Ich schaltete den Fernseher an und nahm die Fernsteuerung für die Videokamera in die Hand.

Auf dem Bildschirm erschien Sabrinas wohlgeformtes Hinterteil. Da! Mit einem Mal kam eine riesige Hand ins Bild: der Fleischer! Er tätschelte Sabrinas Hinterteil genauso abschätzend ab, wie zuvor die Schnitzel. Sabrina drehte sich abrupt um und gab ihm eine Ohrfeige mit einer Schlagkraft, die ich ihr gar nicht zugetraut hatte. Dabei blieb ein Zwiebelring, mit dem Sabrina zuvor den Fitnessteller garnieren wollte, im Nasenloch des Fleischers hängen.

„Alte Zicke!", schnaubte der Fleischer und wandte sich wütend seinen Schnitzeln zu.

„Was is'n das für'n Film?", fragte Karin in den Raum. Sie wischte sich geistesabwesend ihre fettigen Hände an der Bettdecke ab.

„Big Brother", antwortete Britta.

Britta flüsterte mir zu: „Es ist doch bestimmt verboten, andere Leute ohne ihre Zustimmung zu filmen. Du kennst doch Karin, wenn die sich mal verplappert..."

„Alles halb so wild, die checken das eh nicht", versuchte ich sie zu beruhigen.

Eben schmiss Sabrina eine Ladung Pommes in die Friteuse. Fett spritzte nach allen Seiten. Die „Dürre Runde" stand neben ihr, beäugte jeden ihrer Handgriffe und gab gute Tipps. Mandy panierte ein Schnitzel und leckte sich währenddessen über die Lippen. „Ein herrliches Stück Fleisch!"

Kurt Fleischer, der gerade einen mächtigen Klumpen Hackfleisch zu Frikadellen formte, murmelte abfällig: „Pass mal auf, wenn du das Schnitzel in die Fritteuse legst, läuft es ein wie ein Luftballon."

Mandy ließ sich ihre Freude nicht nehmen. Sie würzte das Schnitzel ordentlich mit Pfeffer. Die „Dürre Runde" musste den Pfeffer in die Nase bekommen haben, denn plötzlich japste sie nach Luft und musste kräftig niesen. Dabei löste sich ihr Gebiss. Es flog direkt in den Frittierkorb. Sabrina hatte den Korb mit den

Pommes gerade aus dem Fett gehoben, um eine Kostprobe zu nehmen. Die „Dürre Runde" starrte entsetzt auf ihr Gebiss, das nun zwischen den Pommes eingebettet lag. Sabrina und Mandy hatten nichts mitbekommen. Mandy legte ihr Kotelett in den Frittierkorb und drückte es direkt auf das Gebiss. Dann wurde der Frittierkorb wieder in das sprudelnde Fett abgelassen.

Es dauerte etliche Sekunden, bis die „Dürre Runde" sich wieder gefasst hatte. Dann stammelte sie zahnlos: „Jetzt ist es weg!"

„Was ist weg?", fragte Mandy.

„Na, mein Gebiss! Da – in der Fritteuse!", schrie die „Dürre Runde" verzweifelt.

Mandy hob schnell den Frittierkorb an und fummelte mit einer Gabel zwischen den Pommes herum. Im Fleisch steckte ein schwarzer, auf den ersten Blick undefinierbarer Gegenstand. Sie legte das Schnitzel auf einen Teller und löste das Teil. „Ist es das hier?", fragte sie. Das Gebiss wirkte verzogen und die Zähne waren schwarz angelaufen. Schnell schob sich die „Dürre Runde" den angeschmorten Klumpen in den Mund.

„Danke", sagte sie hastig.

„Keine Ursache", entgegnete Mandy und hielt den Korb mit dem Schnitzel wieder in die Fritteuse.

„Sehr hilfsbereit und kooperativ, diese Mandy", sagte ich. Britta nickte. Ich zielte mit Kamera 1 auf Sabrina: Dieser Hintern – Wahnsinn! Auf Kamera 2 sah ich, wie der Fleischer Sabrina aus den Augenwinkeln begaffte. Sollte er noch einen Versuch wagen? Nein, die Abfuhr von eben hatte ihm offenbar gereicht.

Kamera 1: Wie Sabrina diesen Fitnessteller arrangierte, war einfach toll! Eben stibitzte sie sich ein paar jungfräuliche Salatblätter, die sich der Fleischer bereits reservierend beiseite gelegt hatte.

„Die wär' doch was! Guck mal, wie toll die das macht", raunte ich Britta zu. Britta bedachte mich mit einem Blick, von dem ich ableiten konnte, dass sie mich durchschaut hatte. „Entscheidend ist das Fleisch *auf* dem Teller und nicht hinter dem Tresen!", giftete sie mich eifersüchtig an.

Gerade hatte ich den Fleischer mit Kamera 2 im Visier. Er grunzte zufrieden, während sich eine Currywurst durch den Häcksler wand und in mundgerechten Stücken auf einen Pappteller fiel.

Karin hatte inzwischen die letzte Cola ausgetrunken und die Erdnüsse weggefuttert. Sie wurde langsam maulig. „Wann gibt's denn endlich was zu mampfen?", nörgelte sie herum.

„Ist gleich fertig", beruhigte ich sie. Und um sie noch eine Weile ruhig zu stellen, holte ich aus dem Wohnzimmer eine Schachtel mit Nougat-Pralinen. Das Haltbarkeitsdatum war zwar schon seit zwei Jahren abgelaufen, aber egal – Hauptsache Schokolade.

Ein paar Minuten später zeichnete sich in der Küche das Ende ab; Mandy hatte bereits begonnen abzuwaschen. Also gingen wir in die Küche, um das Werk zu begutachten.

Ehe ich noch Einhalt gebieten konnte, verschwand bereits eine vom Fleischer zubereitete Frikadelle mit gelber Spezialsoße in Karins gefräßigem Maul. Als sie zubiss, quoll die gelbe Soße wie Eiter aus ihren Mundwinkeln und tropfte auf ihren rosa Schlabberpulli aus 100 % Synthetik – lecker!

Karin fluchte und verzog ihr Gesicht: „Der schmeckt ja wie Klutsch!" Der Fleischer war außer sich: „Ist halt nicht so ein trockener Pappdeckel wie bei Mc Donalds!", schimpfte er.

Ich probierte sein Schnitzel. Eines musste ich ihm lassen: Von Schnitzeln schien er was zu verstehen – außen kross, innen noch ein wenig rosa und schön saftig.

Sabrina stand in der Ecke und lackierte sich ihre Fingernägel.

„Und was hast du gemacht?", fragte Britta Sabrina.

„Na, Pommes und den Fitnessteller", entgegnete Sabrina eine Spur beleidigt. Den kleinen Teller dominierte ein riesiges Salatblatt. Am Rande des Tellers tummelten sich ein paar abgezählte Karottenraspel, ein Gürkchen und zwei Zwiebelringe.

„Sehr übersichtlich und raffiniert dekoriert!", lobte ich anerkennend. „Kein Schnitzel oder Hamburger?", hakte Britta unerbittlich nach. „Wer isst denn heute noch Hamburger?", rief Sabrina entrüstet, „Das sind doch die reinsten Dickmacher!"

Die „Dürre Runde" quakte unbarmherzig: „Sie ist disqualifiziert!" Sabrina fauchte zurück: „Bei deinen Pommes bekomme ich ja schon vom Hinsehen 'ne Gallenkolik!"

Da musste ich Sabrina recht geben. Die Fritten der 'Dürren Runde' machten den Eindruck, als hätte sie die Fritten im Fett ertränken wollen. Leblos, blass und weich hauchten sie auf einem Pappteller ihr Leben aus. Ich zwang mich dazu, eine dieser Fettleichen zu probieren und unterdrückte nur mit Mühe den Brechreiz.

An ihren Bratklops wollte ich schon gar nicht rangehen. Dunkel und hart wie Steinkot mit einer Haube gelber Spezialsoße überzogen, bot er einen besonders abstoßenden Anblick.

Karin blökte sofort los: „So etwas esse ich nicht!"

Zum ersten Mal empfand ich gegenüber Cousine Karin eine gewisse Achtung. Eines musste ich ihr lassen: Auch wenn sie – um es wohlwollend zu formulieren – eine äußerst einfältige Person war, sie hatte zumindest einen gut ausgeprägten Instinkt für Dinge entwickelt, von denen man besser die Finger lassen sollte.

Britta ließ nicht locker: „Karin, jetzt stell dich nicht so an!", versuchte sie sich durchzusetzen. Aber Karin bockte. Stattdessen fiel Karin über Mandys Wiener Schnitzel her. Sie verschlang es fast ohne zu kauen.

„Hartmut, dann probierst du eben Ernas Frikadelle!", sagte sie in einem Tonfall, der bei Widerspruch Frittieren bei lebendigem Leibe in Aussicht stellte.

Ich nahm den länglichen, braunschwarzen Klops in die Hand. Meine Phantasie ging mit mir durch und ich spürte schon ein Würgen im Hals. Vielleicht konnte ich noch ein Ablenkungsmanöver inszenieren und ihn heimlich verschwinden lassen. Im Moment sah ich allerdings nur eine Möglichkeit, diesen abartigen, länglichen Klumpen verschwinden zu lassen und der führte durch meinen Mund.

Alle starrten mich an. Todesmutig wie beim ersten Sprung vom Drei-Meter-Brett steckte ich mir den Klops ohne weitere Überlegungen im Ganzen in den Mund. Er schmeckte wie eine Mischung aus Fischmehl und Zement im Verhältnis eins zu zwei. Ich war mir sicher: Wenn ich das hier überlebte, würde binnen Sekunden auf meiner Lippe ein Herpes explodieren und ich müsste zwei Wochen herumlaufen wie ein Karpfen, dem es gelungen war, sich vom Angelhaken zu befreien. Ich schluckte tapfer und versuchte dabei zu grinsen – es gelang mir nicht.

Die „Dürre Runde" fragte mich kritisch: „Stimmt was nicht?"

„Na ja", nuschelte ich mit vollem Mund, „vielleicht ein bisschen viel Salz und Paniermehl drin."

Die 'Dürre Runde' sah ihre Qualifikation gefährdet und verteidigte sich wütend: „Ich habe gar kein Salz genommen, nur Sojasoße!"

„War doch Salz drin, ich hab's genau gesehen!", fuhr plötzlich Karin dazwischen.

„Woher willst du das denn wissen? Du warst doch gar nicht dabei!", keifte die „Dürre Runde" los.

Karin ignorierte Brittas warnende Blicke. „Noch nichts von 'Big Brother' gehört? Ist meine Lieblingssendung! Hartmut hat doch alles gefilmt! Hartmut, spul doch mal das Video zurück. Echt geil, wie Sabrina dem alten Bock eine gescheuert hat!", wieherte Karin.

Eine Weile herrschte in der Küche fassungslose Stille. Dann war die Hölle los: Sabrina ging mit stolz geschwellter Brust und wackelndem Hintern aus der Küche und bemerkte: Das wäre nicht ihr Stil!

Ehe ich die Lage ganz erfasst hatte, packte mich der Fleischer und ließ mich vor seiner Brust baumeln. Ich rechnete mit dem Schlimmsten – einem Schlachter war alles zuzutrauen! Gleich würde er meine gepflegten Beamtenfinger in den Häcksler für die Currywurst stecken und ich würde sie kurze Zeit später in mundgerechten Stücken auf einem Pappteller wiederfinden. Stattdessen hieb er mir seine Faust mit voller Wucht in den Magen, so dass der selige Bratklops der „Dürren Runden" kleine Hüpfer veranstaltete.

Bevor Britta dazwischen gehen konnte, schlug er noch einmal zu. Dann ließ er mich wie einen Mettklumpen fallen und schrie:

„Da will man sein ehrliches Handwerkszeug unter Beweis stellen und wird so hinterhältig reingelegt!" Er spie ordinär auf den Fußboden und verschwand.

Britta schluchzte: „Den zeige ich an, diesen brutalen Knochenbrecher!"

Die „Dürre Runde" spulte das Video zurück und schaltete den Fernseher an. Sie deutete mit ihrem langen, knochigen Finger auf die Szene und quakte: „Da! Man kann es ganz genau sehen: kein Salz drin, nur Sojasoße!"

Britta hatte sich wieder gefangen. „Raus!", schrie sie und schob die „Dürre Runde" auf den Hausflur.

„Das wird Folgen haben!", zeterte die alte Schrulle.

Endlich war wieder Ruhe. Alle waren draußen – bis auf Mandy. Sie trocknete gerade das Geschirr in der Küche ab.

„Die Show ist aus!", sagte ich zu ihr.

„Wieso?", fragte Mandy erstaunt. Habt ihr euch schon für jemanden entschieden?"

Britta und ich sahen uns verwundert an. „Heißt das, du würdest trotz allem noch für uns arbeiten?", fragte Britta entgeistert.

„Ach wegen dem bisschen Gefilme! Ist doch nichts im Vergleich zur Stasi. Also, wann soll ich anfangen?"

45. Mandy on Tour

Mandy war wirklich ein echter Glücksgriff. Was heißt „Glücksgriff"! Bis auf die kleine Panne am Ende unseres „Castings", konnten sich langjährig erfahrene Personalchefs von uns noch etwas abgucken! Vielleicht könnte Britta diese Erfahrungen sogar in ihre Diplomarbeit einfließen lassen.

Mandy wusste genau, an welchen Standorten es sich lohnte, unsere Zelte aufzuschlagen. Zunächst suchte sie die am besten florierenden Imbissbuden in unserer Region auf. In meinen Mittagspausen aßen wir dort gemeinsam Probe und notierten die Preise. Bei den meisten Buden schüttelte Mandy nur verächtlich mit dem Kopf und meinte: „Da würd' ich ja lieber aus dem Schweineeimer vom Hof meiner Eltern essen!" Sie machte auch vor Ort keinen Hehl aus ihrer Kritik.

Heute waren wir in einem Imbiss mit internationalen Spezialitäten namens „Poseidonstube". Mandy hatte sich die Krönung der Speisekarte, den Poseidonteller, bestellt. Doch sie bekam einen Salatteller, an dessen Rand ein paar lächerliche Schnipsel Fleisch lagen, vorgesetzt!

Ehe ich mich versah, stand sie hinter der Theke, hatte dem jungen, speckbäuchigen Südländer die Fleischrasiermaschine aus der Hand gerissen und rasierte einen üppigen Fleischberg vom Fleischspieß ab. Der Südländer war völlig überrascht, wie ihm geschah. Ich konnte ihm ansehen, dass er Mandy am liebsten Einhalt geboten hätte, aber vor Mandys Masse schreckte er doch zurück. Ihr mächtiger Busen, mit der Anmutigkeit eines Rammbocks, verfehlte seine Wirkung nicht. Mandy war mindestens einen Kopf größer als er und hätte ihn ohne weiteres wie eine Hammerwerferin einmal durch den Laden schleudern können. Eingeschüchtert ließ er sie gewähren. Nachdem Mandy den Fleischberg verschlungen und sich drei Ouzos aus Pappbechern genehmigt hatte, grölte sie ohne Rücksicht auf die umstehenden Kunden: „Und heute Abend geh' mal in die Wanne! Ich dachte ja zuerst, das Fett würde so stinken oder dein Spieß mit den Rattenrouladen!"

Kaum saßen wir im Auto, fuhr ein rostiger Alfa mit quietschenden Reifen vor und vier Gestalten, die ihre Goldmedaillen sicher nicht bei den Bundesjugendspielen gewonnen hatten, sprangen aus dem Wagen. Über ihren Köpfen schwenkten sie Schlagringe, Ketten und andere Gegenstände, die dazu geeignet waren, auf Weichteilen bleibende Spuren zu hinterlassen. Ich sah noch, wie der Imbissverkäufer in unsere Richtung deutete. Aber wenn Mandy in die Steigbügel ihres Fiat Turbo trat und ihm die Sporen gab, konnte man nur froh sein, wenn man angeschnallt war.

Ich riet Mandy dringend davon ab, unseren Verkaufswagen gegenüber der Poseidonstube aufzustellen. Schließlich hatte ich als ihr Chef eine gewisse Fürsorgepflicht.

Aber Mandy ließ sich in der Hinsicht nichts vorschreiben. „Da stell ich mich gleich am ersten Tag hin! Toplage! Die sollen nur kommen! Wenn die mir zu nahe kommen, werden die sehen, wie schön man in unserem Frittierfett baden kann...! Glaub' mir, ich bin in Halle schon mit der Russenmafia fertig geworden.", sagte sie und rieb sich die Hände. Von Mandys Durchsetzungskraft war ich seitdem überzeugt und ließ ihr hinsichtlich der Verkaufsstandorte freie Wahl.

Der Eröffnungstag war dann auch ein Riesenerfolg. Bratwurst und eine große Tüte Fritten mit einem ordentlichen Schlag gelber Spezialsoße für einen Euro lockte jeden in der Umgebung an, der mehr als zwei Zähne im Mund und gerade keine Magen-Darm-Grippe hatte.

Ich hatte mir für diesen Tag extra Urlaub genommen. Ein Samstag wäre zu riskant gewesen, da waren zu viele Kollegen unterwegs, die ihren Wochenendeinkauf erledigten. Ich konnte es mir nicht leisten, gleich am ersten Tag hinter dem Tresen erspäht zu werden. Sicherlich hätte irgendein Neider sofort eine Meldung an die Geschäftsstelle gemacht und damit wäre ein frühes Ende der „Frittenschmiede" sicher gewesen.

Wie angedroht hatte Mandy den Verkaufswagen direkt gegenüber der Poseidonstube aufgebaut.

Gegen Nachmittag sah El Specki de Fritto, der noch immer vor seinem unrasierten Spieß mit Rattenrouladen auf Kundschaft lauerte, seine Felle endgültig davonschwimmen. Obwohl er im Laufe des Tages für seinen Spezialdöner schon zweimal den Preis gesenkt hatte, wollte im wahrsten Sinne des Wortes niemand anbeißen.

Wütend kam er zu uns herüber und schimpfte: „Du, was hast du da drin in deine Wurste?! Scheiße, oder was? Du, ich dich anzeigen bei Finanzamt, dass du das glauben tust! Das ist unmöglich mit Steuer ein Euro für diese Wurste!"

Nur mit Mühe konnte ich Mandy daran hindern, auf El Specki loszugehen. Das Problem erledigte sich allerdings von selbst:

Als er mal wieder vor unserem Tresen stand und herumwetterte, sah ich, wie jemand in seinen Imbiss ging und kurze Zeit später mit dem komplettem Grillspieß auf den Schultern aus dem Imbiss verschwand – es war schon erstaunlich, was heutzutage alles geklaut wurde!

„El Specki, schau mal", sagte ich, „dein Rattenspieß hat Beine bekommen!"

El Specki sah mich mit funkelnden Augen wütend an: „Du denkst, du kannst mich verarschen, du! Komm rüber, ich mach Wurste aus dich!", schrie er.

Als er sich dann aber doch umdrehte, fielen ihm fast die Augen aus dem Kopf. Er fingerte an seinem Handy herum, um seine schlagkräftige Verwandtschaft zusammenzutrommeln und rannte zeternd dem flüchtenden Dieb hinterher.

Bei unserer Eröffnung hatten wir aber auch an nichts gespart. Die Bratwurst hatte ich bei einem Schlachter gekauft, der es nicht nur verstand, hervorragende Würste zu stopfen, sondern bei dem man zudem auch steuerfrei einkaufen konnte – zumindest solange, bis Steuerfahnder Hufemeier sich seiner annehmen würde.

Am Besten aber war die gelbe Spezialsoße – sie hatte schon jetzt Kultcharakter! Hatte man erst einmal seine Hemmschwelle vor der warnenden Gelbfärbung überwunden, konnte man von dieser Soße nicht mehr lassen. Ich sah, wie ein kleiner Junge den Dinkelkeks, den ihm gerade seine Mutter gegeben hatte, in den Gully warf und die Soße von einem Teller, den er aus der Mülltonne gefischt hatte, genüsslich ableckte.

Die Soße machte zudem enorm durstig. Selbst hartherzige Mütter, die ihren Zöglingen vorher eingebläut hatten: „Es gibt aber heute keine Cola! Getrunken wird zu Hause!", ließen sich erweichen und bestellten literweise Cola und Fanta. Unter diesen günstigen Umständen fanden die Getränkedosen selbst für 2,80 Euro reißenden Absatz.

Gundula erzählte mir ein paar Tage später begeistert, sie hätte die gelbe Spezialsoße im Garten gegen Schneckenfraß eingesetzt: „Wirkt genauso wie Schneckenkorn! Die Schnecken schleimen innerhalb von ein paar Minuten aus und das Tollste daran: Es ist umweltfreundlich!"

Da ich mir ausgeschleimte Kunden nicht erlauben konnte, ließ ich die Soße von meinem alten Schulfreund Paul auf unerfreuliche Nebenwirkungen testen.

Bei Paul hatte es während seines Schülerdaseins zwar nie zu mehr als einer vier in Chemie gereicht, dafür war er an Experimentierfreude kaum zu übertreffen. Das Meiste probierte er an sich selbst aus. Haare hatte er deshalb schon seit Langem nicht mehr.

Paul hatte sich bereits einen Namen unter leidenschaftlichen Pilz-Sammlern gemacht. Es war ihm zu verdanken, dass die in den herkömmlichen Pilzbüchern bislang als „leidlich schmackhaft, aber gesundheitlich unbedenklich" eingestufte rote Knorpelbacke nunmehr als „extrem giftig" mit drei Totenköpfen ausgezeichnet worden war. Als Beweismittel konnte Paul einen Bericht der Intensivstation des evangelischen Krankenhauses vorlegen. Er war nach dem Verzehr einer Handvoll roter Knorpelbacken nach zehn Minuten Herzstillstand auf spektakuläre Weise wiederbelebt worden.

Drei Wochen später bekam ich Pauls Testergebnis. Ich lud ihn zum Dank für seine Bemühungen zum Chinesen ein.

„Im Großen und Ganzen unbedenklich!", meinte Paul mit vollem Mund. „Obwohl – wenn du dir die Soße unter dem Mikroskop anschaust, scheint alles zu krabbeln – aber das ist ja mit dem bloßem Auge nicht wahrnehmbar... Mein Langzeitversuch ist allerdings noch nicht abgeschlossen. Ich habe die Soße nämlich auch an Ortrud getestet – kennst du doch: mein Krötenweibchen. Ortrud habe ich eigentlich schon für frigide gehalten. Und was meinst du: Plötzlich konnte sie es gar nicht mehr abwarten, den Dicken auf sich rauf zu lassen. Mir schwebt da so etwas wie „Viagra für Frauen" vor... Mir fehlen nur noch weibliche Testpersonen. Vielleicht könntest du ja deine Britta überreden?"

Der Gedanke war verlockend. Sobald die Kinder im Bett und die Rollos unten waren, würde nichts mehr so sein wie zuvor! Die Fantasie ging mit mir durch...

Paul schien meine Gedanken zu erraten: „Stell dir vor Hartmut, jeden Tag Vollgas!"

Jeden Tag! Ich stockte. Jeden Tag – diese Vorstellung jagte mir Angst ein. Vielleicht würde die Soße in mir ähnliche Wallungen hervorrufen – aber wenn nicht? Und außerdem brauchte ich viel Schlaf! Ich lehnte deshalb dankend ab, bat Paul jedoch, mich über die Forschungsergebnisse auf dem Laufenden zu halten.

Seitdem beobachtete ich schon zwei Mal, wie Paul mit einer flüchtigen Bekannten an unserer Imbisstheke stand und ihr einen dicken Klecks gelber Spezialsoße auf die Pommes klatschte.

Der Umsatz der „Frittenschmiede" übertraf all meine Erwartungen. Die Kunden schienen sich darauf einzustellen, dass an bestimmten Wochentagen die „Frittenschmiede" auf ihrem Supermarkt-Parkplatz gastierte. Besonders attraktiv waren die Standorte in der Nähe von Neubaugebieten. An Wochenenden versorgte die „Frittenschmiede" ganze Schwarzarbeiterkolonnen mit Frikadellen, Hähnchen und Pommes. Und natürlich mit Wodka, den ich neu in unser Sortiment aufgenommen hatte.

Ich konnte vom Großmarkt manchmal gar nicht so schnell Ware 'rankarren, wie Mandy sie nachorderte. Meistens blieb mir nichts anderes übrig, als in meiner Mittagspause loszuziehen, um Mandy mit Nachschub zu versorgen.

46. Arbeitsversuch

Frau Stöhr fehlte in der Kantine immer noch beim Frühstück. Ich fragte Herrn Goller: „Wissen Sie vielleicht, wie lange Frau Stöhr noch krank ist? Das werden doch jetzt schon sechs Wochen!"

Herr Goller schüttelte mit dem Kopf: „Nee, nee. Die Stöhr ist seit gestern wieder im Amt. Arbeitsversuch: für vier Stunden am Tag."

„Ach!", meinte Elke bedauernd, „hatte Frau Stöhr schon wieder einen Bandscheibenvorfall?"

„Nee, nee", entgegnete Herr Goller, „Grippe."

Ich wusste gar nicht, dass auch Grippeviren teilzeitaktiv sind. Das war natürlich eine ganz neue Perspektive! Mir wurde mit einem Mal bewusst, dass die Steuergewerkschaft jahrelang geschlafen hatte! Schon richtig, dass ich mich aus dieser müden Truppe ausgeklinkt hatte. Neue Arbeitszeitmodelle waren doch total out. Was nützte es mir, wenn ich einerseits zwar ab mittags jederzeit gehen durfte, andererseits aber die Stunden nacharbeiten musste – Mogelpackung, sage ich dazu! Wenn sich für uns Beamte etwas bewegen sollte, mussten neue Krankheitsmodelle her! Nicht nur konventionell blau machen mit mehr oder weniger schlechtem Gewissen oder Arztbesuche vortäuschen und stattdessen ausschlafen. Nein – „Arbeitsversuch" hieß der Geheimtipp für die freizeitorientierte Beamtengeneration! „Arbeitsversuch" hieß die Zwischenlösung für alle diejenigen, die für die Einreichung der Rente noch zu jung und zu gesund waren.

Frau Stöhr kam jetzt zu unserem Tisch. Sie genehmigte sich heute das Aufbau-Schlemmerfrühstück mit Ei und einer Mohnrolle zum Nachtisch. Selten hat sie so gut ausgesehen! Beinahe würde ich behaupten, sie hatte ein paar Jährchen ihrer wilden Jahre aufgeholt. Mit vollem Mund erzählte sie uns, wie das mit dem Arbeitsversuch funktionierte: Erst war sie ganz regulär vier Wochen krank. Die Grippeviren wurden ja auch immer aggressiver und resistenter gegen Medikamente – das Antibiotikum schlug überhaupt nicht an! Nach den vier Wochen machte sie dann mit ihrem

Heiner eine kleine Radtour, um zu testen, wie fit sie schon wieder sei. Aber nach 65 Kilometern war sie dann schon richtig fix und alle. Ihr Heiner war auch ganz besorgt und ihr Arzt sagte zu ihr: „Überschätzen Sie nur nicht Ihre Kräfte, Frau Stöhr!" Dann schlug er ihr die Sache mit dem Arbeitsversuch vor (der Mann ist nämlich wirklich kompetent!). Anfangs nur ein bis zwei Stunden arbeiten. Später dürften es dann auch drei bis maximal vier Stunden sein. Etwas Schwereres als ihr Pausenbrottäschchen solle sie am Anfang aber noch nicht tragen.

„Und wie lange soll das gehen?", fragte Herr Goller. Ich hörte einerseits die Empörung, andererseits den blanken Neid aus seiner Stimme.

Frau Stöhr genoss ihren neuen Status. Sie lächelte selbstgefällig und biss mit sichtlichem Appetit in ihr Mohnröllchen. Mit vollen Backen schmatzte sie: „Och, das kann ich noch nicht genau sagen... Mein Arzt sagt, ich muss vorsichtig sein!"

Nach einer Weile fing sie dann aber doch an zu jammern: „Ich habe ja noch fünf Wochen Resturlaub aus dem letzten Jahr! Wenn ich den nicht bis zum 30.9. angetreten habe, verfällt der Urlaub! Ich weiß gar nicht, wie ich das schaffen soll!"

Frau Stöhr hatte es schon schwer.

47. Gang in die Stadt

Am liebsten wäre ich heute Mittag gleich losgestiefelt und hätte mir aus der Stadt ein Gesundheitslexikon besorgt (eigentlich müsste es ja „Krankheitslexikon" heißen), um mir für mein individuelles Krankheitsmodell ein paar Anregungen zu holen. Aber heute musste ich zum Großmarkt fahren, um Pommes, Frittierfett und Zutaten für die gelbe Spezialsoße zu besorgen. Mandy hatte vorhin einen Notruf gestartet: Stau auf der Autobahn und Umbauarbeiten bei Mc Donalds – das wirkte sich sofort positiv auf den Umsatz aus. Britta war auch nicht erreichbar, hatte sich bestimmt wieder mit irgendeiner Freundin aus der Krabbelgruppe verklönt.

Mittags ging ich sonst immer in die Stadt. Das Finanzamt lag gerade mal fünf Minuten von Karstadt entfernt.

Herr Axthammer, der mittags nie das Finanzamt verließ, sich aber jeden Tag wie selbstverständlich von den Kollegen mit Fischbrötchen und Amerikanern versorgen ließ, fragte mich: „Warum gehen Sie eigentlich immer in die Stadt, wenn Sie nichts besorgen müssen?"

Es gibt Menschen, denen muss man nicht jede Frage beantworten. Herr Axthammer gehörte zu dieser Gattung. Außerdem würde er es nicht verstehen. Er mochte ein guter, erbarmungsloser Finanzbeamter sein, eine perfide Zecke, und obendrein noch ein perfekter Vorgesetzter, dem es immer gelang, seine Gefühle auf Kühlschranktemperatur zu halten. Aber um zu erfassen, warum ich mittags in die Stadt ging, fehlte Herrn Axthammer eine bestimmte Verknüpfung im Hirn.

Weil er mich immer und immer wieder damit aufzog, entgegnete ich einmal: „Warum gehen Sie in den Zoo?"

Er antwortete darauf, er gehe nie in den Zoo.

Daraufhin sagte ich zu ihm: „Sehen Sie, das habe ich mir gedacht! Deshalb kann ich Ihnen auch unmöglich erklären, warum ich mittags in die Stadt gehe."

Wenn es in der Nähe des Finanzamtes einen Zoo gäbe, würde ich mittags wahrscheinlich immer in den Zoo gehen. Andererseits war es in der Stadt ähnlich wie im Zoo: Ich sah nicht nur Beamtentiere, sondern zur Abwechslung auch genügend andere Spezies: Eichhörnchen zum Beispiel und kleine und große Ferkel. Im Candyshop bei Karstadt saß ein echtes Schlachtross und bei Aldi dachte ich an den Angebotstagen immer, ich bin im Hamsterkäfig gelandet.

Dann gab es noch die Exoten, die man nirgendwo sonst ungezwungen beobachten konnte: Zum Beispiel der kleine Proll mit seiner knackigen Freundin, mit dem ich gestern Mittag in der Rotphase an der Fußgängerampel stand.

Er war kleiner als ich, trug eine schwarze Flanellhose und ein schwarzes Muskelshirt. In diesem Falle trug das „Muskelshirt" seinen Namen zu recht: Er hatte Bizeps so kantig und massiv wie die Eiger-Nordwand, mit blauen Sehnen wie Stahlseile.

Eben hatte er seinen Döner aufgegessen und spielte ein bisschen mit dem zerknüllten Papier. Ich dachte noch: Er wird doch nicht... und doch! Er schnippte den Abfall einfach so und ohne Skrupel auf den Grünstreifen!

Ich sah ihn entrüstet an. Eigentlich wollte ich sagen: „So etwas macht man aber nicht! Heben Sie das gefälligst schnell wieder auf!" Den übrigen Passanten und dem Passatfahrer, der an der roten Ampel ebenfalls warten musste, sah ich an, dass sie das Gleiche dachten. Da begriff ich, warum es in seinem Fall wirklich Sinn machte, ein Muskelshirt zu tragen: Es hatte eine ähnliche Wirkung wie das Muster auf dem Körper einer Kreuzotter. Eine Kreuzotter in einem grauen Schonbezug hätte nicht im Entferntesten die Wirkung wie der Anblick ihres bedrohlichen Kreuzleders.

Sein ganzes Verhalten ließ ahnen, dass er sich um Konventionen wenig scherte: Er legte den Arm wie eine gefährliche Würgeschlange um den Hals der kleinen Drallen und seine Hand wanderte vor aller Augen in Richtung Busen. Ich hatte es hier mit einem Tier zu tun: triebgesteuert, hungrig und ständig auf dem Sprung.

Ich zuckte erschrocken zusammen, als er eine Zigarette hinter seinem Ohr hervorholte und mich fragte, ob ich ihm Feuer geben könne. Angstschweiß brach bei mir aus und ich antwortete stotternd: „Nei... nein, i.. ich bin Nichtraucher."

Ich fürchtete, ihn mit dieser Antwort bereits provoziert zu haben. Daher war ich unendlich erleichtert, als er sich von mir abwandte und mit der Drallen in eine andere Richtung abzog.

Zugegeben, in diesem Moment beneidete ich Herrn Axthammer, der auf seinem sicheren Stuhl im Finanzamt saß, seine Speckröllchen am Bauch zwischen zwei Fingern massierte und auf den Amerikaner wartete, den ich ihm aus der Stadt mitbrachte.

Im Großmarkt war heute der Bär los. Hinten bei den Fertigpizzen entdeckte ich El Specki de Fritto. Er schaute neidisch auf meinen Einkaufswagen, der sich unter der Last der Pommes-Säcke bog. Er wusste, dass Mandy das ganze Zeug in zwei Tagen umsetzen würde. Er selbst würde mit der Poseidonstube Monate dafür brauchen. Er tat mir ein bisschen leid; Verlierertypen waren mir nämlich grundsätzlich nicht unsympathisch. Wenn El Specki de Fritto eine Reinkarnation als Finanzbeamter erleben würde, säße er wahrscheinlich genau auf meinem Platz: In einem winzigen Büro neben der Besuchertoilette, angekettet an einen Dienstposten, der so unbedeutend ist, dass er nicht wegrationalisiert werden kann, weil ihn keiner mehr registriert. Eine der letzten Oasen in der Jobwüste Deutschlands.

Am liebsten wäre ich zu ihm gegangen und hätte gesagt: „El Specki, alter Frittenbruder, diese Fertigpizzen schmeiß mal lieber in die Tonne! Da kannst du den Leuten gleich Rasenkantensteine mit Jägersoße vorsetzen!" Und dann hätte ich ihm eine Flasche gelber Spezialsoße geschenkt, damit an seinen Rattenspieß wenigstens mal ein bisschen Geschmack kommt.

Aber immer, wenn ich auf El Specki zugehen wollte, kehrte er mir den Rücken zu. Und als mir neulich der volle Wagen mit 20 Flaschen Jägermeister umgekippt ist, weil ich mit einem der Räder in einer Rille im Asphalt auf dem Parkplatz hängengeblieben bin, hatte er Tränen in den Augen vor Lachen.

Für El Speckis Seele sah ich daher leider genauso rabenschwarz wie für seine Umsätze.

48. Gut frisiert

Der Umsatz der „Frittenschmiede" übertraf all meine Erwartungen. Eigentlich wusste ich noch gar nicht so genau, wie viel Gewinn der Imbiss abwarf. Aber wir gönnten uns jetzt so Einiges. Dabei hatte unser Kontostand längst den roten Bereich verlassen und kletterte stetig wie die Temperatur eines heißen Sommertages. Selbst den unbarmherzigen Herrn Göbel und seine Darlehen konnten wir pünktlich befriedigen. Ich war schon gespannt auf das Ergebnis des Jahresabschlusses. Der Abschluss würde die Zahlen schwarz auf weiß auf den Tisch bringen.

Als ich mich daran machte, den Jahresabschluss für das erste Geschäftsjahr zu fertigen, hätte mir bereits dämmern müssen, dass der Tag des jüngsten Gerichts herannahte.

Eigentlich wollte ich eine Bilanz erstellen. Bei den ersten Versuchen kam ich allerdings derart ins Rotieren, dass ich mich für eine einfache Gewinnermittlung entschied, bei der ich lediglich den Einnahmen die Betriebsausgaben gegenüberzustellen brauchte.

Für die Erstellung einer Bilanz hätte ich die Buchführung an einen verschwiegenen Steuerberater abgeben müssen. Nicht auszudenken, wenn der Steuerberater gegenüber meinen Kollegen redselig geworden wäre: Ein Finanzbeamter ließ den Jahresabschluss von einem Steuerberater anfertigen! Fünf uneheliche Kinder wären ehrenhafter als diese Schande! Aber selbst wenn ich einen vertrauenswürdigen Steuerberater gefunden hätte, wäre mir damit wahrscheinlich auch nicht geholfen gewesen, denn wenn er nicht zu denjenigen in diesem Gewerbe gehört hätte, die kein Problem damit haben, jede Buchführung skrupellos nach den Wünschen ihres Mandanten zu erstellen, hätte er mir die Kartons wahrscheinlich binnen einer Stunde wieder vor die Tür gestellt mit der Bemerkung: Wenn er auch nur einen Beleg anrühre, würde er sich der Beihilfe zur Steuerhinterziehung schuldig machen.

Britta hatte aber auch einen Stuss gebucht! Selbst mir fiel das auf – und das wollte schon etwas heißen...

Eine Woche vor Eröffnung des Imbisses hatte ich Britta einen zehnminütigen Buchführungs-Grundkurs gegeben. In der neunten Minute fing sie an, mich aus Langeweile zu vernaschen. Ich gab es danach auf, ihr noch einen einzigen Buchungssatz beizubringen und hegte die völlig unbegründete Hoffnung, sie würde in ihre neue Aufgabe irgendwie hineinwachsen.

Kalter Schweiß lief mir den Rücken herunter, als ich das Kassenbuch durchblätterte: Britta hatte im Kassenbuch an manchen Tagen bis zu vierstellige Kassendifferenzen ohne mit der Wimper zu zucken ausgewiesen!

Ich rief Britta: „Schau dir das doch mal an! Sag mir mal, wie du auf *diese* Kassendifferenzen gekommen bist?"

„Was ist denn eine Kassendifferenz?", fragte Britta. An der Art wie sie fragte, merkte ich: Sie wusste es wirklich nicht!

„Also: Wenn du am Tag 1.000 Euro mehr ausgegeben hast, als eigentlich in der Kasse drin ist – das ist eine Kassendifferenz!"

„Und das steht so im Kassenbuch drin...?" Britta sah mich ungläubig und mit großen Augen an.

Ich wurde bald wahnsinnig! „Ja, das steht da so drin! Und nicht nur einmal, sondern fast jeden Tag!", schnaubte ich.

Britta war jetzt richtig eingeschnappt: „Du kannst es aber auch nicht sein lassen, den Ober-Finanzbeamten raushängen zu lassen! Alter Schlaumeier! Macht Spaß, wie?", giftete sie mich an.

Ich bellte zurück: „Jetzt bleib aber mal auf dem Teppich! Bei den Differenzen ist eine höfliche Nachfrage ja wohl berechtigt!"

Britta entzog sich jedoch meiner höflichen Nachfrage, indem sie das Zimmer wutschnaubend und Tür knallend verließ.

Jetzt war ich allein mit diesem Kassenbuch, dessen Wahrheitsgehalt mit der Geschichte von den Brüdern Löwenherz durchaus mithalten konnte. Nachdem ich zwei Tipp-Ex-Flaschen verbraucht und noch nicht einmal die Hälfte korrigiert hatte, war ich zu allem bereit. Irgendwie musste es ja weitergehen. Ich entschloss mich kurzerhand dazu, alle drei Kassenbücher neu zu schreiben. Schließlich war ich zur Ordnungsmäßigkeit der Buchführung per Gesetz verpflichtet!

Ich besorgte mir fünf verschiedene Kugelschreiber und eine Flasche Cognac. Dann machte ich mich ans Werk.

Die ganze Kunst bestand darin, das Schriftbild nicht wie aus einem Guss erscheinen zu lassen. Deshalb wechselte ich regelmäßig den Kugelschreiber und trank reichlich Cognac. Der Cognac verfehlte seine Wirkung nicht: Das Schriftbild änderte sich von Minute zu Minute. Um Mitternacht beschloss ich, die Aktion zu vertagen, denn in der Geschwindigkeit, in der sich die Cognac-Flasche leerte, traten auch wieder Kassendifferenzen auf. Am nächsten Tag vollendete ich mein Werk.

Als Britta die Kassenbücher begutachtete, deutete sie auf etliche Positionen in den Tagesberichten, bei denen ich hinter den Einnahme- und Ausgabebeträgen bislang keinen Buchungstext eingetragen hatte.

„Und was soll das werden? Ein Kreuzworträtsel?", fragte Britta.

Ich erläuterte: „Wenn du dir zum Beispiel irgendeinen Fummel gekauft hast und das Geld dafür aus der Kasse genommen hast, ohne einen Beleg auszustellen, hätte rechnerisch am Abend gleichviel in der Kasse drin sein müssen."

Britta nickte: „Stimmt!"

„War aber nicht!", fuhr ich trocken fort. „Genau der Fummel-Betrag fehlte!" Ich musste Britta die Sache plastisch erklären, sonst würde sie das System nie begreifen.

„Siehst du! Und deshalb steht hier: 'Ausgabe 35,50 Euro' – aber noch kein Buchungstext."

„Dann schreib doch einfach: 'Manuelas Boutique, 35,50 Euro`, dann geht es doch auf!", entgegnete Britta ungeduldig.

Britta war einfach unbelehrbar. „Wir haben doch gar keinen Beleg!", stöhnte ich auf.

„Vielleicht finde ich noch den Kassenbon von der Bluse", sagte Britta eifrig und begann in ihrer Handtasche zu wühlen. „Ich brauche keinen Beleg von deiner Bluse! Die Bluse ist als Betriebsausgabe nicht absetzbar!", seufzte ich resigniert. „Wenn du Geld aus der Kasse für private Sachen genommen hast, erhöht das den Gewinn der „Frittenschmiede"! Höherer Gewinn bedeutet höhere Steuern. Jeder Unternehmer, der seine Sinne beisammen hat, zahlt aber keine Steuern! Was wir brauchen, sind also solide Betriebsausgaben!"

Endlich hatte Britta das System begriffen: Für jeden Betrag, den sie oder Mandy aus der Kasse für private Zwecke entnommen hatten – und das war nicht selten vorgekommen – mussten schleunigst Belege für Betriebsausgaben her.

Bei Lidl und Aldi durchwühlten wir die Papierkörbe und auch unsere Portemonnaies und Einkaufstaschen wurden nach geeigneten Quittungen durchsucht.

In einer Jutetasche, die samt Beleg schon etliche Runden in der Waschmaschine gedreht hatte, fand ich eine Tankquittung über 67 Euro. Der glückliche Zufall wollte es so, dass genau an diesem Tag ein Loch in der Tageskasse von 80 Euro klaffte! Ich ergänzte auf der Quittung eilig: „13 Euro Trinkgeld Tankwart" – ich war eben ein großzügiger Mensch.

Britta versuchte sich an einigen Quittungen mit einer komplizierten Radiertechnik. Am Ende blieb eine Summe von Ausgabe-Beträgen von gut 6.000 Euro über, für die wir keine geeigneten Belege finden konnten.

Wir überlegten eine Weile. „Karin!", stieß Britta plötzlich hervor, „Karin soll uns die restlichen Quittungen ausstellen!"

Karin zockte uns mit drei Fressgutscheinen von Mc Donalds im Wert von jeweils 30 Euro ab. Dann unterschrieb sie einen vorgefertigten Stapel Belege, der ihr die unterschiedlichsten Dienstleistungen bescheinigte. Das grenzte schon fast an Prostitution, aber der Zweck heiligte schließlich die Mittel. Oberflächlich betrachtet war die Buchführung jetzt so wasserdicht wie meine Taucheruhr. Das wiederum war auch nicht professionell, Betriebsprüfer lieben nämlich keine Enttäuschung! Was treibt einen Prüfer voran, was motiviert ihn, in die intimsten Bereiche menschlichen Daseins vorzudringen? Und gab es etwas Intimeres als unsere Kontoauszüge?!

Ein Prüfer wird immer behaupten, er kontrolliere nur deshalb die Buchführung, um ihre Ordnungsmäßigkeit zu bestätigen. In Wirklichkeit empfindet er es aber als persönliche Beleidigung, wenn er nichts findet, das er beanstanden kann! Der krönende Abschluss einer erfolgreichen Betriebsprüfung ist immer noch die Einleitung eines Steuerstrafverfahrens.

Wenn ein Betriebsprüfer nichts findet, ist das nicht etwa die Bestätigung dafür, dass alles in Ordnung ist. Nein, im Gegenteil: Es ist der Beweis dafür, dass die Sache zum Himmel stinkt! Wenn er nicht wenigstens eine Kleinigkeit findet, zum Beispiel eine Packung Kondome auf der Tankquittung, die über die Pkw-Kosten gebucht wurde, ist das Urteil für den Prüfer gesprochen. Es lautet grausam: „Unfähig! Fallobst! Zu weich für diese Welt!" Und dann wird er kaltgestellt in einer muffigen Aktenablage, die selbst aus dem Reinigungsplan der Putzkolonne ausgenommen ist. Dort muss er dann Zeit seines Arbeitslebens sinnlose Listen bereinigen.

Das geschieht allerdings nur ausgesprochenen Pechvögeln, die auf einen unerfahrenen Steuerberater stoßen. Der gestandene Steuerberater weiß: Der Prüfer will Blut sehen! Nur Dilettanten versäumen es, in eine Buchführung einen „Löwenfraß" einzubauen. Der Löwenfraß ist ein kleines Schmankerl für den Prüfer: 10.000 Euro als Betriebsausgabe für Klopapier gebucht – Huch! Wo kommen denn die vielen Nullen her? Tut mir Leid, dass muss ich übersehen haben... Oder: Der Besuch des Eroscenter mit der ganzen Belegschaft anlässlich des 25-jährigen Betriebsjubiläums für 12.000 Euro zuzüglich Umsatzsteuer – ach, und Sie meinen, das ist wirklich nicht als Betriebsausgabe absetzbar? Da werden wir uns aber in der Schlussbesprechung noch streiten...

So etwas freut das Prüferherz und er wird eher geneigt sein, den Sack zuzuziehen und den Fall abzuhaken. Aber wehe, der Löwenfraß fehlt oder ist zu klein und unbedeutend! Dann wirst du ihn kennenlernen... Du wirst den Tag verdammen, an dem du den Eröffnungsfragebogen für den Betrieb ausgefüllt hast! Jede Zahl wird aufgetippt, Buchungssätze sauber seziert und vielleicht fährt der Prüfer sogar nachts um den Betrieb herum...

Ist der Brocken allerdings zu groß, wittert der Prüfer übelste Steuerhinterziehung und sieht die Spitze eines Eisbergs schwärzester Konten.

Sollte ich Brittas Tampons in die Aufwendungen schmuggeln? Nein, das lohnte nicht. Damit würde sich ein Prüfer nicht abspeisen lassen.

Beim Fernsehen kam mir dann die Idee: Ich würde die Zinsen für die Eigentumswohnung als Betriebsausgabe buchen! Das brachte dem Prüfer Mehrsteuern von bestimmt 5.000 Euro und ich konnte es immer noch als Buchungsfehler entschuldigen.

Zufrieden schlief ich an diesem Abend ein. Vor einer Betriebsprüfung brauchten wir uns jetzt jedenfalls nicht mehr zu fürchten.

49. Der EDV-Kurs

Meine Bürotür wurde aufgerissen. Frau Stöhr brachte mir einen Umlauf. Ab Montag würden in unserer Dienststelle Laptops verteilt. Neue? Nein, wo kämen wir denn da hin? Das wäre ja wie Perlen vor die Säue werfen! Natürlich nur die ausgemusterten Exemplare der Betriebsprüfung.

Im Umlauf war zu lesen: Unser Amt würde an einem Pilotprojekt teilnehmen. Jeder Sachbearbeiter würde mit einem Laptop ausgestattet, auf dem die aktuelle Prüfsoftware *UEN* (**U**ns **e**ntkommt **n**iemand) installiert ist. Ist der Bearbeiter nun am Schreibtisch mit der Aufklärung eines Sachverhalts überfordert, geht's für ihn direkt ab an die Steuerfront.

Es brachte mich ja wenig aus der Ruhe, aber diesmal bekam ich regelrecht Schüttelfrost. Bislang hatte ich mich in meinem kleinen Büro neben der Besuchertoilette immer ziemlich sicher gefühlt und gehofft, derartige Neuerungen würde an mir vorüberziehen. Sich tot stellen hat ja hier und da schon Leuten das Leben gerettet. Aber diesmal schien auch das wenig zu nützen.

Herr Axthammer kam zwei Tage später in mein Büro und fragte, warum ich den Umlauf noch nicht abgezeichnet hätte.

Ich sagte zu ihm: „Ich bin davon ausgegangen, dass er mich nicht betrifft." Aber da hatte ich mich gewaltig getäuscht. Herr Axthammer sah mich an und sagte bestimmt: „Das gilt natürlich auch für Sie, Schminke! Ihr UEN-Einführungskurs beginnt nächste Woche Donnerstag."

Frustriert rief ich bei Britta an. Den Anruf hätte ich mir allerdings sparen können. Britta war ganz aus dem Häuschen: „Das ist ja toll, Hartmut! Da gehst du natürlich hin", sagte sie ungerührt, „stell dir mal vor, wie gut wir den Laptop für die Buchführung vom Imbiss einsetzen können! Ganz zu schweigen von der Prüfsoftware. Meine Diplomarbeit kann ich auf dem Laptop auch wunderbar schreiben."

Donnerstagmorgen 8:00 Uhr. Wir saßen mit 20 Leuten in einem Schulungsraum. Der Lehrgangsleiter nannte sich selbst hochtrabend „Dozent" und war in seinem bürgerlichen Amtsdasein Großbetriebsprüfer.

Tina, die neben mir saß, zischte mir gehässig ins Ohr: „Den kenn' ich! Der war nicht einmal in der Lage, mir bei meinem Taschenrechner die Summenfunktion zu erklären! Aber das ist typisch: Kaum schafft es einer, mit seinem Computer bei den „Fruggles" mehr als 30 Frösche abzuschießen, setzen sie ihn uns als Dozenten vor die Nase!"

„Was! 30 Fruggles!", rief ich anerkennend. Ich war beeindruckt! Der Mann gewann augenblicklich meinen Respekt. „Fruggels" abschlachten war das einzige Computerspiel, das die Finanzverwaltung großzügigerweise auf die Laptops geladen hatte. Wenn es hoch kam, traf ich vier bis fünf Frösche, ehe der Terminatorfrosch mein Lebenslicht mit seiner tödlichen Zunge auslöschte.

Der Meister bat nun seine Jünger, ihm ihre bisherigen Computer-Erfahrungen zu schildern. Ich war der Letzte in der Runde. Weil ich nicht richtig zugehört hatte, stammelte ich nur: „Ich krieg den Koffer nicht auf." Das war das erste Mal, dass er seine Mundwinkel auf eine ganz eigenartige Weise nach unten zog. Sein Gesichtsausdruck sollte sich auch künftig nicht mehr ändern, sobald er in meine Richtung blickte.

Nun wurde es aber spannend. Der „Dozent" wies uns an, das Anti-Viren-Programm aufzurufen. Nach dem dritten Anlauf erschien auch auf meinem Bildschirm Herr Norton Anti-Virus, der Herrscher über alle Computerviren. Es war verblüffend: Er war unserem Dozenten wie aus dem Gesicht geschnitten! Eine smarte, aalglatte Erscheinung mit diesem typischen Gewinnerblick und der Intellektuellenbrille. Unser Dozent blieb zumindest so lange smart, wie keine dummen Fragen gestellt wurden. Dumme Fragen stellen war allerdings meine Spezialität. Wie hätte ich auch schlaue Fragen stellen können, wenn ich doch nichts über Computer wusste? Er hingegen fragte sich wahrscheinlich ernsthaft, wie eine derart blöde Kreatur überhaupt in seinen elitären Kurs geraten konnte – nun, im öffentlichen Dienst war eben alles möglich!

Ganz so begriffsstutzig, wie ich bisher angenommen hatte, konnte Tina nun doch nicht sein. Tatsächlich hatte sie mehr als nur 75 D zu bieten... Sie hinkte den Ausführungen von Mr. Norton Anti-Virus zwar immer um Rufweite hinterher, dabei war sie mir aber immer noch um mindestens zwei Schritte voraus. Mit einem Seitenblick auf ihren Bildschirm folgte ich ihr unauffällig. Immer öfter passierte es allerdings, dass nicht nur mein Laptop abstürzte, sondern auch mein Blick in ihren weiten Ausschnitt mit der respektablen Hügellandschaft abglitt und den Weg nicht mehr zu meinem Bildschirm zurückfand.

Mit einem gewissen Stolz wollte ich Britta am Abend den neuen Laptop vorführen. Britta war richtig aufgeregt, als der Laptop hochfuhr. „Und, wie heißt das Passwort?", fragte sie und sah mich erwartungsvoll an.

Ich kannte Britta ziemlich gut. Nach ihrer Stimmlage zu urteilen, wartete sie jetzt auf eine ganz bestimmte Antwort. Die erwünschte Antwort konnte ich ihr jedoch leider nicht geben. Wenn sie nicht gerade lauernd vor dem Gerät gesessen hätte, wäre die Versuchung groß gewesen, einfach zu sagen: „Na, da müsstest du doch eigentlich selber drauf kommen, mein Hase! Mein Passwort heißt natürlich *Britta*!"

Mein Passwort lautete aber nicht *Britta*, noch nicht einmal *Hase* oder *Muckelchen*, sondern schlicht und ergreifend: *Keule*! Wie ich auf Keule kam, kann ich beim besten Willen nicht mehr sagen. Wahrscheinlich gab es mittags in der Kantine gerade Hirschkeule. Oder Frau Senf, die Schreibkraft, war mir gerade zuvor begegnet – das war die mit den üppig fraulichen Oberschenkeln. Schnell besann ich mich auf das Einzige, das ich perfekt beherrsche: Ich stellte mich dumm.

„Oh, Britta!", jammerte ich, „ich glaub, ich hab' mein Passwort vergessen! Und der Zettel mit dem Passwort ist in meinem Büro!"

So leicht ließ sich Britta jedoch nicht abfertigen: „Drei Versuche hast du doch, sicherlich heißt es *Britta* oder... oder *Hase*."

„Nein, ich habe noch gar kein neues Passwort eingegeben. Da ist immer noch so ein ganz beknacktes Herstellerpasswort gespeichert, so was wie *gihg 2* oder *mumpfk x*", log ich. „Aber halb so schlimm. Ich schalte den Laptop jetzt einfach wieder aus und sehe morgen im Finanzamt nach."

Britta war verstimmt. „So ein abstraktes Passwort kann sich doch keiner merken! Das hätte ich an deiner Stelle als Erstes geändert! Und wenn ich irgendetwas Doofes genommen hätte."

„Zum Beispiel *Keule*", murmelte ich leise.

Britta prustet los: „Genial! Das wär's doch! Das ist doch total witzig und man kann es sich wenigstens merken. Hartmut, du nimmst *Keule*! Okay? *Britta* ist doch super langweilig. Außerdem würde sowieso jeder gleich drauf kommen!"

Seit ein paar Wochen erledigte ich jetzt die Buchführung für den Imbiss mit meinem Laptop. Es war mir sogar gelungen, einfache Tabellen zu entwerfen. Mandy gab mir am Sonntag immer das Kassenbuch sowie die Quittungen und am Montag auf der Arbeit wurden die Zahlen dann reingehackt.

Herr Goller legte mir heute zwei Privatordner in meinem Laptop an. Die waren auch dringend nötig, denn so ließen sich die erklärten Umsätze für die monatlich abzugebenden Umsatzsteuer-Voranmeldungen viel besser steuern.

Ich staune immer wieder aufs Neue, was so eine schnöde Frittenbude abwarf; eine Zeit lang hatten wir einen Rohgewinnaufschlag von fast 390 %! Unter Rohgewinn versteht man das, was an Einnahmen übrig bleibt, wenn man die Kosten für Pommes, Geschmacksverstärker und den übrigen Kram abzieht.

390 % – das waren fast 200 % über dem Branchendurchschnitt! Mit ein bisschen Spielerei bekam ich das aber in den Griff – ich hätte mich ja am Ende an Steuern doof und dusselig gezahlt! Bei 250 % Aufschlag – das war 100 % mehr, als El Specki in seiner

Steuererklärung erklärte, wurde stets „abgeregelt". Was über 250 % lag, wurde in dem zweiten Privatordner „Umsätze Frittenschmiede vor Rohgewinn-Tuning" festgehalten.

Es fiel mir gar nicht so schwer, den Cent nicht mehr dreimal umzudrehen. Neulich habe ich Britta sogar ganz spontan den Brilli für 3.500 Euro gekauft, den sie mir beim Juwelier gezeigt hat. Als ich ihr den Brilli Samstagmorgen in einem feinen Kästchen mit purpurnem Polsterkissen neben ihr Frühstücksei legte, dachte sie zuerst, es wäre der Hauptgewinn aus unserem Kaugummiautomaten. Erst als ich ihr die Quittung vom Juwelier vorlegte, glaubte sie mir.

Endlich war für diesen Monat die Buchführung in der Kiste, nur noch ausdrucken und fertig. Letzten Monat musste ich den Rohgewinn um 177 % drücken – die Sache wurde mir langsam unheimlich. Mein monatliches Finanzbeamtengehalt betrachtete Britta im Moment nur noch als ihr Spielgeld. Aber was soll's, solange wir es uns leisten konnten...

Da in unserem Büro kein Drucker stand, musste ich mit meinem Laptop in die Finanzamts-Bibliothek gehen, in der der Laserdrucker stand. Während ich das Druckerkabel an den Drucker anschloss, stellte ich meinen Laptop auf den Stuhl vor den Tisch, auf dem der Drucker stand.

Frau Stöhr kam herein. Die hatte mir jetzt gerade noch gefehlt! Solange Frau Stöhr in der Bibliothek war, konnte ich beim besten Willen nichts ausdrucken. Natürlich wollte sie mir wieder erzählen, wer sich im Amt alles scheiden lässt.

Plötzlich, ich sah es schon kommen und wollte aufschreien, bekam aber keinen Ton heraus: Frau Stöhr schob sich den Stuhl zurecht, dreht sich um und ließ sich mit der ganzen Wucht ihrer 135 kg auf meinen Laptop fallen. Als Frau Stöhrs gewaltiges Hinterteil auf dem Stuhl aufschlug, knirschte es unangenehm. Eine halbe Minute starrte sie mich ungläubig an, bevor sie sich aus den Trümmern erhob.

Sie hatte wirklich ganze Arbeit geleistet: An ihrem Rock klebten noch Splitterreste vom Bildschirm, die Tastatur war gänzlich auseinander gebrochen.

Ich starrte sie wie versteinert an. Alle Manipulationen der „Frittenschmiede" waren detailliert unter dem Dateinamen „Umsätze Frittenschmiede vor Steuern" abgespeichert. Nicht auszudenken, wenn diese Zahlen der Betriebsprüfung in die Hände fielen – oder gar der Steuerfahndung!

Ich versuchte die Fassung zu bewahren und sagte zu Frau Stöhr so gelassen wie möglich: „Ach, ist nicht so schlimm, Frau Stöhr, das kann ja jedem mal passieren."

Ganz unauffällig wollte ich mit dem Schrotthaufen in mein Büro verschwinden, aber Frau Stöhr war schneller. Sie nahm das Gerät, oder vielmehr das, was davon noch übrig geblieben war, griff zum Hörer und rief Mr. Norton Anti-Virus an.

Gefühlte drei Sekunden später stand dieser kopfschüttelnd in der Tür, gefolgt von Betriebsprüfer Glockemüller. Glockemüller, der mit seiner bulligen Erscheinung in jedem Bud-Spencer-Film als Vertretung hätte einspringen können, sah erst den Schrotthaufen und dann mich verächtlich an: „Natürlich der Schminke! Kinder, ihr kriegt aber auch alles kaputt! Hoffentlich haste 'ne gute Versicherung!"

Schnell checkte Norton Anti-Virus mit fachmännischem Blick das Ausmaß des Schadens ab. „Die Daten sind doch wohl hoffentlich auf einem Datenträger gesichert?", fragte er und betrachtete mich dabei argwöhnisch.

Ich wagte nicht, die Frage wahrheitsgemäß zu beantworten. Natürlich hatte ich bislang keine einzige Datei auf einem Datenträger gespeichert. Hatte mir erst gar nicht erklären lassen, wie das geht. Verstanden hätte ich das sowieso nicht. Ich verließ mich einfach darauf, dass der Super-GAU nie eintritt.

„Schminke, ich nehme deinen Schrotthaufen jetzt mal mit und schaue nach, was ich auf der Festplatte wieder zum Leben erwecken kann...", murmelte Norton, „Glockemüller hat ja auch noch ein paar Tricks auf Lager. War ja schließlich in seinem ersten Leben Steuerfahnder..." Glockemüller begutachtete noch einmal aufmerksam den Schaden und bemerkte: „Vielleicht lässt sich da doch noch was machen."

Mein Puls raste. Das hätte mir noch gefehlt: Mein Laptop mit den Daten der „Frittenschmiede" in den Händen des Amts-Hackers und eines Betriebsprüfers! Und Glockemüller war nicht nur irgendein Betriebsprüfer: Bei den Steuerberatern lief er unter dem Spitznamen „Der Gaststättenschlachter". Wenn Glockemüller die Buchführung sah, war ich erledigt! So ein Profi sah doch auf einen Blick, was da ablief.

Ich stand jetzt kurz davor, ihm das Gerät aus der Hand zu reißen und es aus dem Fenster zu schmeißen, aber ich traute mich nicht. So musste ich mit ansehen, wie er mit dem Laptop abzog.

Im Weggehen fragte Glockemüller noch: „Ist was Wichtiges drauf?"

„Nö, nö", stammelte ich schnell.

„Bestimmt nur Spiele", bemerkte Norton zynisch und zog glucksend mit Glockemüller und meinem Laptop ab.

Seit dem Super-GAU waren schon drei Wochen vergangen. Noch immer zuckte ich zusammen, wenn vor dem Finanzamt die Autos der Steuerfahndung standen.

Heute kurz vor der Mittagspause rief Glockemüller bei mir an: „Schminke, deinen Laptop haben sie beim Rechenzentrum gleich verschrottet. Gibt fürs Erste auch keinen neuen. Und aus dem Pilotprojekt „Betriebsnahe Veranlagung" haben sie dich erstmal rausgenommen."

Mir fiel ein Riesenstein vom Herzen. Und dass sie mich aus dem Pilotprojekt ausgenommen hatten – umso besser!

„Ach, noch was", sagte Glockemüller zögernd, „ein paar Dateien habe ich noch retten können. Dann war plötzlich Exitus. Ich hab die Sachen mal ausgedruckt. Sieht mir nach einer Gaststättenkalkulation aus..."

Nein – das durfte doch nicht wahr sein! Jetzt war alles aus. Glockemüller war doch nicht bescheuert! Der wusste doch, was los war. Ich nahm trotzdem all meinen Mut zusammen und fragte: „Kann ich mir die Ausdrucke abholen?"

Er zögerte kurz, bevor er murmelte: „Weiß zwar nicht, was du damit noch anfangen willst, aber von mir aus."

In einer halben Minute war ich bei ihm. Als er mir die Ausdrucke gab, schaute er mich misstrauisch an: „Was ist denn das für'n Fall? Hat ja für'n Imbiss bombige Rohgewinnaufschläge!"

„Och, so 'ne Scheinfirma, muss wohl zu Übungszwecken auf meinem Laptop installiert worden sein."

Herr Glockemüller schaute noch einmal auf die Zahlen: „Komische Scheinfirma, mit bis zu 390 % Rohgewinnaufschlag! Das gibt's doch gar nicht. Was für ein Penner hat sich denn das ausgedacht?"

„Ja, ja, das ist erstaunlich", stammelte ich und sah zu, dass ich aus seinem Büro kam.

Zumindest hatte ich jetzt die Ausdrucke. Eines war mir allerdings klar geworden: Um Glockemüller musste ich in Zukunft einen ganz großen Bogen machen. Im Imbiss konnte ich mich hinter dem Tresen in der nächsten Zeit auch nicht mehr blicken lassen.

50. Auf der Fährte

Herr Glockemüller betrat ohne anzuklopfen Frau Hoppe-Reitemüllers Büro. Sie war gerade dabei, sich ihre Fingernägel zu schneiden und erschrak so sehr, dass sie sich mit der Nagelschere in den Daumen piekste. Herr Glockemüller schmiss eine Umlaufmappe auf Herrn Schminkes Schreibtisch und grummelte unfreundlich: „Kollege nicht da?"

Frau Hoppe-Reitemüller konnte diesen nach Zigarre stinkenden Großkotz nicht ausstehen. Die Stöhr sollte mal versuchen, diesem Typen was anzuhängen. Mit Vergnügen würde sie ihr Informationen zutragen... Sie wendete sich demonstrativ von ihm ab, nahm das Telefonbuch und tat so, als ob sie nach einer Nummer suchte. Aber Glockemüller blieb hartnäckig.

Einen Betriebsprüfer abzuhängen, war ähnlich schwierig, wie einen Marder zu vertreiben, der sich im Dachgeschoss eingenistet hat. Er setzte sich unaufgefordert an Schminkes Schreibtisch, rückte das Bild von Britta zurecht, verharrte einen Augenblick und betrachtete aufmerksam Brittas durchtrainierte Beine.

Es war das Foto von der Aerobic-Meisterschaft in Berlin. Britta stand auf der Siegerplattform auf Platz drei. Herrn Glockemüller entfuhr ein schwer zu deutender Grunzer, bevor er Frau Hoppe-Reitemüller wiederholt in einem barschen Tonfall anblaffte: „Und, wo ist der kleine Schminke – in der Stadt?"

„Nein, beim Großmarkt. Dienstags fährt er in der Mittagspause immer zum Großmarkt." - Das war Frau Hoppe-Reitemüller nur so 'rausgerutscht. Sie merkte, wie sie rote Flecken auf den Wangen bekam. Nervös malte sie kleine Zacken mit einem Kuli auf den Rand des Telefonbuches.

„Zum Großmarkt? Was macht er denn da?", forschte Glockemüller weiter nach.

Frau Hoppe-Reitemüller spürte, dass sie jetzt in der Falle saß und ihr war bewusst, dass ihre Fantasie nicht ausreichen würde, um Glockemüller erfolgreich abzuwimmeln. „Ach, seine Frau hat glaube ich so einen kleinen Laden", versuchte sie auszuweichen. "Soso, einen kleinen Laden..." Glockemüller schaute sie forschend an.

Frau Hoppe-Reitemüller suchte übertrieben konzentriert in dem Telefonbuch. "Ja, verkauft so dies und das. Wissen Sie, bei dem Statistikdruck, den wir hier haben, unterhalten wir uns kaum über so private Dinge", fuhr sie fort. "Ist das bei Ihnen in der Betriebsprüfung auch so schlimm?", versuchte Frau Hoppe-Reitemüller krampfhaft das Gespräch in eine andere Richtung zu lenken.

Herr Glockemüller ging auf ihr Manöver überhaupt nicht ein. "Soso, einen kleinen Laden, mit Pommes und so... oder wie darf ich das verstehen?"

Frau Hoppe-Reitemüller öffnete den Mund, um etwas zu erwidern, ihr fiel jedoch nichts mehr ein. Wortlos starrte sie ihn an.

"Wenn ich einen Braten rieche, habe ich immer Zeit – viel Zeit!" Die Arroganz sprang Glockemüller fast aus dem Gesicht.

Er erhob sich langsam aus Schminkes Bürosessel und stieß dabei auf. Ohne ein weiteres Wort verließ er das Büro.

51. Hautarzt

Ich saß bei meinem Hautarzt im Wartezimmer und starrte auf die warzenähnliche Geschwulst an meinem rechten Mittelfinger.

Eben noch hatte ich der Ärztin vom Gesundheitsamt gegenübergestanden. Sie war Mitte 50, zwei Köpfe größer als ich und behandelte mich wie einen blutjungen Rekruten: „Mit der Warze können Sie aber nicht im Imbiss arbeiten! Gehen Sie gleich mal zu Ihrem Hautarzt, damit er Ihnen das Ding rausschält und dann kommen Sie wieder vorbei", befahl mir Frau Dr. Schneudel-Schröder, an deren Augenlidern Brokkoli zu wachsen schien. Und auch ihre beiden Hände waren von einer rötlichen Schuppenflechte befallen. Aber im Unterschied zu mir verkaufte Frau Dr. Schneudel-Schröder eben keine Pommes mit gelber Spezialsoße.

Ich wusste ja gleich, dass ich bei dem turnusmäßigen Check mit der Geschwulst durchfallen würde! Natürlich war mal wieder Britta schuld! Sie meinte, die kleine Warze wäre harmlos und bei dem Gesocks, was da jeden Tag beim Gesundheitsamt ein- und ausginge, hätte ich die Bescheinigung schon in der Tasche, wenn ich meine Haare waschen und einmal mit Odol gurgeln würde.

Da ich in letzter Zeit hin und wieder am Wochenende für Mandy in der „Frittenschmiede" einspringen musste, war es mir zu riskant gewesen, ohne Unbedenklichkeitsbescheinigung vom Gesundheitsamt von den Lebensmittel-Kontrolleuren erwischt zu werden.

Das Wartezimmer war rappelvoll. Wenn ich an mich und mein warzenähnliches Geschwulst dachte und mir vorstellte, von welchen Entartungen die übrigen Patienten heimgesucht wurden, wurde mir richtig unheimlich zumute – vor allen Dingen, weil ich den meisten Patienten nicht einmal ansehen konnte, warum sie Dr. Schmäling aufgesucht hatten.

Ich hatte mich ganz bewusst neben den aknebefallenen Jungen gesetzt, bei dem das ganze Gesicht vor Eiter nur so triefte. Bei dem Jungen wusste ich wenigstens, woran ich war. Akne war auch ekelig, aber zumindest nicht ansteckend. Rechts und links von seinem Sitzplatz waren noch jeweils zwei Stühle leer. Im Gegensatz zu der Studentin mit den großen, dunklen Augen und der Stupsnase war der Junge wirklich kein erfreulicher Anblick.

Die Studentin hatte makellose, glatte Gesichtshaut, nicht einmal die Spur einer Verunreinigung. Aber sie trug einen Rollkragenpulli, der ihren Hals vollkommen abschirmte. Vielleicht litt sie unter einer abartigen Krätze und halsabwärts bis zu den Fußknöcheln war nur rohes Fleisch zu sehen...

Herr Dr. Schmäling kam aus dem Behandlungszimmer. Er verabschiedete sich von einer Mutter mit ihrer etwa 12-jährigen Tochter. „Ein Kaninchen ist ein wunderbares Haustier!", sagte er zu dem Mädchen, „pfleg es mal gut!" Dann rief er den nächsten Patienten ins Behandlungszimmer.

Mir konnte dieser Dr. Schmäling schon lange nichts mehr vormachen – alles Berechnung! Kein Wunder, dass Dr. Schmäling dem Mädchen die Pflege ihres Kaninchens so sehr ans Herz legte.

Dr. Schmäling hatte an mir und unserem Heinz fast 1.000 Euro verdient! Zuerst hat das Kaninchen mich gebissen. Behandlung und Wundsalbe wurden fällig. Dann bekam ich diesen allergischen Hautausschlag. Der Allergietest und die Folgebehandlungen brachten für Dr. Schmäling eine fürstliche Rendite.

Es hätte mich schon stutzig machen müssen, dass er mir nicht sofort von einem Kaninchen als Haustier abriet. Nachdem ich mich als Privatversicherter mit Beihilfeanspruch geoutet hatte, probierte er an mir in dem folgendem halben Jahr so ziemlich alles aus, was die Pharmaindustrie Neues zu bieten hatte. Heute bin ich mir ziemlich sicher, dass er jedes Mal, wenn ich zu einer Behandlung kam, zu seiner Sprechstundenhilfe sagte: „Bringen Sie die Zecke vom Finanzamt in Labor 5. Ich hab da was ganz Feines vom Pharmavertreter 'reinbekommen, das Medikament ist gerade auf den Markt gekommen!"

Dr. Schmäling hat an Heinz und mir sogar noch verdient, als Heinz schon im Zoo war. Heinz hatte sich, vermutlich bei einem

Ausflug auf unserem Rasen vor dem Haus, Flöhe zugezogen. Ein Floh musste sich in seine Lieblingsdecke auf unserem Sofa verirrt haben, denn zwei Wochen, nachdem Heinz fort war, wurde ich plötzlich von fürchterlich juckenden Flohstichen geplagt.

Um die Flohstiche zu lindern, verschrieb mir Dr. Schmäling mit einem hinterhältigen Lächeln eine sündhaft teure Kortisonsalbe und machte insgesamt vier Tests. Meine Krankenkasse startete sogar noch eine Rückfrage, weil ihr die Sache suspekt vorgekommen war.

Eines stand für mich heute jedenfalls fest: Wenn seine Behandlung nicht unmittelbar und schmerzfrei zum Erfolg führte, würde ich höchstpersönlich dafür sorgen, dass die nächste Post an Herrn Dr. Schmäling eine kleine Überraschung vom Finanzamt bereit hielt...

52. Der Anschlag

Ich ging auf das Zeiterfassungsgerät zu, war nur noch vier Meter davon entfernt. Da hörte ich dieses unbarmherzige „Piep"! 6:01 Uhr – zu spät! Wieder hatte ich die 6:00 Uhr nicht geschafft. Das hatte nur deshalb passieren können, weil Frau Fuhrbach vor mir ins Parkhaus gefahren ist. Sie stand vor der Schranke und ihre kurzen Stummelärmchen reichten nicht bis zum Parkchip-Automaten, weil sie nicht nahe genug an ihn herangefahren war. Sie musste deshalb aus dem Wagen steigen, den Chip in den Automaten stecken und schnell wieder zurückspringen, um die wenigen Augenblicke zu nutzen, die die Schranke geöffnet blieb.

Beim ersten Versuch war sie nicht schnell genug. Sie wuchtete ihre 85 kg bei einer Brutto-Gesamtgröße – einschließlich Pumps – von 1,55 m ins Auto und würgte den Motor ab. Die Schranke war wieder unten und der ganze Vorgang wiederholte sich.

Mittlerweile standen vier Fahrzeuge hinter ihr. Wenn ich gewusst hätte, dass sie mir damit die 6:00 Uhr-Punktlandung vermasseln würde, hätte ich ihr wahrscheinlich nicht aufmunternd zugelächelt, sondern ihren Wagen mit meinem nach vorne geschoben. Die Beule wäre mir die Sache wert gewesen.

Auf meiner Etage angekommen, schenkte sich Rüdiger zu allem Ärger auch noch vor meiner Nase die letzte Tasse Kaffee ein. Kein Wunder! Wenn Rüdiger mit seinem Humpen kam, war der Kaffee danach immer alle. Ich war schon immer dafür, ihn aus unserer Kaffeerunde zu exkommunizieren.

Während ich auf neuen Kaffee wartete, saß ich missmutig in meinem Büro und blätterte lustlos in der Zeitung.

Auf der vierten Seite stach mir plötzlich ein Foto ins Auge: Ein Imbisswagen mit einem breit lächelnden Pommes frites. Über dem Foto stand: „Salmonellen brachten den Tod!" Mein Puls beschleunigte sich. Auf einer ganzen Seite wurde mit erschütternder Dramatik berichtet, wie die Dobermannhündin Maike, wie jeden Donnerstag, wenn die „Frittenschmiede" vor dem Supermarkt schräg gegenüber von El Specki stand, ihren Fressnapf mit Hähnchenknochen leer gefressen und nach kurzer Zeit elendig verreckt war.

Zugegeben: Ich war einigermaßen erleichtert, zum Glück nur ein Hund! Der Besitzer der Imbissbude sei dem Gesundheitsamt bereits aufgefallen, hieß es weiter, und das Ergebnis über die Analyse der gelben Spezialsoße sei auch noch völlig offen.

Zu allem Unglück war unser alter Daimler im Hintergrund des Bildes als Zugfahrzeug des Verkaufswagens zu sehen.

Ich war schweißnass und fühlte ein Stechen in der Brust. Die Telefonanlage des Finanzamtes war ausgefallen, so dass ich nicht einmal mit Britta Krisenrat halten konnte und mein Handy hatte ich mal wieder zuhause vergessen.

Heute war zu allem Überfluss auch noch der große Aktionstag: ein halbes Hähnchen, große Pommes und gelbe Spezialsoße für 3,33 Euro. Ich musste Mandy unbedingt warnen!

Vor meinem Bürofenster ging gerade ein Mann mit zwei Dobermännern an der Leine vorbei. Den Viechern würde ich auch ohne gelbe Spezialsoße ganz gut schmecken...

Es kam mir ein fürchterlicher Gedanke: Vielleicht hatte der ortsansässige Dobermannverein bereits einen Vergeltungsschlag geplant! Als Leichenschmaus gab es leckeren Schminke-Pansen mit gelber Spezialsoße! Ich rannte auf den Flur und schaute aus einem Fenster des Westflügels: Da hinten lief schon wieder ein Dobermann – ohne Leine!

Ich sollte lieber gleich den Freitod wählen. Zuvor würde ich meine letzte Steuererklärung bearbeiten, einer neunköpfigen Familie durch eine – natürlich versehentlich – falsch eingetragene Kennziffer zu einer Steuererstattung von 20.000 Euro verhelfen – meine letzte gute Tat. Dazu als Henkersmahlzeit ein frisches Fleischsalatbrötchen aus der Kantine. Dann würde ich Steuerberater Pfannengaul anrufen und ihm deutlich zu verstehen geben, dass wir uns garantiert in der Hölle wiedersehen werden und ich für ihn zwischenzeitlich schon mal den Grill anheize!

Ein letzter Hauch Verantwortungsgefühl hielt mich dann aber doch zurück. Stattdessen beschloss ich, einen freien Nachmittag zu nehmen und vor Ort die Lage zu erkunden.

Mit dem Taxi fuhr ich zum Standplatz der „Frittenschmiede". Die letzten Meter ging ich vorsichtshalber zu Fuß.

Ich kam genau im richtigen Moment: Der Verkaufswagen wurde gerade beschlagnahmt. Überall standen Skandaljäger mit ihren Kameras. Ein Polizist versuchte sogar die Hähnchen, die die Supermarktkunden im Stehen auf dem Parkplatz aßen, zu beschlagnahmen. Aber die Kunden wurden grantig. Ein junger Bauarbeiter schrie, er habe seit gestern Abend nichts Anständiges mehr gegessen. So ein Bulle, der wisse doch gar nicht, was richtige „Maloche" bedeute. Und von wegen Beschlagnahmen! Das glaube er doch selber nicht: Wenn er den Vogel eingesackt habe, würde er ihn sich doch selbst unter die Kiemen schieben!

Der Bauarbeiter hatte wirklich recht! Ich sah später, wie in einem Polizeibus sechs Polizisten hockten und ihre klebrigen Hände mit Erfrischungstüchern reinigten.

Ein Polizist riss nun von einem halben Hähnchen eine Keule ab und fuchtelte damit drohend in der Luft herum. Den Bauarbeiter schien das Imponiergehabe wenig zu beeindrucken. Der Polizist rief daher drei seiner Kollegen zur Verstärkung.

Der Bauarbeiter, Lutz Soschinski, wurde einen halben Tag unter Hausarrest gestellt, das war an der Geschichte das eigentlich Tragische! Denn er war Vorarbeiter und morgens der Einzige auf der Großbaustelle des Versicherungsgebäudes neben dem Supermarkt gewesen, der den Statiker verstanden hatte, als dieser den Einbau der Stahlmatten erklärt hatte. Als Lutz Soschinski am nächsten Tag wieder auf der Baustelle erschien, waren die Betonmischer längst abgerückt. Ein halbes Jahr später würden hässliche, lange Risse im Fußboden zu sehen sein und der Statiker würde feststellen, dass seine Haftpflichtversicherung Unterdeckung besaß – so fein sind die Verflechtungen des Lebens...

Ich beobachtete, wie ein Polizist Mandy verhörte. Mandy schien ihre Sache gut zu machen, denn sie heulte wie ein Schlosshund und zuckte ahnungslos mit den Schultern.

Instinktiv ergriff ich die Flucht, ehe mich jemand erkennen und mit der „Frittenschmiede" in Verbindung bringen konnte. Ich hatte mich bereits einige Meter entfernt, als mir der Gedanke kam, dass sich die Story wie ein Lauffeuer herumsprechen würde, wenn die Polizei auf die Idee käme, mich an meinem Arbeitsplatz zu „besuchen"! Also blieb mir nur die Flucht nach vorn. Ich drehte mich um und näherte mich wieder dem Tatort.

So diskret wie möglich gab ich einem großen, gemütlich aussehenden Polizisten zu verstehen, dass ich der Betreiber des Imbisses sei. Er starrte mich an, als wäre ihm Schlächter Fritz Haarmann mit seinem Hackebeil auf der Straße begegnet. Dann umklammerte er mich mit seinen dicken, fleischigen Händen und schrie: „Hier ist er – ich habe ihn!"

Es dauerte eine Weile, bis ein kleiner, schmächtiger Polizist mit Feldwebelschnurbart von uns Notiz nahm und zu uns eilte. „Lassen Sie doch den Mann los, Budde!", knurrte er den Polizisten an, der mich immer noch schüttelte. Der kleine Schmächtige schien Buddes Vorgesetzter zu sein. In seiner dezenten, grauen Anzugjacke steckte ein Kuli mit der Gravur: „Wenn wir knurren, machen Sie Männchen!"

Ich verdankte es Oberkommissar Schüßlers hervorragender Menschenkenntnis, dass er mich nicht sofort in Handschellen abführte. Wir stiegen in den Fond seines unauffälligen grauen Dienst-Passats. Ich war erleichtert: keine grüne Minna und keine Handschellen! So kam ich wider Erwarten ganz diskret auf der Polizeiwache an. Nachdem meine Personalien aufgenommen und mir die Anzeige eines Unbekannten wegen des Verdachts auf Verstoß gegen das Lebensmittelgesetz vorgelesen worden war, ließen sie mich wieder laufen.

Mit dem Taxi ließ ich mich zurück zum Supermarkt fahren, um nach dem Rechten zu sehen. Der Imbisswagen war allerdings längst von der Polizei abgeschleppt worden. Nur noch vereinzelte Hühnerknochen und Flecken der gelben Spezialsoße, über die sich grüne Schmeißfliegen hermachten, verrieten die Schlacht, die sich vor kurzem hier abgespielt hatte.

Mein Blick fiel auf die andere Straßenseite: die Poseidonstube! El Specki saß in einem weißen Rippenhemd auf einem Barhocker und rieb seinen speckigen Bauch, während er mir breit grinsend mit einem Bier zuprostete. Ich war mir sicher: El Specki hatte die Dobermannhündin Maike vergiftet!

Ich hatte alle Hände voll zu tun, Britta und Mandy von einem Vergeltungsschlag abzuhalten. Mandy wollte ihre alte, berüchtigte Gang aus der Plattenbausiedlung mobilisieren und Britta einige muskelbepackte Freizeitschläger aus ihrem Fitnessstudio.

Sechs Wochen später rief mich Oberkommissar Schüßler an. Die Sache wäre erledigt, ich könne den Imbisswagen wieder abholen. „Wie, erledigt?", fragte ich ihn ungläubig.

Er druckste eine Weile herum und murmelte dann: „Ich habe nicht gesagt, dass alles in Ordnung ist, ich hab gesagt, sie können den Wagen wieder abholen." Ohne ein weiteres Wort legte er auf.

Wiederum einige Wochen später erfuhr ich von Frau Hoppe-Reitemüllers Schwägerin, die bei der Spurensicherung arbeitet, dass der Fall mangels Beweise habe abgeschlossen werden müssen. Inspektor Budde hatte dazu vermerkt: „Es konnte während des Einsatzes nicht verhindert werden, dass die Beweismittel (46 Heideland-Brathühner, halbiert und gegrillt) vor Sicherstellung verspeist wurden."

Beim Abendbrot kam zwischen Britta und mir wieder eine alte Diskussion auf: „Wollen wir denn die „Frittenschmiede" wirklich wieder aufmachen?", fragte Britta, „Ich hätte lieber eine schicke, kleine Boutique."

Eigentlich wollte ich mein Geheimnis noch eine Weile für mich behalten – jeder Mann hat doch schließlich so ein Geheimnis, was ihn das Böse in der Welt leichter ertragen lässt: eine beachtliche

Sammlung Märklin-Loks in einem abgelegenen Schuppen, ein kleines Paket Schmuddelpornos in der Garage hinter der Autopolitur oder eben ein kleines Depot in der Schweiz, damit das Weib nicht all das schöne Geld für Wohlstandsmüll verprasste...

Ein bisschen wehmütig, aber doch triumphierend ging ich zum Sekretär, nahm den aktuellen Depotauszug und legte ihn neben die Leberwurst.

Britta starrte ungläubig auf das Papier: „Fast 100.000 Euro! Ich glaub, ich brauche erstmal einen Schnaps."

Abgeklärt wie ein Prophet, dessen Prophetie in Erfüllung gegangen ist, sagte ich feierlich: „Ein Dreifamilienhaus in drei Jahren, ein Einfamilienhaus in einem Jahr. Habe ich dir etwas anderes versprochen?"

„Weitermachen, du miese, kleine Zecke!", flüsterte mir Britta ins Ohr, während sie mich umarmte und an meinem Ohrläppchen knabberte.

53. Die Prüfungsanordnung

Heute kam ich völlig geschafft nach Hause. An Tagen, an denen im Büro nichts los war oder besser: an denen ich mich nicht zum Arbeiten aufraffen konnte, war ich immer besonders müde. Da half dann auch kein Kaffee. Britta war mit den Zwillingen bei einer Kindergruppe und würde vor 17:00 Uhr nicht zu Hause sein. Wenigstens konnte ich mir noch ein kleines Nickerchen gönnen.

Auf der Anrichte in der Küche lag unter zerknüllten Werbeprospekten ein grauer Briefumschlag. Er war noch nicht geöffnet. Hatte ihn Britta übersehen oder hatte ihr vor dem Inhalt gegraut? Ich sah ihn mir genauer an: Der Stempel war vom Finanzamt – ein Brief vom Finanzamt? Ich war erstaunt. Den Steuerbescheid hatten wir schon bekommen und die Kfz-Steuer wurde erst in einem halben Jahr fällig! Von dumpfer Vorahnung erfüllt, riss ich den Umschlag hastig auf und sah meine Befürchtung bestätigt: Es war eine Prüfungsanordnung für eine Betriebsprüfung – die „Frittenschmiede" hatte es also erwischt! Das konnte uns nur einer eingebrockt haben: Glockemüller! Richtig, da stand es auch: „Mit der Durchführung der Betriebsprüfung ist Herr Amtmann Glockemüller beauftragt worden."

Die Betriebsprüfung sollte im November beginnen. Eines stand für mich fest: Glockemüller würde jedenfalls nicht bei uns in der Wohnung prüfen! Der alte Schnüffler hätte bestimmt keine Hemmungen, auch in den Schränken herumzuwühlen. Außerdem schwitzte er ausgesprochen stark. Irgendwann würde der Schweiß seinen engen, rot-blau karierten Pulli mit einem Synthetik-Anteil von 98 % zersetzen. Unter den Achselhöhlen war er schon ganz ausgeblichen und der Saum ribbelte sich langsam auf. In Glockemüllers Büro konnte es seit Jahren nur eine Kollegin aushalten, die unter chronischem Schnupfen litt und entweder im Mutterschutz oder im Außendienst weilte. Ich konnte diese penetrante Mischung aus Schweiß und Zigarettenqualm schon riechen, wenn ich nur in die Nähe seines Büros kam.

Bis zum Beginn der Prüfung hatten wir noch ungefähr einen Monat Zeit. Falls er anrief, konnte ich den Termin immer noch hinausschieben: „Ach, Herr Kollege, das passt leider überhaupt nicht!", würde ich sagen, „ausgerechnet im November wollten wir das phantastische Schmuddelwetter an der Ostsee ausnutzen und unseren Jahresurlaub nehmen."

Aber viel geholfen wäre uns damit im Grunde auch nicht. Also Augen zu und durch!

Als Britta von der bevorstehenden Betriebsprüfung erfuhr, wurde sie kreidebleich und bekam Schüttelfrost. „Und wenn der Prüfer nun etwas findet?" Ihre Pupillen waren vor Panik geweitet.

„Ein Prüfer findet immer etwas!", sagte ich sarkastisch.

Britta wurde sauer, weil sie sich nicht ernst genommen fühlte. In Wahrheit hatte auch ich die Hosen randvoll. Aber wenn Britta jetzt auch noch die Nerven verlor, konnte alles nur noch schlimmer werden. Deshalb versuchte ich sie zu beruhigen: „Was soll denn der Prüfer finden? Ich habe schließlich sämtliche Kassenbücher überarbeitet. Er wird die private Nutzung unseres Daimlers versteuern und unsere Geschäftsessen beim Griechen streichen. Dann wird er sich auf den Löwenfraß stürzen – du weißt schon, die Zinsen für unsere Eigentumswohnung, die ich als Betriebsausgabe gebucht habe – und dann ist Ende, Schluss, Feierabend."

Britta knabberte nervös an ihren Fingernägeln. „Und dein Depot in der Schweiz? Wenn er das findet, wirst du gefeuert!"

„Solange er nicht die Steuerfahndung einschaltet, können wir uns beruhigt zurücklehnen", entgegnete ich um einen souveränen Tonfall bemüht.

An diesem Abend konnte ich nicht einschlafen. Auch Britta wälzte sich im Bett von einer auf die andere Seite. Um 1:46 Uhr richtete sie sich ruckartig im Bett auf und fragte: „Kommt es denn oft vor, dass die Steuerfahndung eingeschaltet wird?"

Ich starrte ins Dunkel und stellte mich schlafend. Erst als sie mich schüttelte, sagte ich langsam: „Kommt schon hin und wieder vor..." Ich wollte noch etwas Beschwichtigendes hinzufügen, aber es fiel mir nichts ein.

Wenn sie mich nun wirklich vom Dienst suspendierten! Jeden Tag in der „Frittenschmiede" stehen – für jemanden wie mich, der es gewohnt war, seine Tage im Amt abzubummeln und ab und zu kleine, unbedarfte Steuerpflichtige zu quälen, eine schreckliche Vorstellung! Hätte ich uns den ganzen Mist nur nicht eingebrockt...

Britta fing an zu schluchzen. Ich stand auf, ging ins Wohnzimmer und ließ mich vom Nachtprogramm berieseln.

In den frühen Morgenstunden und nach einer Flasche Rosenthaler Kadarka war mir eines klar: Ich liebte mein kleines, kuscheliges Büro neben der Besuchertoilette, ich liebte meine Zimmerkollegin, Frau Hoppe-Reitemüller, die hinter ihrem Computer saß und so tat, als würde sie eine Steuererklärung eingeben, aber in Wirklichkeit im Internet bei Otto-Moden herumsurfte. Ja, ich liebte sogar Frau Stöhr, wenn sie schmatzend neben mir in der Kantine saß und über ihr marodes Gebiss jammerte.

Wenn wir den ganzen Wahnsinn überstehen sollten, würde ich mich zum steuerehrlichsten Frittenbudenbesitzer seit Erfindung der Currywurst wandeln. Versprochen!

54. Der Prüfer kommt

Montagmorgen, 7:55 Uhr, der Countdown für die Betriebsprüfung lief. Glockemüller hatte sich für 9:00 Uhr angekündigt. Am liebsten wäre ich ihm von der ersten Minute an auf den Fersen geblieben, aber ich musste mich leider zurückhalten, weil ich offiziell nicht der Betriebsinhaber war. Ich beruhigte mich mit dem Gedanken, dass Britta schließlich im Nebenfach Psychologie studierte. Da konnte ich eigentlich mit Recht erwarten, dass sie sich von einem ordinären Betriebsprüfer nicht aufs Kreuz legen lassen würde.

Wir hatten für die Dauer der Betriebsprüfung die leerstehende Wohnung in der Etage unter uns angemietet: Eine winzige Kammer mit Schimmel an den Wänden und äußerst ungünstigem Lichteinfall schien uns als Arbeitsplatz für den Betriebsprüfer geeignet. Der Raum wurde mit einem extrem niedrigen Campingtisch, einem Papierkorb und einem Holzhocker großzügig möbliert. Ein Bein des Hockers sägte ich einen halben Zentimeter ab, so dass er ordentlich kippelte. Unseren Hausmeister hatte ich angewiesen, die Thermostate der Heizung auf angenehme 16 Grad Celsius zu fixieren. Er hatte zwar rumgemault, das könne er nicht machen, es sei schließlich Ende November. Aber letztlich konnte ich ihn doch davon überzeugen, dass es schließlich einem guten Zweck diene.

Ich fuhr heute später ins Büro. Während ich ausnahmsweise zu Hause frühstückte, war Britta dabei, die Buchführungsordner und Belege in die Wohnung unter uns zu schleppen.

„Ich kann die Bank-Ordner nicht finden!", jammerte sie.

Ich besah mir den Karton, in dem sie die Buchführungsordner verstaut hatte: Bis auf die Bankordner hatte Britta alles mustergültig zusammengestellt. Ich schüttelte fassungslos den Kopf: „Was hast du denn da alles in die Kartons gepackt? Am ersten Tag stellt man dem Prüfer nur das Allernötigste hin."

Ich griff in den Karton: „Die Kassenbücher packen wir gleich wieder aus! Und von den Eingangsrechnungen stellst du ihm erst einmal nur ein Vierteljahr hin."

Britta schaute mich mit einer Mischung aus Empörung und Verunsicherung an: „Bin ich denn nicht verpflichtet, ihm alle Unterlagen vorzulegen?"

„Was er nicht anfordert, bekommt er auch nicht zu sehen. Basta! Er hat ja schließlich einen Mund und kann sagen, was er will." sagte ich bestimmt. „Merk dir: Eine Betriebsprüfung ist für den Prüfer ein Puzzle auf buchhalterischem Niveau."

Meine Zweifel, ob ich Britta mit dem Prüfer allein lassen konnte, wuchsen von Minute zu Minute. Nur widerstrebend zog ich meinen Mantel an, nahm mein Pausenbrot-Täschchen und gab Britta zum Abschied einen Kuss. „Und denk dran, Britta: Wenn deine Hände schon bei der Begrüßung schwitzig sind, denkt er gleich, du hättest etwas zu verbergen!" Ich nahm ihre Hand – sie triefte jetzt schon vor Schweiß – und Glockemüller kam erst in einer knappen Stunde!

Noch wäre es für eine Selbstanzeige früh genug, schoss es mir durch den Kopf! Wenn der Prüfer erst einmal über unsere Türschwelle getreten war, wäre es dafür zu spät. Nein, ich würde uns *nicht* ans Messer liefern! Jetzt wurde die Sache durchgezogen.

„Wenn er dir die Hand gibt, drückst du so fest zu, wie du kannst! Dann fallen ihm deine schwitzigen Hände gar nicht mehr auf."

Britta hatte durch ihr Krafttraining den Händedruck einer Schraubzwinge. Im Geiste sah ich bereits Glockemüller mit zwei gebrochenen Fingern über sein Laptop humpeln.

„Aber es bleibt doch dabei, dass ich ihm Kaffee anbiete?"

„Ja, aber nur eine Tasse und mindestens eine Stunde vorher auf der Kaffeemaschine stehen lassen."

Mit größtem Unbehagen fuhr ich ins Büro. Ich hatte Britta eingebläut, das Gespräch nur aufs Wetter und das Wohlbefinden zu beschränken. Gesprächsthemen, die innerhalb des zehnjährigen Strafverjährungszeitraumes lagen, sollte sie strikt abblocken.

Andere Steuerpflichtige konnten wenigstens auf ihren Steuerberater zurückgreifen, der sie vor der bösen Welt der Steuerquäler schützte. Sie mit Glockemüller allein zu lassen, kam mir ähnlich leichtsinnig vor, wie ein zweijähriges Kind unter einem Weihnachtsbaum mit brennenden, echten Kerzen unbeaufsichtigt zu lassen.

Bei Wasserrohrbrüchen und Betriebsprüfungen sollte doch immer ein gestandener Mann im Hause sein.

55. Feindberührung

Heute ging ich zum Frühstücken nicht in die Kantine, weil ich auf einen Anruf von Britta wartete. Vor lauter Aufregung hatte ich schon zwei Kannen Kaffee getrunken. Wenn ich nicht gerade trank, stand ich am Urinal, um die Blase vom Kaffeedruck zu befreien. Auf nichts konnte ich mich konzentrieren, nicht mal auf die Zeitung. Ich reichte sie ungelesen weiter.

Um 9:16 Uhr meldete Britta Feindberührung. „Übrigens Hartmut, du hast mir gar nicht erzählt, dass sie zu zweit kommen."

Zu zweit! Ich wurde gleich wahnsinnig! Spontan kam mir ein beliebter Sinnspruch meiner Mutter in den Sinn: „Junge, vier Augen sehen mehr als zwei!"

„Wie sieht der andere denn aus?", fragte ich Britta.

„Ach, das ist nur so ein ganz nettes, unscheinbares Mädel, mit braunen Haaren und Pferdeschwanz. Ich habe mich ganz gut mit ihr unterhalten, wirklich nett."

Es dämmerte mir sofort: Das nette Mädel mit dem Pferdeschwanz konnte nur Dorothea sein! Meine Dorothea – die Finanzanwärterin mit dem bienenhaften Fleiß. Ich mochte gar nicht wissen, was Britta da gerade so nett ausgeplaudert hatte.

Heiser fragte ich: „Habt ihr zufällig auch über die Renovierung unserer Eigentumswohnung gesprochen?"

„Kannst du Gedanken lesen?", fragte Britta erstaunt.

„Britta!", stöhnte ich auf, „die Renovierungskosten sind voll in den Betriebsausgaben drin! Da fällt bei den Prüfern doch schon bei dem ersten Beleg der Groschen!"

„Und, ist das so schlimm?"

Mir versagte fast die Stimme. „Britta, du bleibst jetzt schön in unserer Wohnung und wenn einer von beiden dich etwas fragt, sagst du: Das sei schon zu lange her, und: Da könntest du dich so auf Anhieb nicht mehr dran erinnern."

Doch Britta bockte jetzt: „Nee, nee, Hartmut! Dann denken die doch, ich wäre blöd!"

„Genau", sagte ich gepresst und flehte Britta an: „Britta, sei so gut und stell dich einmal so richtig dumm!"

Sie entgegnete, dass ihr das schwer fiele – was ich ihr im Moment nicht glauben konnte.

Schweißnass legte ich den Hörer auf.

56. Prüfungsstress

Britta rief an. Sie sagte, Glockemüller und Dorothea hätten heute Morgen fünf dicke Steuerwälzer angeschleppt. „Aha", dachte ich sofort „Jetzt haben sie ein Rechtsproblem!"

Wenn ich darüber nachdachte, konnte ich mich nicht daran erinnern, dass ich nach meiner Ausbildung überhaupt einmal ein nennenswertes Rechtsproblem hatte. Wenn ich in einer Steuererklärung etwas nicht verstand oder die Berechnung zu kompliziert war, hatte ich ja immer noch meinen kleinen Freund und Helfer, meinen Lieblingsstempel: „Geprüft, keine Beanstandungen!"

Schade nur, dass mir bislang kein Steuerpflichtiger ein kleines Schmiergeld angeboten hatte. Das hätte meinem Depot in der Schweiz sicherlich gut getan. Aber die Steuerpflichtigen glauben doch alle, so ein kleiner Beamter hätte viel zu viel Schiss und würde das nicht annehmen. Ich musste mich wohl damit abfinden, dass so ein Privileg den wirklich Großen in Wirtschaft und Politik vorbehalten blieb. Und wenn sich ein Politiker dabei erwischen ließ – halb so schlimm! Zum einen wurde er damit nur seinem Berufsstand gerecht, zum anderen ließ sich von der lebenslangen Pension auch noch bequem ein Mercedes der oberen Mittelklasse finanzieren. Wenn mir, Steueroberskretär Hartmut Schminke, diesem nichtigen Insekt, so etwas passieren würde, wäre ich doch gleich weg vom Fenster! In den Personalnachrichten der Oberfinanzdirektion, die vierteljährlich von Hand zu Hand weitergereicht wurden, würde es heißen: „Ein Beamter wurde vom Dienst suspendiert, weil er einem Steuerpflichtigen entgeltlich einen ungerechtfertigten Steuervorteil eingeräumt hat." Im Finanzamt würden die Kollegen das Wort „Beamter" streichen und gegen „Steueroberskretär Hartmut Schminke" austauschen. Mittags in der Kaffeerunde hätten sie zwei Wochen lang ordentlich was zu feixen.

„Und was machen sie sonst?", fragte ich Britta.

„Glockemüller diktiert dem Mädel die ganze Zeit irgendwas aus den Einkaufsrechnungen und sie hackt die Zahlen in ihren Laptop ein. Stundenlang geht das schon so: 30 kg Pommes: 19,78 Euro, 84 Flaschen Cola: 33,60 Euro – wirklich merkwürdig..."

Mir stockte der Atem. Ich wusste nur zu gut, was das bedeutete: Sie kalkulierten jetzt den Wareneinkauf! Im Klartext: Sie gliederten alle Waren, die wir eingekauft hatten, fein säuberlich nach Art, Preis und Menge auf und konnten so dank perfekter Kalkulationsprogramme den Profit berechnen, den wir aus der „Frittenschmiede" geschlagen hatten.

In der Mittagspause traf ich mich mit Horst zur Krisensitzung. Wenn mir jetzt noch einer helfen konnte, dann nur Horst. Immerhin war Horst schon seit über einem Jahr Betriebsprüfer. Es galt zu retten, was zu retten war.

Während wir durch den Stadtpark schlenderten, überlegte Horst: „Viele Gastwirte erklären in der Buchführung nur die Hälfte der Wareneinkaufsrechnungen als Betriebsausgabe und buchen natürlich auch nicht den darauf entfallenden Umsatz – man nennt das dann „Doppelverkürzung". Du hast dann für diese Waren keine Betriebsausgaben, aber auch nur die Hälfte des tatsächlichen Gewinns. Als Prüfer kommt man eigentlich nur durch Zufall dahinter."

„Ich muss zugeben, dass ich ab und zu bei Aldi im Mülleimer und in den leeren Kartons nach Quittungen gesucht habe."

Horst sah mich entsetzt an: „Und, was hast du mit den Quittungen gemacht?"

„Na, als Betriebsausgabe gebucht.", murmelte ich kleinlaut.

„Spinnst du? Na, da hast du dir ja was eingebrockt – zu dumm zu bescheißen! Tschuldigung, musste mal gesagt werden!"

Horst war richtig außer sich und bekam sich gar nicht mehr ein: „Stell dir vor, sie rechnen dir bei einem Beutel Pommes hoch, wie viele Portionen du davon verkauft haben musst!" Horst schüttelte fassungslos mit dem Kopf.

„Das war ja nur am Anfang, als uns das Wasser noch bis zum Hals stand", bemühte ich mich, ihn zu beschwichtigen, „ich wusste

ja nicht, dass die „Frittenschmiede" wirklich eine Goldgrube ist."
Horst schüttelte immer noch fassungslos den Kopf. „Ich würde an deiner Stelle jetzt zusehen, dass die Portionen während der Prüfung so riesig sind, dass kaum noch eine Gewinnmarge bleibt."

„Wie? Verstehe ich nicht."

„Na, wenn die Portionen doppelt so groß sind, dann verdienst du natürlich an einer Portion auch nur noch die Hälfte", dozierte Horst.

„Und wie soll Glockemüller das merken?"

„Probeeinkäufe! Junge!" Am liebsten hätte mich Horst geschüttelt. „Jeder halbwegs gewiefte Betriebsprüfer macht bei einem Imbiss Probeeinkäufe. Natürlich nicht er selbst. Ein Kollege kauft einige Portionen, die werden dann zerpflückt und mit der Amtswaage grammgenau ausgewogen. Und anschließend wird alles natürlich aufgegessen."

„Ist das nicht ein bisschen ekelig, so ein zerfledderter Hamburger ist ja nicht mehr besonders appetitlich..."

„Quatsch! Das ist jedes Mal ein Happening für alle Prüfer, wenn ein Kollege einen Imbiss prüft. Das Beste daran: Die Probeessen werden von der Geschäftsstelle voll erstattet. Das kann man sich doch nicht entgehen lassen!"

Aus der Mittagspause zurück, rief ich sofort bei Mandy im Imbiss an und gab Anweisungen: „Die Portionen ab sofort verdoppeln und ab einem Warenwert von 5 Euro gibt es ein Freigetränk." Das war für's Erste die Notbremse. Die Feinabstimmung könnten wir in den nächsten Tagen noch vornehmen.

Keine halbe Stunde später meldete Mandy, ein auffallend unsicher wirkender Mann mit randloser Brille, hellblauem Oberhemd und Oberlippenbärtchen habe gerade sehr viel bestellt. Er sei ihr aufgefallen, weil er ausdrücklich einen Kassenbon verlangt und einmal die Speisekarte rauf und runter bestellt habe.

Als ich meine Zweifel anmeldete, reagierte Mandy entrüstet: „Wenn das kein Prüfer war, fang ich morgen bei El Specki als Putze an! Glaub mir, ob Finanzamt, Gesundheitsamt, Gewerbeaufsichtsamt oder Berufsgenossenschaft, Prüfer sehen mit den Jahren alle gleich aus: kleiner Bauchansatz, rundes Gesicht und dieser frustrierte Blick. Und außerdem: Welcher Idiot verlangt in einer Pommesbude eine Quittung?"

„Wie groß hast du die Portionen gemacht?", hakte ich nach.

„Also, wenn ich bei jedem Gast die Teller so voll knalle, sind wir nächste Woche pleite!"

Ich wusste doch, dass ich mich auf Mandy verlassen konnte! Schön dusselig, dieser Prüfer – wie konnte man bei einem Imbiss nur einen Kassenbon verlangen? Aber es war das alte Lied: Ohne Kassenbon gab's von der Geschäftsstelle nun mal keine Kostenerstattung für den Probeeinkauf!

Ich ging über den Flur zur Aktenregistratur B. Aktenregistratur B lag genau gegenüber dem Besprechungsraum der Betriebsprüfung. Je näher ich kam, desto stärker wurde der Geruch nach Pommes und Hähnchen. Die Tür des Besprechungsraums stand halb offen. Etwa fünf Prüfer – unter anderem ein Betriebprüfer mit hellblauem Oberhemd und randloser Brille, den ich nur vom Sehen kannte – saßen schmatzend vor riesigen Pommes-Schälchen mit gelber Spezialsoße und knabberten an knusprigen Hähnchenkeulen. Schnell verdünnisierte ich mich.

Auf dem Flur begegnete mir Horst. „Du hattest übrigens recht", flüsterte ich ihm zu, „die Prüfer haben gerade einen Probeeinkauf gemacht."

„Ich wollte es dir gerade erzählen", sagte Horst. „Es läuft doch prima! Hoffentlich lassen sie noch was für mich übrig. Hast du Glockemüller schon die Preislisten gegeben?"

Ich schüttelte mit dem Kopf.

„Du könntest ihm Speisekarten mit niedrigeren Preisangaben geben. Wenn du dann noch die Pappschalen bis zum Ende der Prüfung so richtig voll knallst, kann eigentlich nicht mehr viel Gewinn dabei 'rauskommen." Hörte sich gut an. Ich klopfte Horst auf die Schulter: „Wenn die Prüfung glimpflich verläuft, erhältst du garantiert ein Jahresabo für die „Frittenschmiede"!"

Ich rief Britta an. Sie meldete sich auffallend gut gelaunt. „Was ist, hat Glockemüller die Prüfung ohne Beanstandungen beendet?"

„Nein, ich habe ihn heute Morgen bei Media-Markt gesehen – während der Dienstzeit! Hat sich in der Foto-Abteilung beraten lassen. Und weißt du, Hartmut, wann er wieder im Prüferzimmer war? Um 13:30 Uhr! So gegen 11:00 Uhr hat sein Sachgebietsleiter angerufen", Britta lachte auf, „dem habe ich gesagt: Herr Glockemüller ist gerade auf Betriebsbesichtigung. Als ich das später Glockemüller erzählt habe, hätte er mich für das Alibi beinahe abgeknutscht."

„Das soll er mal schön bleiben lassen!" muffelte ich grimmig.

„Lob mich doch mal!", maulte Britta, „die Aktion bringt uns 100 Sympathiepunkte!" Ich blieb skeptisch. So ein Prüfer war wie ein Krokodil: zwar dankbar, wenn es nicht als Handtasche im Laden landete, aber wenn man ihm dicht genug vor die Schnauze kam, kannte es auch keine Freunde.

„Sag mal Britta, hast du ihm eigentlich die Preislisten gegeben?"

„Hat er sich gerade eben abgeholt. Wollte alle Preislisten ab Betriebseröffnung haben und meinte: Das wäre aber richtig mustergültig, die Preislisten aufzuheben; also noch mal 100 Pluspunkte, Hartmut!", freute sie sich.

Ich war entsetzt. „Britta, sag, dass das jetzt nicht wahr ist!"

„Britta...", stammelte ich tonlos, „wir sind erledigt! Mit den original Preislisten und den Wareneinkaufsrechnungen kann er jetzt ganz locker hochrechnen, was wir an den einzelnen Speisen verdient haben. Da lässt sich nichts mehr beschönigen!"

Britta schwieg.

„War noch was?", bohrte ich bangend nach – sie schwieg viel zu lange. „Glockemüller meinte, die Kasse sei kaputt."

„Und, was hast du dazu gesagt?", fragte ich, das Schlimmste befürchtend.

„Ich habe gesagt: Ja, die Kasse klemmt manchmal. Und entweder der Drucker funktioniert nicht oder sie storniert auch manchmal ganze Tage."

„Das hast du wirklich gesagt?" Ich war schockiert. „Wofür habe ich mir denn die Arbeit gemacht und alle Kassenbücher neu geschrieben?", brüllte ich in den Hörer.

Soviel Kritik konnte Britta nicht ertragen. Sie schrie jetzt so in den Hörer, dass ich ihn einen halben Meter vom Ohr weg halten musste: „Hartmut! Wer wollte denn die Kasse unbedingt bei Rudis Resterampe kaufen? Selbst die Registrierkasse von Luisas Kaufmannsladen ist ja zuverlässiger!"

Resigniert gab ich es auf, Britta zu erklären, was es hieß, wenn ein Prüfer feststellt, dass die Kasse „kaputt" ist. Im Klartext bedeutete das: die Aufzeichnungen sind nicht ordnungsgemäß und daher nicht als Nachweis für eine ordnungsgemäße Erfassung der Betriebseinnahmen und -ausgaben geeignet. Glockemüller hatte nun das Recht, den Gewinn der „Frittenschmiede" zu schätzen.

Gnade, wenn ein Prüfer einmal ins Fantasieren kam…

Hoffentlich hatte Britta Dorothea nicht erzählt, dass wir den Sommerurlaub in Luxemburg verbringen wollten. Ich wollte sie noch entsprechend einnorden, aber sie hatte bereits stockbeleidigt aufgelegt.

57. Partisanentechnik

Mir war klar: Wenn schon die Kasse unrettbar verloren war, musste ich zumindest die Preislisten auf jeden Fall wieder haben! Ich legte mir einen Plan zurecht: Mir musste es gelingen, die Arbeitsakte von Glockemüller in die Finger zu bekommen, um die Original-Preisliste gegen eine Preisliste mit erheblich moderateren Preisen auszutauschen. Wer weiß, vielleicht ließ er die Arbeitsakte ja in der Mittagspause einmal offen herumliegen. Oder Britta könnte ihn kurz vor der Mittagspause ein bisschen ablenken...

Noch ganz in Gedanken, schaute ich auf meine Armbanduhr: Was? Schon 15:33 Uhr! Das musste mir jetzt auch noch passieren! Hartmut Schminke geht *immer* um 15:30 Uhr! 15:33 Uhr – das ist mir das letzte Mal vor fünf Jahren passiert.

Ich weiß es noch wie heute: Frau Doggenfuß rief mich um 15:12 Uhr an. Ich könne jetzt zum Kopf kommen und meine Beurteilung einsehen. Das hat die blöde Kuh absichtlich gemacht! Hat absichtlich gewartet, mich anzurufen, nur damit ich nicht um 15:30 Uhr raus komme! Als ich vom Kopf kam, war es 15:32 Uhr! Um 15:34 Uhr habe ich erst gestempelt. Ich wusste nicht, was mich mehr ärgert: die schlechte Beurteilung oder der Eintrag 15:34 Uhr auf der Stempelkarte.

Gerade wollte ich mein Büro abschließen, ging noch einmal rasch zum Fenster, um zu sehen, ob es immer noch regnete – und sah: Glockemüller! Mit seiner dicken Prüfertasche und seinem Laptop eilte er mit großen Schritten über den Finanzamts-Parkplatz direkt auf die Eingangstür zu. Das war höchst beunruhigend! Ein Prüfer fährt grundsätzlich vom Betrieb aus direkt nach Hause. Es musste also ein besonderer Grund vorliegen. Sicherlich noch eine Besprechung mit seinem Sachgebietsleiter, Steueroberamtsrat Hasselgruber.

Plötzlich schoss mir ein Gedanke durch den Kopf: Es gab nur einen Punkt, den man so kurz vor Feierabend noch mit seinem Sachgebietsleiter besprechen musste, der sich nicht verschieben ließ:

die Einleitung eines Steuerstrafverfahrens! Starr verharrte ich vor dem Fenster, konnte mich nicht mehr bewegen. Ich spürte, wie der Schweiß unter meinen Achseln austrat und an meinen Flanken herunter lief, nicht einmal für ein Telefonat mit Britta reichte meine Kraft.

Eine Dreiviertelstunde später verließ Herr Glockemüller das Amt, schnellen Schrittes und ohne Tasche. Mir blieb keine andere Wahl mehr: Ich *musste* in sein Büro! Mit zittrigen Händen holte ich die fingierten Preislisten aus meiner Ledertasche. Zum Glück hatte ich sie bereits vorbereitet! Mit den Listen, getarnt in einem Aktendeckel, ging ich über den Flur in Richtung Betriebsprüfung. Es war jetzt 16:23 Uhr. Wer zu dieser Zeit noch in seinem Büro war, hatte entweder verschlafen oder arbeitete wirklich noch. Die Kollegen, die den ganzen Tag im Amt herumscharwenzelten, um die Zeit bis Punkt 15:30 Uhr totzuschlagen, waren schon lange zu Hause. Die Wahrscheinlichkeit, jemanden auf dem Flur zu treffen, der dumme Fragen stellte, war jetzt jedenfalls sehr gering. Herr Axthammer war bereits vor einer halben Stunde gegangen und Frau Hoppe-Reitemüller verkroch sich schon seit Tagen in ihrem Frauenbeauftragten-Büro: Streng vertrauliche Besprechung! Ich solle ja kein Telefonat an sie weiterleiten oder eine von den Amtszicken zu ihr schicken, hat sie mir noch eingebläut. Ich wusste, dass sie in Wirklichkeit wie besessen im Internet nach den idealen Schuhen für ihren Abschlussball suchte. Seit ein paar Wochen nahm Frau Hoppe-Reitemüller nämlich Tanzstunden – ohne Norbert.

Hoffentlich hatte Glockemüller sein Büro nicht abgeschlossen. Ich stand jetzt vor der Bürotür, kein Licht drang durch die Türritzen, kein Ton war zu hören. Mit schweißnassen Händen drückte ich die Klinke hinunter. Die Tür ließ sich öffnen – Gott sei Dank!

Als Erstes nahm ich mir sein Telefon vor, drückte auf Wahlwiederholung. Die Nummer, die im Display erschien, kannte ich nur zu gut: Steuerfahnder Klose! Schnell kappte ich die Leitung. Klose, konnte natürlich auch Zufall sein, versuchte ich mich zu beruhigen.

Als Nächstes war sein Aktenschrank dran. Ich musste nicht lange suchen, bis ich die Arbeitsakte „Schminke" gefunden hatte. Fast geriet ich in Hochstimmung. Am liebsten hätte ich die Akte genommen und komplett kopiert – war natürlich nur eine Schnapsidee. Bei meinem Talent wäre bestimmt der Kopierer heiß gelaufen oder ein Papierstau entstanden. Ich begnügte mich damit, die alten Preislisten herauszusuchen, die Britta Herrn Glockemüller gegeben hatte.

Verdammt noch mal! Jetzt blätterte ich den Ordner schon zum zweiten Mal durch und konnte sie immer noch nicht finden! Die Preislisten waren nicht da! Vielleicht waren sie schon in der Handakte für die Steuerfahndung. Meine Hände fingen an zu zittern und klebten vor Schweiß. Vielleicht hatte Dorothea eine zweite Arbeitsakte angelegt, schoss es mir durch den Kopf. Tatsächlich! Ich griff nach einem schmalen Ordner und fand Dorotheas Handschrift. Im Anhang, endlich: die Preislisten!

Plötzlich wurde die Tür forsch geöffnet. Vor Schreck entfuhr mir ein Angstfurz. Schlagartig wurde mir bewusst, dass ich über den Ernstfall, den Super-GAU, nicht einmal im Entferntesten nachgedacht hatte. Vor meinen Augen sah ich schon den Vermerk in den Personalnachrichten der Oberfinanzdirektion deutlich vor mir: Ein Beamter des mittleren Dienstes wurde aus dem Dienst entfernt, weil er Arbeitspapiere in seiner Steuerakte zu seinen Gunsten manipuliert hat.

Ein Kopf mit einer dringend renovierungsbedürftigen Dauerwelle lugte ins Büro. „Kann ich saugen?", fragte mich die polnische Putzfrau in gebrochenem Deutsch. Obwohl sie erbärmlich nach Mottenkugeln stank und ihre Zähne halb verfault waren, hätte ich sie am liebsten auf der Stelle von oben bis unten abgeknutscht.

Schnell tauschte ich die Preislisten aus und entfernte mich mit wippenden Sohlen.

Mein schlechtes Gewissen war wie weggeblasen. Irgendwie musste man sich ja schließlich gegen Massenvernichtungswaffen wie moderne Kalkulationsprogramme, entwickelt zur Vernichtung kleiner Frittenschmieden, zur Wehr setzen. Konnte ich etwas dafür, dass mir da nur konventionelle Partisanentechnik zur Verfügung stand?

Zuhause zeigte ich Britta mit glänzenden Augen die Preislisten, die ich aus der Arbeitsakte ergattert hatte.

„Ich bin aber auch nicht ganz untätig gewesen!" Britta war richtig stolz: „Ich habe heute Mittag, als Dorothea sich die Beine vertreten hat, ihren Mülleimer durchforstet und ein paar Notizen gefunden!"

„Ich wusste gar nicht, dass du über detektivischen Spürsinn verfügst!", lobte ich Britta. „Und, was steht drauf?"

„Weiß nicht, sind alles nur winzige Schnipsel, müssen wir heute Abend mal zusammenpuzzeln."

Wenn ich etwas hasste, dann waren es Puzzles. Puzzles waren fast so schlimm wie Formulare. Als Kind war ich über 100 Teile nie hinausgekommen. Und nun das! Aber ich war schon immer der festen Überzeugung, dass man seiner gerechten Strafe nicht entgehen konnte.

Nach dem Abendbrot saßen wir am Esstisch, vor uns ein riesiger Berg mit Papierschnipseln. Im Gegensatz zu mir, war Britta ein Naturtalent im Puzzeln. Bereits nach zehn Minuten hatte sie die Hälfte eines zerrissenen Arbeitsblattes wieder zusammengesetzt.

Um Mitternacht lagen 19 knitterige Arbeitsblätter auf unserem Esstisch. Auf den meisten Blättern standen die üblichen Berechnungen, die Prüfer so anstellen:

Wie viele Portionen Senf bekommt man aus einem Zehnliter-Eimer? Ist es möglich, mit 1958 Liter Diesel 25000 km zu fahren, wenn der Pkw durchschnittlich 8,2 Liter verbraucht? So ein Schwachsinn! Unser Daimler schluckte mindestens 11,5 Liter Diesel – wenn er gut drauf war – und dazu zwei Liter Motoröl! Wobei noch drei Liter zu berücksichtigen waren, die innerhalb einer Woche auf den Asphalt tropften. Alles in allem brachten die Arbeitsblätter also keine neuen Erkenntnisse.

Aber halt! Was war denn das? Das waren doch Wiegeprotokolle von durchgeführten Probeessen!

Betriebsprüfer haben die Auflage, bei Probeeinkäufen ein aufs Gramm genaues Wiegeprotokoll anzufertigen.

Da stand es: Eine Portion Pommes = 402 Gramm. 402 Gramm Pommes hatte Mandy also dem Prüfer auf den Teller geknallt! Abgemacht waren höchstens 250 Gramm. Auf Blatt 13 waren fein säuberlich die Gewichte diverser Gerichte notiert. Nach den gewaltigen Mengen zu urteilen, konnte es sich nur um Portionen handeln, die Mandy ausgegeben hatte, nachdem sie von mir gewarnt worden war.

Ich blickte Britta ratlos an: „Kannst du dir erklären, warum sie die Wiegeprotokolle weggeworfen haben?"

Britta waren die ganzen Berechnungen ohnehin suspekt; ihr einziger Kommentar: „Ich weiß gar nicht, was die überhaupt von uns wollen..."

Ich stöberte die Arbeitsblätter weiter durch und stockte, als ich einen mit grünem Kugelschreiber notierten Namen zwischen zwei Berechnungen las: *Klose*! Und darunter in die Ecke gequetscht, dieselbe Telefonnummer, die Glockemüller aus seinem Büro angewählt hatte. Ausgerechnet Klose! Ich wurde kreidebleich.

Klose war einer der begabtesten Steuerfahnder. Eigentlich wollte er nach der Ausbildung beim Finanzamt noch Mathematik studieren, aber nachdem seine Freundin das zweite Mal schwanger geworden war, hatte er den Absprung nicht mehr geschafft. In unserem Branchenverzeichnis gab es kaum eine Pinte, der er nicht bereits einen erfolgreichen Besuch abgestattet hatte. Und wer hatte ihm in aller Regel zugearbeitet: Glockemüller, der Gaststättenschlachter!

„Stimmt etwas nicht?", fragte mich Britta und sah besorgt aus.

„Nein, nein", stotterte ich, „alles nur Routineüberprüfungen..."

58. Fahnder im Haus

Während ich die Blätter meiner grünen Schützlinge mit Wasser besprühte, warf ich einen Blick aus dem Fenster. Von meinem Bürofenster aus hatte ich den Finanzamts-Parkplatz im Blick. Heute war aber eine Menge los. Und das, obwohl kein Sprechtag war!

Irgendwann fiel mein Blick auf die Autokennzeichen – alles auswärtige Besucher. Nicht nur irgendwelche „Besucher" – alles Steuerfahnder! Wo die wohl heute einen Einsatz hatten?

Als ich aus der Kantine kam, traf ich am Fahrstuhl auf eine Gruppe Fahnder. Ein kleiner Dicker ohne Hals studierte angestrengt einen Stadtplan und fragte seine Kollegen: „Sagt mal, wo ist das denn da in der Heinestraße?"

Heinestraße? Mein Herz begann zu rasen. Die Meute wollte zu uns! Im Jogging-Schritt eilte ich zu meinem Büro und versuchte Britta anzurufen. Britta telefonierte. Das war doch zum Mäusemelken! Ich versuchte Mandy auf dem Handy zu erreichen – Mailbox. Scheiße! Schon sammelten sich die Fahnder auf dem Parkplatz – das waren doch mindestens 18 Leute!

Britta telefonierte immer noch.

Sie hatten sich jetzt alle auf die Wagen aufgeteilt. Unschwer war zu erkennen, dass Klose den Einsatz leitete. Er fuchtelte mit den Armen herum und zeigte in die Richtung meines Büros – mir wurde schlecht.

Endlich war Brittas Leitung frei, aber sie nahm den Hörer nicht ab. Bestimmt war die Vorhut bereits in unserer Wohnung und hinderte Britta am Telefonieren!

Ein Blick auf die Uhr: 9:45 – noch 15 Minuten bis zum Zugriff. Steuerfahnder schlagen immer um Punkt 10:00 Uhr zu. Wenn sie um 10:00 Uhr nicht bei dir waren, hast du noch einen Tag Galgenfrist. Zeit, um einen Packen Belege im Klo herunterzuspülen, Geld hinter dem Grabstein von Opa Alwin zu verstecken oder ganze Festplatten verschwinden zu lassen.

Ich konnte unmöglich hier im Amt bleiben und arbeiten. Hastig lief ich zu meinem Wagen und fuhr los. Ich fuhr direkt in den Stau bei der Großbaustelle am Sophienplatz. Bereits zehn Minuten stand ich, ohne dass sich mein Wagen einen Millimeter von der Stelle bewegt hätte. Vor Nervosität kaute ich an meinem rechten Zeigefinger wie an einem Hähnchen-Nugget.

10:24 Uhr, endlich ging es weiter.

In der Heinestraße sah ich schon von Weitem, dass vor unserem Wohnblock die Autos der Steuerfahnder standen. Den ganzen Bürgersteig hatten sie zugeparkt und auch den Gehweg zu Hauseingang 13 – unserem Hauseingang!

Als ich aus dem Wagen stieg, beobachtete ich, wie Glockemüller und die kleine Kampfkugel ohne Hals gerade einen schweren Karton zu Glockemüllers Opel Vectra trugen. Es war also zu spät!

Im Treppenhaus war der Fahrstuhl blockiert. Ich wetzte die Treppen hoch, immer zwei Stufen auf einmal.

Vor unserer Wohnungstür horchte ich. Nichts Ungewöhnliches war zu hören, leise spielte ein Radio. Ich schloss die Tür auf. Im Flur nur Kartons – die Burschen waren richtig flott, die ganzen Beweismittel waren schon beschlagnahmt! Ich begann zu zittern, spürte in der Herzgegend Stiche, mein Verstand setzte aus.

Da lugte Britta mit überraschtem Gesichtsausdruck hinter der Wohnzimmertür hervor. „Du hier?", fragte sie mich erstaunt. „Fehlt dir was, bist du krank?"

„Wo sind sie denn?", flüsterte ich.

Britta kam in den Flur. Sie trug alte Jeans und hielt in der rechten Hand einen Pinsel. „Was machst du denn da?", fragte ich sie jetzt vollkommen aus dem Konzept gebracht.

„Hartmut! Seit zwei Wochen rede ich davon, dass die Kinder heute bei Mutti sind und ich das Wohnzimmer streichen werde. Taubenblau. Hörst du mir eigentlich überhaupt noch zu?"

„Und die Fahnder?"

„Welche Fahnder?" Britta schaute mich verständnislos an. Ich ging zum Küchenfenster. Von dort aus hatte man die beste Sicht auf den Parkplatz.

„Ach du meinst die Steuerfahndung!", sagte Britta, als gingen die Fahnder bei uns täglich ein und aus.

„Als ich heute Morgen bei Glockemüller war und ihm seinen Kaffee gebracht habe, fragte er, ob ich den Fahndern, die nachher bei Dietrichs die Wohnung ausräumen, mal eine Tasse Kaffee kochen und ein paar Mettbrötchen hinstellen könnte."

Befreit fiel ich Britta um den Hals. „Und ich dachte schon, die Fahnder wollten zu uns!"

Britta sah mich verständnislos an: „Wieso, ist doch alles in Ordnung, oder? Glockemüller sagte heute zu mir, dass er wahrscheinlich nächste Woche die Prüfung abschließen könne."

Sollte der Albtraum wirklich schon ausgestanden sein? Ich blieb skeptisch.

„Wer sind denn Dietrichs?", fragte ich Britta.

„Weißt du doch, Hartmut: Das ist dieser dubiose Anlageberater aus dem ersten Stock, der mit seinem VW Touareg immer die Garagen zuparkt. Ich hab irgendwas von „Geldwäsche" aufgeschnappt."

„Ach, und seine Frau, ist das nicht die mit dem Knall, Haschemeier-Dietrich, oder so?"

„Genau, die mit dem Knall!", bestätigte Britta.

Britta schickte mich in den Keller, um Zwiebeln und saure Gurken für die Mettbrötchen zu besorgen.

Im ersten Stock wäre ich beinahe mit Frau Haschemeier-Dietrich zusammengestoßen. Sie war ganz plötzlich aus ihrer Wohnung gekommen und schien förmlich zu schweben. Sie schaute mich mit einem selig befreiten Gesichtsausdruck wie nach einer Jenseits-Erfahrung an. Irgendwie fühlte ich mich genötigt etwas zu sagen: „Tut mir leid, das mit der Steuerfahndung", stotterte ich. Natürlich war die Bemerkung völlig idiotisch. Frau Haschemeier-

Dietrichs Reaktion überraschte mich allerdings umso mehr: Sie fiel mir um den Hals, streichelte meine Schulter und sagte mit ihrer tiefen, sanften Stimme: „Ach, Herr Schminke, ich habe mich noch nie so frei gefühlt! Ich habe diese negativen Energien schon die ganze Zeit in unserer Wohnung gespürt. Haben Sie schon einmal etwas von ‚Space Clearing' gehört?"

Ich schaute sie irritiert an: „Space was?"

„Space Clearing ist die Kunst, Gebäude zu reinigen und sie mit positiven Energien zu weihen."

Ob unsere polnische Putzfrau im Finanzamt auch etwas von dieser Kunst verstand? Vielleicht sollte sie bei Frau Haschemeier-Dietrich einmal einen Grundkurs belegen.

„Herr Schminke, die Lebensenergie muss fließen können", fuhr Frau Haschemeier-Dietrich fort, „sonst fühlen wir uns in unserem Leben nicht wohl und kleben an unserem eigenen Krempel fest. Mein Ingo hat mir ja nie erlaubt, sein Büro zu betreten. Und als ich es doch einmal gewagt habe, bin ich an seinem Schreibtischstuhl festgeklebt. Können Sie mir glauben: alles mit negativen Energien aufgeladen!"

Ich wollte ihr gerade erzählen, dass ich manchmal auch das Gefühl hatte, an meinem Bürostuhl festzukleben, vor allem, seit laut Amtsverfügung F 343 jeder Bedienstete aus Kostengründen für die Reinigung seines Arbeitsplatzes selbst verantwortlich war. Aber Frau Haschemeier-Dieterich wandte sich plötzlich von mir ab und eilte auf ein Veilchen mit schlaffen, angefaulten Blättern zu, das auf dem Fensterbrett des Treppenhauses ins Koma gefallen war. „Mein Liebes, du darfst jetzt auch wieder aufatmen! Endlich ist alles weg – weg – weg!" Dabei machte sie mit den Händen eine Bewegung, als wolle sie die verbleibenden Spuren negativer Energie verscheuchen. Zügig verdünnisierte ich mich in Richtung Keller.

Eine Stunde später standen wir in dem kleinen Prüferzimmer des Zweizimmer-Appartements und bewirteten die Fahnder mit Mettbrötchen und Kaffee.

Klose biss den Kopf einer dicken, sauren Gurke ab und trat kauend gegen den Kassenordner der „Frittenschmiede", der neben dem Campingtisch stand. Fragend schaute er Glockemüller an: „Und, was prüfst du gerade für 'ne Pufferbude? Haben ja schon länger nichts mehr miteinander zu tun gehabt..."

59. Die Schlussbesprechung

Eine Woche nachdem die Fahnder bei Dietrichs ausgeräumt hatten, kündigte Glockemüller Britta an: „Am Donnerstag will mein Chef mit Ihnen eine Schlussbesprechung durchführen."

In den letzten Wochen hatte Mandy Pommes, Schnitzel und Frikadellen auf XXL-Tellern zu Spottpreisen herausgeschmissen. Anfangs hatten wir befürchtet, dass wir durch die mächtigen Portionen und niedrigen Preise innerhalb kürzester Zeit ruiniert wären. Aber das Gegenteil war der Fall: Die Frittenschmiede war Tag und Nacht umringt wie ein Bienenkorb. Wir mussten sogar noch Personal einstellen, weil Mandy es nicht mehr allein schaffte – und das wollte schon etwas heißen! Britta war es gelungen, die „Dürre Runde" und ihre Cousine Karin als Aushilfen einzustellen. Karin sorgte für den Nachschub aus dem Großmarkt und die „Dürre Runde" half Mandy hinter dem Tresen. Wenn Karin gerade nichts zu tun hatte, fraß sie sich wie eine Raupe durch die Speisekarte. Ich gab der Imbisscrew ein Gruppenfoto der Betriebsprüfungsmannschaft als Fahndungsfoto für Testprüfer. Aber bislang hatte sich bis auf Schnäppchen-Bernhard, den die großen Portionen angelockt hatten, kein Prüfer mehr blicken lassen und auch aus dem Aufenthaltsraum der Betriebsprüfung hatte es nur einmal nach Gyros gestunken. Später steckte mir Horst, dass Jungprüfer Klötenbrunner bei El Specki eine Betriebsprüfung durchführen würde.

Trotzdem war ich froh, dass nun endlich die Schlussbesprechung stattfinden sollte. Die Sache begann mir langsam über den Kopf zu wachsen und auch Britta maulte, dass ihr die Frittenschmiede stinken würde.

Donnerstag 15:15 Uhr: Ich kam zu spät zur Schlussbesprechung, weil ich mich mit Tina in der Registratur verquatscht hatte.

Im Prüferzimmer herrschte eine eisige Stimmung. Glockemüller war sauer, weil Britta vergessen hatte, Kaffee zu servieren. Oberamtsrat Hasselgruber sah ständig auf die Uhr, weil er um 16.30

Uhr sein Tennismatch mit Steuerberater Henze gebucht hatte und Britta hätte mich beinahe geköpft, weil ich es gewagt hatte, sie im Stich zu lassen. Nur Dorothea grinste mich artig an und wedelte mit dem Pferdeschwanz.

„Wo sind denn der Kaffee und die Kekse?", raunte ich Britta zu.

„Ach, den Kaffee hab ich ja ganz vergessen!"

Ich entschuldigte mich reumütig bei den Prüfern und instruierte Britta sofort, eine Kanne Kaffee und Kekse zu besorgen. Als Britta den Kaffee und die Kekse servierte, grunzte Glockemüller zufrieden und vertilgte die beiden dänischen Kokosringe, die ursprünglich für unsere Mäuse im Keller als Köder gedient hatten.

Demonstrativ wedelte Oberamtsrat Gotthilf Hasselgruber mit einem Hefter: „Herr Schminke, wir haben uns im Vorfeld schon einmal mit Ihrer Frau über die wesentlichen Prüfungsfeststellungen unterhalten. Schwerpunkt der Prüfung war – so habe ich es auch mit Kollege Glockemüller besprochen – die Prüfung der Einnahmeseite. Wolfgang, wenn du Herrn Schminke einmal eure Feststellungen erläutern würdest..."

Glockemüller zog triumphierend eine 21-seitige Kalkulation aus dem Koffer und überreichte sie mir mit sichtlichem Vergnügen. Kleine Speichelblasen traten aus seinen Mundwinkeln, als er in den dänischen Kokosring biss. Der Kokosring war an der Seite leicht angeknabbert. Das musste die dicke, weiße Maus gewesen sein, die vor zwei Wochen mit aufgequollenem Bauch neben der Waschmaschine lag.

Ich musste eine Weile blättern, bis ich das Ergebnis gefunden hatte. Während ich blätterte, konnte es sich Glockemüller nicht verkneifen, Dorothea mit einem Siegerlächeln zuzuzwinkern.

Da! Ich traute meinen Augen nicht: Im ersten Jahr wollte er 55.000 Euro Umsatz hinzuschätzen, im zweiten sogar 82.000 Euro! Sicher, damit kam er den realen Zahlen schon verteufelt nahe. Diese modernen Kalkulationsprogramme waren wirklich verdammt gut! Aber wie war er auf das Ergebnis gekommen? Es konnte nur einen Grund geben: Er hatte noch nicht bemerkt, dass ich die Preislisten ausgetauscht hatte und durch die niedrigeren Preise der Rohgewinnaufschlag in den Keller gegangen war. Eines machte mich allerdings stutzig: Fast drei Wochen hatte er täglich Probeessen durchgeführt. Da musste er doch wissen, dass die Portionen so groß waren, dass unter dem Strich auch nach der regulären Preisliste nicht viel übrig bleiben konnte. Mir kam ein Geistesblitz: das Puzzle aus dem Mülleimer! Glockemüller hatte zwar die Mengen und Gewichte bei den Probeessen ermittelt, aber als er merkte, dass die Portionen zu groß waren und damit das Ergebnis seiner Kalkulation wie ein Soufflé zusammenfallen würde, hatte er die Ergebnisse vernichtet und die amtlichen Richtsatzwerte angesetzt. Unter den Richtsatzwerten verbarg sich der Daten-Extrakt aus Tausenden von Prüfern sauber sezierten Hamburgern, Dönern und anderem Fast-Food. Für eine grobe Kalkulation konnten diese Daten vom Prüfer herangezogen werden – es sei denn, der Steuerpflichtige konnte etwas dagegen halten.

Steueroberamtsrat Hasselgruber, der ebenfalls ein Exemplar der Kalkulation auf dem wackeligen Campingtisch vor sich liegen hatte, schüttelte bedächtig den Kopf, nahm einen Schluck Kaffee und sagte, wobei er jedes Wort betonte: „Kollege Schminke, das sieht bei *uns* ja gar nicht gut aus!" – Es war schon ziemlich lange her, dass ich diese Worte von Herrn Göbel, unserem freundlichen Kreditsachbearbeiter, gehört hatte...

Britta starrte mich entgeistert an. Nur gut, dass ich ihr nicht zu viel erzählt hatte, so spielte sie die Rolle des Unschuldslämmchen richtig überzeugend.

„Hartmut, ich dachte, es ist alles in Ordnung!", raunte sie mir zu.

„In Ordnung!", Glockemüller setzte sich aufrecht hin und hob bedrohlich seine Stimme. „Schauen Sie sich das doch mal an: Sie haben in zwei Jahren 140.000 weggedrückt. Mindestens! Und ich bin mit meinen Ansätzen noch human geblieben, nicht wahr Frau Horstmann?"

Dorothea nickte artig und wackelte dabei mit ihrem Pferdeschwanz. Die Kleine sieht eigentlich gar nicht so schlecht aus.

Schöne, große braune Augen und diese kleine Himmelfahrtsnase – die hat was! Ein kürzerer Rock sähe bei ihr bestimmt richtig scharf aus. Man müsste sie nur mal ein bisschen schminken und in ein paar vernünftige Klamotten stecken. Wer trägt denn heute noch Hosen mit Pepita-Muster! Wenn *mir* das auffiel, wollte das schon etwas heißen...

Ermutigt von Brittas erfolgreicher Einschüchterung und Dorotheas streberhaftem Schulmädchenblick, lief Glockemüller jetzt ungebremst von Steueroberamtsrat Hasselgruber zu Prüferhochform auf: Bei den Zahlen sei ein Steuerstrafverfahren wohl obligatorisch!

Steueroberamtsrat Hasselgruber fuhr sich mit einer Hand durch seine Dauerwelle und blickte Glockemüller ermutigend an. Glockemüller war zwar nicht sein schlaustes, aber bestimmt sein bestes Pferd im Stall. Die einzigen Dinge, die für Hasselgruber und seine Statistik zählten, waren Fallerledigungen und Mehrsteuern! Und in diesen Punkten übertraf Glockemüller seit Jahren dank seiner ruppigen Methoden und unfairen Bluffs alle seine Kollegen und wurde stets mit „sehr gut" beurteilt.

Britta war wie erstarrt und schaute mich nur mit großen, fragenden Augen an – und das war gut so. Wäre ihr der Zusammenhang niedriger Preise im Verhältnis zu großen Portionen in Bezug auf die steuerliche Auswirkung klar gewesen, hätte sie ihre Rolle als unschuldige Frittenbudenbesitzerin kaum so glaubhaft spielen können.

Als Glockemüller mit seinen Ausführungen zum Ende kam, schaute ich ihn irritiert an und fragte: „Herr Glockemüller, eine kleine Verständnisfrage: Wie kommen eigentlich die Ansätze der Verkaufspreise in Ihrer Kalkulation zustande?"

Er starrte mich an, als hätte ich soeben Majestätsbeleidigung begangen. „Aber Herr Kollege! Die Preislisten hat mir doch ihre Frau gegeben, nicht wahr, Frau Schminke?"

Britta nickte. Ich sah ihr an, dass sie nicht begriff, worauf ich hinaus wollte. Glockemüller begann in seiner Arbeitsakte zu blättern. Die Nervosität war ihm anzusehen, wieder zeigten sich Bläschen an den Mundwinkeln. Er blätterte immer schneller und schnauzte Dorothea aufgebracht an: „Frau Horstmann, wo um alles in der Welt haben Sie denn die Preislisten abgeheftet? Wenn man nicht alles selber macht...! Anwärter!!"

Dorothea blätterte mit zitternden Händen und hochrotem Gesicht ihre Arbeitsakte durch. Jetzt schritt Herr Hasselgruber ein. Er hob die Hand, als wolle er ein Spiel auspfeifen und sagte mit fester Stimme: „Herr Glockemüller, das wird sich doch sicherlich klären lassen."

Da! Dorothea hatte die Preislisten gefunden. Ich schielte von meinem Platz aus auf die Liste: *Pommes mit Spezialsoße 1,20 Euro* – das war die Liste, die ich ausgetauscht hatte! Für einen winzigen Moment hatte ich daran gezweifelt, dass ich die Preisliste mit den höheren Preisen vielleicht doch nicht entfernt hatte, als mich die Putzfrau gestört hatte.

Glockemüller riss ihr die Preisliste aus der Hand, überflog die Zahlen, aber begriff nichts. Mit unverschämter Arroganz nahm ich ihm die Preisliste aus der Hand und reichte sie Herrn Hasselgruber: „Herr Hasselgruber, schauen Sie doch einmal selbst: Die in der Kalkulation verarbeiteten Preise stimmen gar nicht mit der Preisliste überein!" Hasselgruber zog seinen giftgrünen Schlips mit der Mickey-Mouse gerade und schob seine Designerbrille zurecht. Nach wenigen Augenblicken schüttelte er langsam den Kopf: „Glockemüller, das musst du dir aber noch mal angucken..."

Glockemüller gab den Tritt gleich weiter: „Frau Horstmann, ich habe Ihnen gleich gesagt, dass dieses Programm noch nicht ausgereift ist! Und jetzt – nur Murks! Schauen Sie mal, was Sie da für einen Bockmist eingegeben haben. Das hat man nun davon, wenn man sich erbarmt und *Anwärter* zur Ausbildung mitnimmt!" Dorotheas Schultern und Mundwinkel begannen rhythmisch zu zucken, dann flennte sie los. Niemals hätte sich Glockemüller den Ruf des Gaststättenschlächters erworben, wenn er sich von Frauentränen hätte beeindrucken lassen. „Wenn die Weiber anfangen zu flennen, sind sie im Sack!", hatte er einmal zu Herrn Goller gesagt. „Ja, da sehen Sie, was dabei herauskommt!", trat er noch einmal nach. Britta stand auf, ging zu Dorothea, legte ihr ihren Arm um die Schultern und versuchte sie zu beruhigen. Sie gab ihr ein Taschentuch und sagte in mütterlichem Tonfall: „Kommen Sie, wir gehen mal eben vor die Tür."

Als beide gegangen waren, spielte ich meinen zweiten Trumpf aus. Ich hielt Glockemüller ein Berechnungsblatt der Kalkulation entgegen und mimte den Arglosen: „Herr Glockemüller, die Berechnung ist ja einwandfrei, nur frage ich mich die ganze Zeit, wie Sie auf die Portionsgrößen gekommen sind. Haben Sie schon einmal bei uns gegessen?"

Glockemüller, der sonst um keinen Bluff verlegen war, schaute nervös auf seine Füße und brabbelte irgendetwas von Richtwerten.

Von einer auf die andere Sekunde schlug ich einen harten Ton an: „Sehen Sie, das habe ich mir gedacht! Wenn Sie auch nur *einmal* bei uns einen Probeeinkauf gemacht hätten, wüssten Sie, dass Sie auf die Richtwerte noch einmal das Doppelte draufschlagen können. Den Leuten muss das Zeug aus den Ohren raus kommen – das ist unsere Verkaufsphilosophie! Aber ich kann gerne einmal eine Portion bringen lassen."

Oberamtsrat Hasselgruber winkte ab. Langsam wurde er ärgerlich: „Wolfgang, habt ihr denn keine Probeeinkäufe durchgeführt? Ich hab da doch immer Abrechnungen gesehen…"

„Das…Das war ein anderer Imbiss!", stotterte Glockemüller. Es fiel ihm sichtlich schwer, die Fassung zu bewahren.

So eine Blamage war ihm in seinem ganzen Prüferleben nur einmal passiert: Während der Ausbildung, als er von Betriebsprüfer Pellenäcker, diesem Oberarschloch, fertig gemacht worden war, weil er sich bei einer Mandelhörnchen-Verprobung in einer Bäckerei um drei Mandelhörnchen verrechnet hatte. Pellenäcker sorgte dafür, dass er von der Betriebsprüfungsstelle für den praktischen Teil mit „mangelhaft" benotet wurde.

Glockemüller blätterte in der Arbeitsakte und log dreist, die Anwärterin hätte einmal ausgewogen und festgestellt, dass die Portionen den Richtsatzgrößen entsprächen.

„Darf ich bitte einmal das Wiegeprotokoll sehen?", fragte ich mit zuckersüßer Stimme und wäre auf meiner Schleimspur beinahe selbst ausgerutscht.

Glockemüller druckste wieder, wand sich und spie dann um sich: „Ich hab ihr zehnmal gesagt, sie soll ein Protokoll schreiben! Aber nein, diese Gänse denken nur daran, alles anschließend aufzuessen!"

Aus den Augenwinkeln beobachtete ich, wie Hasselgruber versuchte, unauffällig einen Blick auf seine Armbanduhr zu werfen – es war kurz vor 16:00 Uhr. Ich konnte ihm ansehen, dass es in seinen Gehirnwindungen fieberhaft arbeitete: Bis zum Match mit Steuerberater Henze konnte er es noch schaffen, wenn es jetzt zur Einigung kam.

Und richtig! Er machte die für ihn typische Handbewegung, mit der er zum Schrecken der Prüfer Prüfungsfeststellungen von einer auf die andere Sekunde zerschlug. Er hob energisch die Hand, lehnte den Ellbogen auf den Tisch, winkte ab, schüttelte dabei mit dem Kopf und gab einen abfälligen Grunzlaut in Richtung Glockemüller von sich. Dann wies er mich zur Tür, um Britta und Dorothea herein zu holen. Ich sah, wie auf Glockemüllers Stirn eine Ader zur Dicke eines fünfadrigen Stromkabels anschwoll. Er hielt die Arbeitsakte in den Händen, als wolle er damit im nächsten Moment um sich dreschen. Kaum war ich aus der Tür, zischte er gerade noch so laut, dass ich es hören konnte: „Gotthilf, da ist doch was faul an der Sache! Das kannst du doch nicht machen! Mir ist speiübel, wenn ich diese Zahlen sehe!"

Ich konnte nicht mehr verstehen, was Hasselgruber ihm erwiderte, aber es schien nicht nach Glockemüllers Geschmack zu sein. Ich hörte, wie er zeterte: „Statistik, Statistik! Es ist doch zum Kotzen! Die Statistik ist noch unser Untergang! Kein Wunder, dass in unserem Land jeder bescheißen kann, wie er will...!"

In der Küche saß Dorothea mit rotgeweinten Augen auf der Eckbank und heulte sich ihren Frust von der Seele. Britta unterbrach sie nur ab und zu, um ihr kopfschüttelnd beizupflichten: „Frau Horstmann, das ist ja richtig heftig, was Sie mir da erzählen!"

Als Dorothea mich bemerkte, verstummte sie abrupt und schnaubte in das Taschentuch, das ihr Britta gereicht hatte. „Entschuldigung, aber wir wollen jetzt die Besprechung gemeinsam fortsetzen", sagte ich.

Als wir wieder zu Hasselgruber und Glockemüller stießen, sah ich auf den ersten Blick, dass sich beide böse gefetzt hatten. Glockemüller saß vorgebeugt und mit hochrotem Kopf auf seinem Stuhl, in seinem Dunstkreis lag ein unangenehmer Schweißgeruch, Hasselgruber prüfte mit einem Kosmetikspiegel den Sitz von Krawatte und Dauerwelle.

Aber Hasselgruber gewann schnell seine Souveränität zurück und sagte in einem Tonfall, als wären wir gerade rechtzeitig zur Bescherung hereingekommen: „Frau Schminke, nachdem sich die Kalkulationsdifferenzen nun aufgeklärt haben (wieder zeigten sich an Glockemüllers Mundwinkel kleine Speichelblasen und ich spürte, dass er seinen Chef in diesem Moment am liebsten zu Döner verarbeitet hätte), können wir uns ja nun den verbleibenden Prüfungsfeststellungen zuwenden. Frau Horstmann, was haben wir denn noch so gefunden?"

Dorothea hatte wieder an Selbstbewusstsein gewonnen, blätterte in ihrer Arbeitsakte und führte aus: „Frau Schminke, am 16.6. haben Sie zwei Karten für die California-Dream-Boys für 77 Euro gekauft. Da habe ich doch Bedenken, ob wir das als Betriebsausgabe berücksichtigen können..."

Sieh an, das war also Brittas Halma-Abend mit Mandy gewesen! Die Sache war mir ohnehin schon merkwürdig vorgekommen.

Auch den Rundgrill von Woolworth für 4,99 Euro wollte die kleine Erbsenzählerin Dorothea nicht als Betriebsausgabe anerkennen.

Jetzt kam bestimmt noch der „Löwenfraß", die Zinsen für die Eigentumswohnung, die ich als Betriebsausgabe gebucht hatte, mutmaßte ich.

„Herr Schminke, bei den Zinsen ist Ihnen leider auch ein Fehler unterlaufen – diesmal haben Sie sich allerdings zu ihren Ungunsten vertan: Sie haben vergessen, die Zinsen für September als Betriebsausgabe zu buchen!", führte Dorothea aus.

Herr Hasselgruber pflichtete ihr bei: „Diese 550 Euro werden wir natürlich selbstverständlich Gewinn mindernd berücksichtigen."

Mit einem freundlichen Lächeln grinste er Britta an: „Sie sehen, Frau Schminke, wir sind fair und prüfen sogar zu Ihren Gunsten."

Es fiel mir schwer, meine Freude nicht offen zu zeigen. Eigentlich wäre mir jetzt danach gewesen, eine Flasche Sekt zu köpfen. Unter`m Strich kam jetzt sogar wahrscheinlich eine Erstattung heraus.

Glockemüller konnte sich bei der Verabschiedung nicht überwinden, mir die Hand zu geben.

Kaum waren die drei aus der Tür, fiel mir Britta mit einem Freudengeheul um den Hals. „Das müssen wir feiern! Ich rufe eben mal Mandy und Gundula an."

Ein paar Minuten später hörte ich, wie Britta mit Gundula telefonierte und in den Hörer schrie: „Um 20:00 Uhr ist die Betriebsprüfungs-Abschlussparty – und bring auf jeden Fall auch deinen Freund mit...!"

60. Seifenblasen

So eine Betriebsprüfung hatte doch auch etwas von einem „Space Clearing". Endlich konnte man wieder aufatmen.

In der Mittagspause bestellte ich heute mein Traumauto: das T-Modell der E-Klasse von Mercedes in dunkelblau-metallic. Natürlich habe ich das Avantgarde-Paket genommen mit Standheizung und Navigationssystem. Und selbstverständlich auch diese raffinierte Rütteltechnik, falls ich mal während einer Urlaubsfahrt auf der Autobahn einschlief – für Beamte besonders zu empfehlen.

Auf dem Rückweg vom Mercedes-Autohaus schaute ich noch schnell bei BMW vorbei und unterschrieb den Vertrag für Brittas Mini Cooper.

Wieder im Amt, stand ich vor dem Fahrstuhl plötzlich Glockemüller gegenüber. Er grüßte kurz angebunden, wollte schon weitergehen, hielt jedoch plötzlich inne und kam ganz nahe an mich heran. Er stank wie immer aus dem Mund nach kaltem Rauch und sabberte aus den Mundwinkeln: „Schminke, Sie haben verdammt Schwein gehabt. Aber eines sage ich Ihnen: Wenn im nächsten halben Jahr vor Ihrer Garage ein nagelneuer Daimler steht, dann steige ich in Ihren Fall noch einmal richtig ein!"

Herr Abel vom Mercedes-Autohaus, wäre vor Wut am liebsten durch den Hörer gekrochen, als ich den Wagen um 13:17 Uhr wieder abbestellte.